D1870040

Forever young, grooven bis zum Umfallen, das Leben ist Rock 'n' Roll, und die Liebe ist ein einziger Kuschelsong. So einfach ist das Leben. Ist es nicht.

Nichts ist für immer, und der Gedanke an die Endlichkeit ist der Weckruf fürs Leben. Egal, wie alt wir heute sind. Wendepunkte erkennen, aus Potentialen schöpfen, bisher nicht gelebte Seiten entdecken – darum geht es in diesem Buch, psychologischer Test inklusive. Das Ziel: »Glücklich älter werden«, bei sich selbst ankommen, ein ganzer Mensch werden. Jetzt. Das Leben ist ein guter Grund zum Glücklichsein, weil es endlich ist. Zum Glück. Bis dahin werden wir älter. Jeden Tag. Zum Glück.

Alle Ähnlichkeiten mit lebenden Personen sind volle Absicht. Und kein Zufall. Denn das, was wir beschreiben, passiert uns und um uns herum. Wir haben es überspitzt, Risiken und Nebenwirkungen gehören dazu. Darum, Freunde, verzeiht uns, wenn ihr euch wiedererkennt. Ihr seid nicht allein. Und wir werden immer mehr.

Ulla Atzert, Journalistin, Texterin und Autorin. Sie schreibt für internationale Magazine, Rundfunk und Fernsehen. Ausgezeichnet für Werbetext, Glosse und Comedy. www.ulla-atzert.com

Als Fischer Taschenbuch bereits erschienen: ›Homo pubertensis. Tipps zum störungsfreien Umgang mit Heranwachsenden.‹

Uli Höhmann, Journalist, Moderator, Sprecher und Autor für Rundfunk und Fernsehen, vor allem Glossen, Satiren und Comedy.

Hans-Jürgen Diez, Zeichner und bildender Künstler. www.diez.homepage.t-online.de

Unsere Adresse im Internet: www.fischerverlage.de

Ulla Atzert · Uli Höhmann

LEBEN FÜR FORTGESCHRITTENE:

VOM GLÜCK DES ÄLTERWERDENS

FISCHER
TASCHENBUCH
VERLAG

Beratung: Dr. Holger Schlageter, Psychologe und Theologe, hat in den USA in der Paar- und Sexualtherapie gearbeitet. Heute ist er Therapeut, Trainer und Entwickler für Führungskräfte und Topmanager. www.schlageter-institut.de

Originalausgabe
Veröffentlicht im Fischer Taschenbuch Verlag,
einem Unternehmen der S. Fischer Verlag GmbH,
Frankfurt am Main, Oktober 2009
© S. Fischer Verlag GmbH, Frankfurt am Main 2009
Illustrationen: Hans-Jürgen Diez, Frankfurt am Main
Satz: Pinkuin Satz und Datentechnik, Berlin
Druck und Bindung: Druckerei C. H. Beck, Nördlingen
Printed in Germany
ISBN 978-3-596-18260-2

Niemand ist vollkommen. Niemand kann es sein. Es ist eine Illusion. Das Einzige, was wir tun können, ist, möglichst vollständige menschliche Wesen zu werden, und das ist schon anstrengend genug.

C. G. Jung

Wie man das Buch lesen sollte:

Von vorn bis hinten? Kann man machen, muss man aber nicht. Im Leben läuft ja auch nicht alles linear. Jedes Kapitel steht für sich. Einfach da anfangen, wo man sich auf Anhieb wiederfindet. Denn genau darum geht es in diesem Buch – sich in den Protagonisten erkennen, auch wenn die eigenen Lebensumstände von den Beispielen in diesem Buch abweichen. Und dann testen: Was kann ich noch entwickeln und entdecken – in mir.

Inhalt

Intro

Manche leben so vorsichtig,
dass sie wie neu sterben.

Oscar Wilde

33,3 Jahre! Zufrieden lächelnd schiebt der Versicherungsmakler Ulla die Tabelle mit der ihr verbleibenden Restlebenszeit und ihrem statistischen Todestag entgegen. Sie schaut ihn entgeistert an. »Sie können ja noch mal darüber schlafen«, lenkt er ein. Mit ihr ist jetzt kein guter Abschluss zu machen. »Ja, natürlich«, sagt sie mechanisch, verabschiedet sich rasch und hastet die Treppe hinunter an die frische Luft. 33,3 Jahre. Das ist überschaubar. Vor gut 33 Jahren hat Ulla ihren ersten festen Job angetreten. Und war das nicht erst gestern, als sie den Herd in ihrer neuen Wohnung passend zu den Stühlen rot angestrichen hat – samt Herdplatten?

Manchmal kommt die Wahrheit auf leisen Sohlen, so nebenbei oder wird von jemand ausgesprochen, der eigentlich nicht auf dem Programm steht. Wie von diesem Versicherungsmenschen, bei dem Ulla nur ganz schnell zwischen zwei Terminen ihre Lebensversicherung aufstocken wollte. Für später. Doch wann ist später? Bald?!

Die Generation der 40- bis 60-Jährigen ist der Bauch der Bevölkerungspyramide, der ständig weiter nach oben wandert und bald den Kopf bilden wird. Die Babyboomer kommen in die Jahre. Dabei fühlen sie sich nach wie vor angesprochen, wenn von Jugend die Rede ist, und meiden Auseinandersetzungen mit dem Alter. Sie haben Eltern, die sie noch als Kinder sehen und manchmal auch so behandeln, und erwachsene Kinder, die sich in ihren Interessen kaum von ihnen unterscheiden. Da

»chillt« er nun auf dem Sofa, der flüggefaule Nachwuchs und schaut sich lässig eine DVD an, während Oma am Computer die nächste Studienreise nach Tibet recherchiert.

Die Rollen »jung« und »alt« sind besetzt. Die mittlere Generation – die der Babyboomer, muss sich neu erfinden. Klingt gut. Wäre da nicht der Faktor Zeit. 33, 3 Jahre.

Der Gedanke an den Tod ist der Weckruf für das Leben.
Egal, wie alt wir heute sind.

Manchmal wird man sich der eigenen Endlichkeit bewusst und der Zeit, die noch bleibt. Doch keine Angst: Das ist noch genug, aber eben kein ganzes Leben mehr. Kein Grund für Hals-über-Kopf-Entscheidungen. Nein. Eher dafür, einen Moment innezuhalten und sich die Frage zu stellen: Was machen wir mit dem Rest unseres Lebens? Dazu gehört auch, dass manche Hoffnungen wie unerfüllte Beziehungs-, Berufs- oder Kinderwünsche endgültig losgelassen werden. Und wir müssen eine grundsätzliche Entscheidung treffen: Entweder klammern wir uns am Bisherigen fest, was irgendwann zu Unzufriedenheit und sogar zur Depression führen kann. Oder wir brechen auf zu neuen Ufern und entwickeln in uns angelegte Fähigkeiten und Eigenschaften. Hier beginnt ein spannender Weg. Einer, der Möglichkeiten eröffnet, die das eigene Ich vorher nicht zu ahnen gewagt hätte. Ein Weg, der Ängste überwindet, Sehnsüchte entfesselt, Persönlichkeit entfaltet, Unterdrücktes befreit, die Seele groß werden lässt und Träume verwirklicht. Ein Weg, an dessen Ende wir angekommen sind. Bei uns selbst.

Voraussetzung ist, dass wir uns auf diesen Weg begeben. Denn eins ist sicher: Es passiert sehr selten etwas von allein. Weder der Sechser im Lotto, noch wird plötzlich jemand vor unserer Tür stehen und uns fragen, ob wir nicht Lust hätten, am Ende der Welt einen Film über wilde Bären zu drehen, mit ihm oder ihr auf dem Rad die Wüste zu durchqueren, in den Weltraum zu fliegen oder jetzt einfach noch mal Nachwuchs zu zeugen. Träume haben wir, klar, aber wir sind auch nicht mehr siebzehn. Und will man das überhaupt – oder nur so jung aussehen?

Wir haben uns mit den Jahren Partner, Kinder, Freunde, Bekannte, Jobs, Kreditkarten, Schulden, Engagements, Meinungen, Grundsätze, Vorlieben, Behinderungen und Ängste zu- und abgelegt, die uns anders entscheiden lassen als früher. Unsere Lebenserfahrung kann uns nun helfen, die gewünschte Wende in unserem Leben herbeizuführen und glücklich älter zu werden. Ist es nicht wunderbar, mit zunehmendem Alter mehr und mehr zum erfahrenen Regisseur des eigenen Lebens zu werden, statt Statist zu bleiben?

Dazu muss man auch das, was man abgespalten und verdrängt hat, vielleicht weil es einem nicht gefällt, ansehen und integrieren. Und anerkennen, dass es ein Teil von einem selbst ist. Das können Charakterschwächen, unliebsame Gefühle oder nicht verarbeitete Erlebnisse sein. Dass deren Anerkennung nicht so einfach ist, wie es sich anhört, merkt man, wenn man einmal eine Liste schreibt mit der Überschrift: »Das bin ich nicht!« Darunter fallen dann Worte wie beispielsweise »dumm, neidisch, feige, gemein, langweilig, oberflächlich, klatschsüchtig« usw. Daneben listet man auf, was man ist, also etwa: »intelligent, tolerant, nett, lustig, interessant, tiefgründig« usw. Integration bedeutet, zu erkennen, dass wir immer *beides* sind. Das, was wir sein wollen, und das, was wir nicht sein wollen. Es gilt zu erkennen und anzunehmen, dass wir intelligent *und* dumm, tolerant *und* neidisch, gemein *und* nett, langweilig *und* interessant, oberflächlich *und* tiefgründig sind. Und dennoch – oder gerade deswegen – einzigartig und wunderbar. Das Anerkennen von Fehlern hilft außerdem, sie zu vermeiden. Wer vor sich selbst zugibt, dass er feige war, kann sich dafür entschuldigen, dort wo es entlastend ist. Beim nächsten Mal wird er weniger feige sein. Allein deshalb, weil die Entschuldigung so mutig war.

Je mehr man wirklich man selbst sein darf, authentisch und einzigartig und fähig zur Weiterentwicklung, umso erfüllter wird das Leben sein. Umso mehr wird es einem gehören, und man hat wirklich gelebt. Als Mensch, der – im Unterschied zum Tier – weiß, dass sein Leben endlich ist. Diesem Wissen sollte er sich verpflichtet fühlen. Sich weiterentwickeln, bewusst entscheiden, den Tag mit Leben füllen. Diesen Anspruch sollte man sich bewusstmachen, ohne sich über andere zu erheben. Gelebt haben, um loszulassen – darum soll es gehen. Und weil wir nichts Haltbares hinterlassen, nichts, was wir erhalten, sondern nur hinterlassen, was wir geben, sollten wir das geben, was wir geben können. Unsere besten Seiten. Und noch sind nicht alle entdeckt.

In der heutigen Entwicklungspsychologie stehen nicht mehr nur die Altersabbauprozesse, sondern Theorien zur lebenslangen Entwicklung im Mittelpunkt. Die Optionen und Qualitäten der heutigen langen Lebensphasen werden immer weiter und besser erforscht und erkannt. Was ist zu entdecken, wenn wir vitalen Frauen und Männern begegnen, die ihr Alter nicht verleugnen, sich nicht als Opfer fühlen, sondern lebensneugierig weiter wachsen, Menschen, die ihre Kräfte nicht in einem Anti-Aging-Kampf verschwenden, sondern gelassen sind?

Wo diese Ganzheit fehlt, wo Menschen keine Kohärenz, keinen Zusammenhang in ihrem Leben finden, sind sie demoralisiert, stumpfen ab und verkümmern im Alter. Und nutzen nicht die Chance, die Individuation heute bedeuten kann. So wichtig und notwendig es ist, seine Ganzheit zu suchen, so richtig ist auch das Gegenteil: mit dem Unvollständigen, Unvollkommenen, Fragmentarischen des eigenen Lebens einverstanden sein zu können. Wir haben versucht, zu beschreiben und auch vorwegzunehmen, wie Menschen älter werden können. Wie sich bestimmte Typen im Alter entwickeln, wenn sie die andere Hälfte, das bisher nicht Gelebte, in sich entdecken.

Dabei haben wir unsere Figuren bewusst überspitzt, weil das mehr Freiraum bietet, sich selbst darin zu entdecken. Wie Georg, fünfzig Jahre, er will noch mal wild werden, will mit der Harley durch die Wüste. Kauft sich eine Lederjacke, wechselt vom Klassikradio zum Popsender, geht mit iPod im Ohr zum Einkaufen und nennt sich von nun an Schorsch. Es kann die richtige Entscheidung sein, vielleicht ist es auch völliger Quatsch. Gut, wenn es ihn wirklich glücklich macht. Schlecht, wenn er auf diesem Weg nur den Berufsjugendlichen spielt. Dieses Buch soll helfen, die richtige Entscheidung zu treffen: Was sollte verwirklicht werden? Und was nicht? Da ist Shania, die Werbekauffrau, die dem Ruf ihres Schamanen folgt und nun zur Sicherung ihrer Existenz Heilsteine verkauft. Markus, der noch mal ein Kind zeugt und damit beinah zeitgleich Opa und Papa wird. Christian, der Topmanager, für den nichts als Leistung zählt und der dann doch einen LKW spendet für ein afrikanisches Hilfsprojekt. Britta, die Botox spritzt, um ewig jung zu bleiben oder wenigstens so auszusehen. Die operative Runderneuerung, der nächtliche Wüsten-Triathlon oder das Sammeln von Spendengeldern zur Rettung der Fruchtfliege – die Versuche, seinem Leben noch mal irgendwie Sinn zu geben, entbehren nicht der Komik, nicht der Tragik.

Nichts ist mehr zu fürchten als die eigene Furcht.
Ingmar Bergman

Die Geschichten in diesem Buch sind zum Lachen, zum Weinen. Wie das Leben. Und der Spaß am Lesen ist eine Voraussetzung für den Spaß am Leben, egal, wie alt man ist. So wenig, wie der Tod verschwindet, nur weil man nicht hinsieht, so wenig verschwindet die Wahrheit, nur weil sie auch mal komisch ist.

Diese Szenarien zu entwickeln macht Freude – man kann sich richtig austoben, auch mal spinnen, was aus diesem oder jenem werden kann. Und was aus uns werden kann. Aber es gibt auch Mitmenschen, Partner, Kinder, Freunde, die vielleicht auf der Strecke bleiben. Vielleicht. Nicht unbedingt. Verantwortlich sein für sich und für andere ist eine Gratwanderung zwischen Opferbereitschaft und Selbstverwirklichung. Klarheit hilft. Und die Erkenntnis dessen, was man wirklich braucht. Wie man damit glücklich wird? Das hängt davon ab, ob man wirklich seine andere Seite lebt oder nur einem Trend oder einem falschen Versprechen hinterherhechelt. Ob man seine Ängste überwindet oder nicht. Ob man überhaupt sehen kann, was die andere Seite in der eigenen Persönlichkeit ist. Um zu erkennen, wo man hinwill, muss man erst mal wissen, wo man steht. Das zu testen und zu wählen: Welche Persönlichkeitsmerkmale lebe ich aus und welche nicht, dafür gibt es dieses Buch. Um richtig zu entscheiden. Und um dann dort anzukommen, wo man wirklich hingehört: bei sich selbst.

Andreas und der Krötenzaun

Handelt von einer Rettungsaktion am frühen Morgen, einem Plakat, einem Käsebrötchen und der Erkenntnis, dass alles aus einem bestimmten Grund geschieht.

Der Nieselregen will nicht aufhören. Die Haut im Gesicht spannt. Andreas fröstelt. Trotz der zwei Faserpelzpullover und der Gore-Tex-Jacke. Trotz der Fleecemütze über den hennaroten Haaren und der Regenhose über der Jeans. Trotz seiner Winterstiefel fühlt sich alles klamm an. Er geht etwas schneller. Andreas stapft über den Waldboden entlang der Bundesstraße. Folgt dem Krötenzaun und dem Lichtkegel seiner Taschenlampe. Der Plastikeimer in seiner Hand schlägt scheppernd an sein Bein. Sonst ist es still. Sonntag früh. Kein Auto. Kein Tier. Im Gehen schiebt er den linken Ärmel seiner Jacke etwas zurück und leuchtet auf die Armbanduhr: gleich halb acht. In anderthalb Stunden kommen die anderen. Dann bauen sie den Zaun weiter. Bis dahin geht Andreas das fertige Teilstück ab. Rund achthundert Meter haben sie gestern geschafft. Nicht schlecht. Wenn auch nicht ganz die Länge, die sie sich vorgenommen haben. Andreas hat aber auch nur bis zum Mittag helfen können. Dann musste er leider gehen. Auf eine Beerdigung. Panja, sechsundvierzig ist sie geworden, gerade mal zwei Jahre jünger als er. Und danach ist es schon zu spät gewesen, noch mal hinauszufahren in den Moosgrund.

Andreas hat den nächsten Eimer erreicht. Etwas steif geht er in die Hocke, leuchtet hinein und schiebt die feuchten Grashalme vorsichtig beiseite: Eine Erdkröte und ein Teichmolch haben sich darunter versteckt. Sie starren Andreas voller Angst an. »Keine Angst, ihr seid richtige Glückspilze«, flüstert er ihnen zu, legt die Taschenlampe beiseite, zieht zwei weiße Latexhandschuhe aus seiner Jackentasche und stülpt sie über die klammen Hände. Mit einer Hand stützt er sich ab. Mit der anderen fasst er in den Plastikeimer.

Er ist schon lange nicht mehr auf einem Friedhof gewesen, hat er gestern festgestellt. Eigentlich richtig schön da. Eine Oase ist das, mitten in der Stadt für alle möglichen Tiere: Insekten, Vögel, Kleinnager. Amphibien weniger. Für die ist es zu trocken dort. Andreas hebt zuerst die Kröte, dann den Molch heraus und setzt sie in den Eimer, den er mitgebracht hat. Dann läuft er weiter. Nach dreißig Schritten der nächste Eimer. Frösche oder Molche sind keine darin. Aber auch keine Mäuseleiter, die eigentlich in jeden Eimer gehört. Die haben sie wohl vergessen gestern. Falls eine Maus hineinfällt, kann sie daran wieder hinausklettern. Andreas sieht nach. Tatsächlich. Eine Maus unter den Halmen. Tot und steif. Wahrscheinlich hat sie sich aus Panik auf dem Eimerboden zu Tode gerannt. Andreas tut sie leid. Er sucht einen festen Stock, bohrt ein faustgroßes Loch in die Erde, schiebt den Mäusekadaver hinein und Humus darüber.

Andreas zieht die Nase hoch und geht weiter. Panja. Siebenundzwanzig Jahre ist das jetzt her. Er war damals gerade mit seiner Ausbildung fertig. Zum Augenoptiker. Das macht er heute noch. Und sie fing gerade zu studieren an, damals. BWL. Er weiß noch genau, wie ihn das irritiert und gleichzeitig angezogen hat. Eine Wirtschaftswissenschaftsstudentin im Naturschutzverein. Das war wirklich … ungewöhnlich.

Andreas hat den nächsten Eimer erreicht. Er bückt sich, hebt zwei Erdkröten heraus.

Panja war in vielem ungewöhnlich. Und das mochte er ja gerade so sehr an ihr. Sechs Jahre waren sie zusammen. Ihr ganzes Studium über und noch eine Weile danach. Aber das war dann eine Fernbeziehung. Ging auf die Dauer nicht gut. Trauert er um sie? Nein. Dafür ist alles schon viel zu lange her. Aber es ist seine längste Beziehung gewesen. Und seit, er rechnet nach, seit vierzehn Jahren ist er solo. Ganz schön lange. Erstaunlich lange. Erschreckend lange. Nein, er trauert Panja nicht nach. Aber er hat sich wie gelähmt gefühlt, als er neulich die E-Mail von Micha gelesen hat. Wieder und wieder. Weil er es nicht hat fassen können. Panja. Bei Rot mit ihrem Wagen über die Ampel. Sie ist direkt in den Laster geprallt und sofort tot gewesen.

Andreas spürt die Feuchtigkeit, wie sie ihn allmählich durchdringt. Krötenwetter. Die Nase läuft. Seine Finger sind steif. Die Straße führt jetzt durch eine Senke. Am tiefsten Punkt steht ein Stab schief. Die Folie des Zauns wirft eine Falte. Er packt den Stab mit beiden Händen und drückt ihn in die Erde. Aber es geht viel zu leicht. Die Stelle ist zu feucht, und der Stab hält nicht.

Panja hat niemand aufgehalten an der Straße. Kein rettender Zaun. Ein Panjazaun. Immer am Zaun entlang, bis Panja in den Eimer plumpst. Dann auf Andreas vom Panjaschutzverein warten, der sie sicher über die Straße bringt. Es ist kalt und nass. Der Eimer ist schwer mit Panja. Aber Andreas weiß, was er tut. Oder?

Die Lichtkegel eines Scheinwerferpaars zucken durch den Wald. Das Motorgeräusch kommt näher. Die Reifen summen auf dem nassen Asphalt. In der Senke stäubt das Regenwasser zischend auf, als das Auto mittendurch fährt. Andreas schafft es nicht mehr rechtzeitig, zur Seite zu springen, und wird von oben bis unten vollgespritzt.

Hat sie die Ampel nicht gesehen? Hat sie gedacht, das schaffe sie noch? Oder … Andreas wird den Gedanken nicht los: Oder ist sie mit Absicht bei Rot drüber? Die Polizei hat keine Bremsspuren gefunden. Ihr Kleinwagen ist grotesk verbogen. Andreas hat ein Foto gesehen. Als wäre das Auto erst zu heiß und dann weich geworden.

Andreas steht auf. Er kriegt es nicht hin mit dem Stab in dem feuchten Untergrund. Den müssen sie auswechseln gegen einen längeren. Er streckt seine steif gewordenen Glieder.

Beim Krötensammeln haben sie sich kennengelernt. Und lieben. Er muss grinsen: Meine Güte, waren sie eingesaut. Es war später im Jahr als jetzt. Im April. Aber nicht weniger feucht. Sie waren beim Küssen in der Hocke umgefallen und einfach liegen geblieben. Die Kröteneimer hatten sie auch noch umgestoßen, ohne es zu merken. Oder vielmehr merkten sie es erst, als um sie herum sich lauter Kröten Huckepack nahmen. »Ganz im Einklang mit der Natur«, meinte Panja damals, lachte ihn frech an, zerwühlte seine roten Strähnen, und sie vögelten, dass es eine Wonne war. Hundert Meter abseits der Bundesstraße. Kurz vor den Laichplätzen im Biotop. Panja versprühte immer eine solche Lebensfreude und Leichtigkeit. Ansteckend war das. Ein paar Eimer noch, dann hat er das Ende des Krötenzauns erreicht. Mittlerweile ist es hell geworden. Die anderen dürften bald kommen. Andreas zieht die Nase hoch. Hoffentlich bekommt er keine Erkältung.

Andreas niest. Deshalb merkt er nicht, wie die Tür aufgeht zum Personalraum hinten im Laden. »Na, Andreas, schönen Urlaub gehabt?«

Andreas dreht sich um, während er ein Taschentuch aus der Hose zieht. Julia, die junge Kollegin, hängt ihren Mantel auf einen Kleiderbügel. Andreas kann nicht antworten. Er muss sich erst mal die Nase putzen.

»Oh, oh«, meint Julia und schaut ihn spöttisch an: »War's so kalt auf den Malediven?«

»Wie kommst du denn auf die Malediven?«, fragt Andreas etwas verdattert. »Da war ich noch nie.«

»Ich weiß. Aber das ist ein beliebtes Urlaubsziel im Februar. Fast so beliebt wie der Moosgrund.«

»Ha, ha, ha«, Andreas verzieht den Mund unter der roten Nase. Julia zeigt darauf.

»Die passt jetzt prima zu deinen Haaren.«

»Frechheit!«, schimpft Andreas im Spaß und zückt seinen Optikerschraubenzieher wie einen drohenden Finger. Julia lacht. Urlaub nehmen, um Krötenzäune zu bauen – das ist wahrscheinlich so ziemlich das Schrägste, was Julia sich vorstellen kann. Andreas weiß das. In ihren Augen muss er so etwas sein wie ein seltenes Exemplar einer aussterbenden Gattung. Homo öko skurriles. Und jetzt hat er auch noch eine rote Nase.

Der Vormittag im Geschäft verläuft ruhig. Andreas ist das nur recht. Mittags berät er einen Mann in seinem Alter, dessen Brille zerbrochen ist. Mittendurch, am Steg. Wie das denn passieren könne, fragt der Kunde. Andreas erkundigt sich, wie lange er die Brille schon hat. Der Mann zuckt mit den Schultern und überlegt: »Zwanzig Jahre? Vielleicht zweiundzwanzig. Weiß ich nicht mehr.«

Andreas nickt. »Altersschwäche«, sagt er knapp, »da ist nichts mehr zu machen. Ich fürchte, Sie brauchen eine neue. Wollen Sie mal schauen?« Der Mann hat keine Ahnung, was er will. Geschweige denn, was ihm steht. Andreas berät ihn. Zwanzig Minuten. Dreißig Minuten. Nach einer Dreiviertelstunde entscheidet er sich für ein Modell, das ihm Andreas gar nicht zugetraut hätte. Modisch kantig, schmal, aus Kunststoff und entschieden anders als seine alte Brille. Gerade als Andreas alle Daten aufgenommen hat, spricht Julia ihn an:

»Du, die Dame dort würde gerne ein Plakat aufhängen. Geht das?«

»Für was ist denn das Plakat?«, fragt Andreas und wendet den Kopf. Hinter Julia steht eine Frau, Mitte dreißig vielleicht, hübsches Gesicht, Stupsnase, die glatten, schwarzen Haare hinter die Ohren geklemmt. Sie hat eine Tasche über dem roten

Mantel hängen mit zusammengerollten Plakaten. In der Hand hält sie eines davon.

»Von Attac. Das ist für eine Tagung hier nächste Woche zum Artenschutz.«

»Wir sind uns schon mal begegnet, nicht wahr?« Oh, Mann, was für ein bescheuerter Satz. Andreas ist das so herausgerutscht. »Also, nicht dass Sie meinen ... verstehen Sie mich bitte nicht falsch, aber ...«, stammelt er und spürt, wie er rot wird. Zum Glück steht Julia nicht mehr daneben. Die muss gerade andere Kunden bedienen.

»Kein Problem«, meint die Frau mit dem Plakat und lächelt. »Mir geht es auch so. Irgendwo ... vergangene Woche?«

»Auf der Beerdigung«, sagt Andreas bestimmt. »Sie waren auch auf der Beerdigung am Samstag. Von Panja. Stimmt's?«

»Ja«, die Frau nickt kurz »ja, richtig. Woher kanntest du Panja?«

»Ich?«, Andreas zögert kurz. Hat sie eben ›du‹ gesagt? Wer Panja kennt, duzt sich.

»Wir waren mal zusammen. Ist aber schon lange her. Als sie studierte. Und du?«

»Von Attac. Wir waren sozusagen Kollegen.«

»Panja war bei Attac?«

»Ja, schon lange. Hast du das nicht gewusst?«

Andreas ist baff. Nein, das hat er nicht gewusst. Er hat ja auch kaum mehr Kontakt zu ihr in den letzten Jahren gehabt. Panja habe sogar ganz wesentlich die Tagung für Artenschutz mit vorbereitet, erzählt die Frau mit dem Plakat. – Richtig, das Plakat! Andreas entschuldigt sich kurz, eilt zur Kasse und kommt mit einem Klebeband zurück.

»Hängen wir's innen an die Glastür. Einverstanden?« Als sie fertig sind, schultert sie ihre Umhängetasche, lächelt ihn kurz an und sagt: »Dann danke für das Klebeband. Ich heiße übrigens Kirsten«, sie gibt ihm die Hand.

»Keine Ursache, Andreas.«

Mit einer Hand schon am Türgriff fragt sie noch: »Magst du auch kommen?«

»Was, wohin?«

»Zu der Tagung«, Kirsten zeigt auf das Plakat in der Tür. »Am Samstag, im Hörsaalzentrum an der Uni. Wird ein großes Ding. 'ne Menge Fachleute.«

»Ach so, na ja, Samstag ist schlecht«, murmelt Andreas. »Da ist Naturschutzverein.«

»Du bist im Naturschutzverein?«

»Ja, und da gibt's gerade eine Menge zu tun. Krötensaison.« Er muss niesen.

»Gesundheit. Eher Erkältungssaison, was?« Andreas lächelt und schnäuzt sich.

»Ja, das eine bringt das andere mit sich. Die Zeit drängt ein bisschen. Wir müssen noch etliche Zäune bauen hier im Umland. Sobald es milder wird, nächste Woche vielleicht schon, geht's los. Dann wandern die Amphibien, also die Molche und Kröten und so. Ich habe mir gerade ein paar Tage freigenommen dafür, aber die meisten haben eben nur am Wochenende Zeit.«

»Du nimmst dir frei, um Krötenzäune zu bauen?«

»Ja, ja, ich weiß«, lacht Andreas, »meine Kollegen halten mich auch für komplett verrückt.«

»Nein, nein«, beschwichtigt Kirsten und sieht ihn dabei an, »es ist nur ... ich meine: Wow! So einen Idealismus gibt es selten.«

Andreas zuckt mit den Schultern und lächelt etwas verlegen. »Entschuldigung, dürfte ich ...?« Ein Kunde sucht den Weg zum Ausgang. Jetzt merkt Andreas erst, dass sie immer noch beide vor der Tür stehen und den Weg versperren.

»Oh, selbstverständlich«, er springt zur Seite, und Kirsten öffnet die Ladentür. Andreas schaut kurz auf die Uhr. Fast eins.

Da kommt ihm eine Idee: »Sag mal, also, nur wenn du möchtest«, Andreas sucht nach den richtigen Worten, »du kannst auch Nein sagen, aber ich habe gleich Pause. Hier um die Ecke gibt's ein nettes Café.«

Andreas wischt sich mit der Serviette den Mund ab und spült mit einem Schluck Apfelschorle die Reste des Käsebrötchens aus den Zähnen. Kirsten erzählt. Von Attac. Von der Bewegung gegen den Neoliberalismus. Dass die Wirtschaft den Menschen dienen soll und nicht umgekehrt. Das sei das Ziel. Auch ihr Ziel. Und sie klebt nicht nur Plakate. Sie ist auch Aktivistin. In der Börse in Frankfurt ist sie mit dabei gewesen. Als sie mitten über der DAX-Tafel ein Attac-Banner entrollt haben. Andreas hat davon in der Zeitung gelesen. Und Panja, erfährt er, hat vor allem Sponsoren gesucht und Drittmittel angeworben. Auch eine Art von Krötensammeln, denkt sich Andreas.

»Überlege dir das doch noch mal mit Samstag«, meint Kirsten, »ob du nicht doch kommst. Schließlich geht's doch um dein Thema.«

Andreas putzt sich gerade die rote Nase. Er versteht nicht:

»Mein Thema?«

»Na, gerade bei den Amphibien ist doch das Artensterben besonders groß, oder?«

Das stimmt. Seit einigen Jahren schon merken das Andreas und seine Gruppe jedes Frühjahr erneut. In den Eimern entlang der Zäune finden sie fast nur noch Erdkröten, Grasfrösche und Teichmolche. Sonst nichts. Und davon auch immer weniger. Den letzten Laubfrosch hat er vor fünf Jahren gesehen. Woran das denn liegen könne, fragt Kirsten. Andreas erzählt ihr vom zunehmenden Verkehr, versiegelten Flächen, trockeneren Böden. Und von bestimmten Pflanzenschutzmitteln, die nachweislich Amphibien töten. Eigentlich sollen sie ja gar nicht damit in Berührung kommen, aber es passiert eben doch.

Offensichtlich. Andreas ist so richtig in seinem Element. Hat schließlich auch mal einen Aufsatz darüber geschrieben. Für AMREG, »Amphibienschutz regional« – *das* Mitteilungsblatt für ehrenamtliche Feldherpetologen und Ichthyofaunisten. Eigentlich hat er das gar nicht erzählen wollen. Das klingt so aufschneiderisch. Ist ja auch ganz unwichtig. Aber Kirsten scheint das nicht zu stören.

Zwei Espressi später ist die Mittagspause von Andreas fast um.

»Ich muss zurück in den Laden.«

»Wenn du Samstag nicht kannst, dann komm doch mal zu einem unserer Treffen.« Sie zieht aus ihrer Tasche einen Flyer von Attac. »Hier, darin stehen auch die Termine von den Gruppen und Arbeitskreisen.«

»Ja, vielleicht.«

»Du mit deiner Erfahrung. Wir brauchen Leute wie dich, Andreas.«

»Leute wie mich? Was meinst du damit?«

»Spezialisten. Leute, die wissen, von was sie reden. Denen man nicht so schnell etwas vormacht. Die was erlebt haben. Menschen mit Idealen.«

Was, das soll er alles sein?, denkt sich Andreas und sagt: »Ideale … na ja, das ist ein großes Wort.«

»Aber du hast doch welche. Du glaubst doch daran.«

»Also, aus der Kirche bin ich ausgetreten, wenn du das meinst.«

»Nein, ich meine, warum machst du das alles? Im Naturschutzverein. Krötenzäune bauen.« Für eine bessere Welt, denkt sich Andreas. Sagt es aber nicht. Das würde er niemals so sagen. Zu pathetisch, zu dick aufgetragen. Obwohl es die Wahrheit ist.

»Es gibt doch Zusammenhänge«, sagt Kirsten nach einer Pause: »Der Straßenbau, der Verkehr, die Chemieindustrie mit

ihren ewigen Beteuerungen und das Artensterben. Das hat doch System. Du hast es ja eben selbst gesagt.« Das stimmt, denkt sich Andreas, führt die Espressotasse zum Mund. Merkt, dass sie leer ist, und stellt sie wieder ab.

»Man muss das aber nicht einfach so hinnehmen«, sagt Kirsten, »da kann man was machen. Am besten zusammen. Und im großen Stil.«

Andreas schweigt. Kirsten schaut ihn nur an. Kerzengerade. Und herausfordernd. Als ob sie ihm die Hand mit geschlossenen Fingern hingehalten hätte, um kurz die Faust zu öffnen, in der ein Bild seines zukünftigen Lebens liegt. Ein kurzer Blick, um ihm zu zeigen, was möglich ist. Sie nickt langsam und kaum merklich. Und um ihre Mundwinkel spielt ein leichtes Lächeln. Jetzt weiß sie, dass er kommen wird. Andreas schnäuzt sich erneut. Und bestimmt ist er bis dahin auch wieder gesund.

Der Psychologe meint

Es ist schon komisch. Da verliebt sich ein morgens durchs Unterholz robbender Krötenretter in eine Frau wie Panja. In jemanden, den man in vielerlei Hinsicht das genaue Gegenteil dessen nennen könnte, wofür Andreas steht. Aber ist es nicht oft so? Verlieben wir uns nicht gerne mal in »das Andere«? »Gegensätze ziehen sich an«, heißt es im Volksmund. Und so falsch ist das auch gar nicht. Allerdings sagt man auch: »Gleich und Gleich gesellt sich gern.« Was stimmt denn nun? Wie so oft: beides. Neuere Forschungen belegen, was man schon länger vermutet hat: Hohe Übereinstimmung oder Ähnlichkeit in Herkunft, Milieu, Bildung, Werten usw. begünstigt eine stabilere und länger anhaltende Beziehung. Insofern also »Gleich und Gleich ...«. Aber wenn man in einer Beziehung miteinander lebt, ist man sich ja nah. Und je näher wir jemandem sind, desto deutlicher sehen wir Unterschiede. So dass man subjektiv den Eindruck hat, man sei eigentlich relativ verschieden. Das liegt aber dann nicht daran, dass man wirklich so ganz anders ist, sondern daran, dass man nur mit der Nase näher dran ist und die Unterschiede als größer empfindet, als sie in Wahrheit sind. Und die Unterschiede, die es tatsächlich gibt, sind – bei grundsätzlicher Ähnlichkeit – dann das Salz in der Suppe jeder Beziehung und garantieren, dass es nie langweilig wird. Also brauchen wir beides: Ähnlichkeit und Unterschied. Insofern kein Wunder, wenn Andreas und Panja eine lange, sechsjährige Beziehung miteinander führten. Andreas, der Gewöhnliche, und Panja, die Ungewöhnliche. So *empfindet* er sich selbst. Aber wie *ist* es? Das was er tut, ist so gewöhnlich ja gar nicht. Ganz im Gegenteil; es ist eher unkonventionell. Sammelt Kröten, ist Idealist, seit vierzehn Jahren solo. Nur macht er kein Aufheben darum. Idealisten sind manchmal so. Es gibt die Missionierenden und dann solche wie Andreas: die Unaufdringlichen. Die, die für sich ganz klar entdeckt haben, dass sie nicht in einer Welt leben möchten, in der sich jeder nur um sich kümmert, sondern in einer, in der Menschen anderen Menschen, Tieren und sonstigen Lebewesen mit Respekt und Wertschätzung begegnen. Punkt. Ohne Aggression, ohne Vorwurf. Aber durchaus mit Erwartungen. Idealisten sind häufig getrieben von einer Grundsatzentscheidung für Werte, die bei ihnen wegen autobiographischer Erfahrung besonders stark ausgeprägt sind: Gerechtigkeit, Toleranz, Liebe, Natur- und Tierschutz usw. Eine Gefahr für Idealisten ist der Fundamentalismus. Der beginnt da, wo Menschen nicht mehr realisieren, dass sie begrenzt sind. Dass ihre Einsichten und Überzeugungen von ihrer Umwelt, von ihren Erfahrungen und ihrer Persönlichkeit geprägt und deshalb immer individuell und niemals universal sind. Schon im eigenen Leben erfahren wir ja, dass sich Überzeugungen drastisch ändern können. Was glaubten wir als Jugendliche, dass richtig sei? Was als Dreißigjährige? Was als Sechzigjährige? Was als Achtzigjährige? Wir tun gut daran, uns immer wieder bewusstzumachen, dass das, was wir hier und heute für richtig und für falsch halten, zwar seine Berechtigung hat (vorausgesetzt, es ist durchdacht), und durchaus auch allgemein gültig gesetzt werden kann (z.B. »Mord ist schlecht«). Dass es aber immer auch Überzeugung einer ganz bestimmten Kultur und Erfahrungswelt ist. Wer das schafft, ist im wunderbarsten Sinne des Wortes Idealist. Und von denen können wir auf der Welt gar nicht genug haben. Wenn also jemand Kröten sammelt, ohne einen anderen zu verurteilen, weil er es nicht tut, oder bei Attac ist, ohne die anderen für verantwortungslose Penner zu halten, oder einer religiösen Überzeugung ist, ohne andere zu verdammen, dann drückt sich darin das Größte aus, wozu wir Menschen fähig sind: der Einsatz unserer Lebensenergie für etwas oder jemanden.

Andreas' Geschichte lässt bewusst viel offen. Im Grunde zeigt sie ihn nur, wie er ist, bevor er »älter« wird. Am Ende der Geschichte steht Andreas unmittelbar vor einem Neubeginn. Ein kleiner Schritt fehlt noch. Er ahnt es, dass sich daraus eine Menge für sein weiteres Leben ergeben könnte. Dass sich sein Leben und damit auch er selbst verändern werden. Offen bleibt, in welche Richtung. Das bleibt nun Ihrer Phantasie überlassen. Geht er zu der Veranstaltung von Attac? Findet er sie womöglich richtig gut? Bereut er, dass er nicht schon früher sein recht eigenbrötlerisches Leben aufgegeben und sein Engagement für den Naturschutz in einen größeren Zusammenhang gestellt hat? Entwickelt er sich in den nächsten Jahren zum Artenschutzexperten von Attac? Oder macht er sogar bei spektakulären Aktionen mit? Vielleicht aber auch nichts von alldem, und er verliebt sich schlichtweg »nur« in Kirsten. Mit Ende vierzig und nach vierzehn Jahren, die er als Single verbracht hat. Es wird sicher nicht einfach werden anfangs zwischen den beiden. Aber sie haben viele Gemeinsamkeiten, Interessen, Ansichten und – ganz wichtig – was sie gleich zu Anfang festgestellt haben: Sie können miteinander reden.

An dem Punkt, an dem Andreas am Ende der Geschichte steht, ist sehr vieles möglich. Und er spürt es. Das ist wichtig. Das ist der erste Schritt: zu erkennen, hier passiert etwas, und zwar mit mir. Der Tod seiner Exfreundin, das Sammeln von Kröten, die Begegnung mit Kirsten, aber auch so scheinbar nebensächliche Dinge wie eine aufkommende Erkältung oder der Kunde, der sich für die ungewöhnliche Brille entscheidet – Zufälle könnte man sagen. Aber Andreas ahnt gewisse Zusammenhänge. Und mit ein paar Jahren Abstand erscheinen die Ereignisse meistens logischer und zwingender als in der Situation selbst.

Älter werden hilft,

… denn Andreas' jahrelange Erfahrung bringt ihn dazu, besser beurteilen zu können. Wer sein Leben lang sammelt (Erfahrungen, Wissen oder auch Kröten), der hat irgendwann so viel, dass er sich fragen kann: Und was mache ich jetzt damit? Zum Beispiel, andere daran teilhaben lassen. Es weitergeben. Menschen wie Andreas werden zunehmend in größeren Dimensionen und Zusammenhängen denken, wenn sie älter werden und sich nicht mehr so sehr mit den Details beschäftigen. Zum Beispiel könnte es sein, dass Andreas die Ergebnisse der Sammlungen auswertet und analysiert.

Alt werden heißt im besten Fall, möglichst »vollständig werden«. Das heißt auch mal das charakterliche Gegenteil entwickeln (im Sinn von »ganz werden«), statt kleine Macken zu Marotten werden zu lassen.

Wer in der ersten Hälfte seines Lebens ein harter Knochen

war, der wird weicher, liberaler. Wer gern mal fünfe gerade sein ließ, weiß später die Ordnung zu schätzen. Wer ständig etwas Neues gemacht hat, findet seinen Weg. Ein anderer verhält sich gerade gegenteilig dazu und verlässt eingetretene Pfade. Das muss nicht so kommen, wenn man älter wird. Es geschieht aber sehr häufig. Was übrigens nicht heißt, dass ein Mensch wie Andreas seine Überzeugungen aufgibt, in ein paar Jahren mit einem Geländewagen durch Feuchtbiotope walzt und sich für Atomkraft starkmacht. Nein, das sicher nicht. Aber ein Mensch wie Andreas wird mit den Jahren nicht mehr so bescheiden auftreten. Wird seine Überzeugungen lauter sagen und möglicherweise auch mit mehr Nachdruck dafür einstehen.

Wolfgangs neue Brille

Handelt von Heftpflaster, einer sensationellen Dachwohnung und keineswegs von einer Garage, allerdings von einer Chance, die es mit beiden Händen zu ergreifen gilt.

»Und wie wär's mit der hier? Mal was ganz anderes?« Der Optiker legt eine weitere Brillenfassung auf den schmalen, weißen Tisch mit dem Drehspiegel. Wolfgang ist überfordert. Vor ihm liegen mindestens zwölf verschiedene Brillen. Irgendwo darunter auch seine eigene. Er sieht sie nicht. Sie ist kaputtgegangen. Einfach so. Beim Pulloverausziehen. Das Scharnier des rechten Bügels hat sich in einer Masche verhakt, er hat es nicht gemerkt, hat weiter gezogen, die Brille ist mit dem Pullover über den Kopf gerutscht und auf den Fliesenboden im Bad gefallen. Die Gläser sind noch heil gewesen. Kunststoff. Aber der Nasensteg. Mittendurch. Weil er nichts anderes gefunden hat, hat Wolfgang den Steg mit Heftpflaster geklebt. Aus ein paar Meter Entfernung könnte man meinen, er habe eins auf die Nase gekriegt. Altersschwäche, hat der Optiker lakonisch gemeint und sein selbstgeklebtes Provisorium zur Seite geschoben. Er werde wohl eine neue brauchen.

Wolfgang ist unkonzentriert. Weil er ständig an heute Morgen denken muss. Da ist er noch mal kurz auf seine momentane Baustelle in die Hartmannstraße. Tolles Eckhaus. Gründerzeit. Toplage. Wird grundsaniert. Wolfgang ist der Architekt für den Dachausbau. Eigentlich nichts Großes. Wie fast alles, was Wolfgang plant und entwirft: hier ein Umbau, dort ein Anbau. Ab und zu ein bisschen Beratung für Eigentümergemeinschaften. Garagen baut er auch schon mal. Aber aus purer Not, weil er gerade sonst keine Aufträge gehabt hat. Dieses Eckhaus in der Hartmannstraße gehört dem Baudezernenten. Er hat es geerbt und will natürlich was Besonders. Wolfgangs Plan hat ihn überzeugt, und der Ausbau macht gute Fortschritte. Heute Morgen hat er nur ein paar Details mit dem Bauherrn abklären wollen – das Geländer für die Dachterrasse, die Tiefe der Fensterbänke, die Türzargen. Da hat der Baudezernent unvermittelt zu ihm gesagt: »Übrigens, im Stadtplanungsamt wird was frei im Sommer. Der Bachmeier geht in Frühpension. Das wäre doch was für Sie, oder? Da geht es vor allem um das Möller-Areal.«

Wolfgang greift nach einer Brillenfassung auf dem Tisch, setzt sie auf und beugt sich zum Spiegel. Das Preisschildchen am Steg hängt quer über seine Nase. Auch nicht schlecht.

»Doch noch mal die modischere Variante?« Wolfgang hört den Optiker kaum.

»Ach, habe ich die schon probiert?« Der Verkäufer nickt. Wolfgang ist ihm dankbar, dass der so geduldig ist. Er setzt die Brille wieder ab. Kneift die Augen zusammen, damit er seine alte finden kann.

Das Möller-Areal. Eine riesige Industriebrache zwischen Fluss und Hauptbahnhof. Vor gut fünfzehn Jahren haben da die Möllerwerke dichtgemacht. Schwerindustrie. Seitdem stehen die Backsteinhallen leer, die beiden großen Schlote hat man gesprengt. Einsturzgefahr. Erst kürzlich hat man sich politisch geeinigt, dass das Areal ein gemischtes Wohn- und Gewerbegebiet werden soll. Und nicht einem Bauträger übergeben wird, sondern dass die Stadt in Eigenregie planen möchte. Und jetzt geht Bachmeier in Frühpension.

Wolfgang steht auf und lässt noch einmal den Blick über die Regalwände mit den Brillenfassungen wandern. Er nimmt eine klassische Hornbrille und setzt sie auf.

»Ja, die ist wieder im Kommen«, meint der Verkäufer. Wolfgang entgeht nicht sein leichtes Stirnrunzeln. Er blickt in den Spiegel und muss grinsen. Er und bei der Stadtverwaltung. Womöglich als Beamter. Bachmeier, der Prototyp eines Beamten. Der personifizierte Ärmelschoner. Wolfgang hat ab und an mit ihm zu tun. Bei Genehmigungen. Mit dem Möller-Areal wäre der doch hoffnungslos überfordert. Ein Glück für den Baudezernenten, dass er geht. Aber er? Wolfgang ist sein Leben lang Freiberufler gewesen. Und Architekt. Kein Stadtplaner. Hat er das ernst gemeint, der Herr Baudezernent?

Nachdenklich betrachtet er seine alte Brille: dünne Messingfassung, große Gläser, deutlich gerundet. Hätte ihn jemand gefragt, ob sie ihm gefällt, er hätte keine Antwort geben können. Sie ist ein Teil von ihm. Seit zweiundzwanzig Jahren. Oder länger. So genau weiß er das gar nicht mehr.

»Können Sie mir noch mal die Drahtlose da geben?«

»Das randlose Modell, gerne.« Der Optiker reicht es ihm. »Also, wenn Sie etwas weniger Auffälliges haben möchten, ist das sicher eine Lösung«, meint der Verkäufer diplomatisch. Nein, eigentlich will er das nicht. Unauffällig ist schon seine alte Brille gewesen.

Im Grunde ist das ein Traumjob. Ein ganzes Viertel neu planen. Wo vorher über hundert Jahre lang die Kaminschlote geraucht haben und der Stahl geflossen ist, da sollen bald Menschen wohnen und arbeiten, Familien leben, Kinder spielen. Eine Vision ist das. Eine Vision, an die er seit seinem Studium nicht mehr ernsthaft gedacht hat. Weil sie so weit weg gewesen ist. Unerreichbar.

Vor ihm liegt eine von den vielen modernen Fassungen. Schmal, eckig, aus Kunststoff. Und eine in Weinrot. Die hat er zuvor schon mal probiert. Langsam nimmt er sie nochmals in die Hände, dreht und wendet sie, vermeidet einen Blick auf das Preisetikett, klappt fast andächtig die Bügel auseinander und setzt sie auf.

»Die steht Ihnen wirklich sehr gut«, meint der Optiker mit einem gewissen Erstaunen in der Stimme. »Passt zu Ihrem Haar.«

Wolfgang beugt sich zum Spiegel vor und betrachtet seine graumelierten Haare. Er sieht zu dem Verkäufer und verkneift sich ein Grinsen. Eine passende Brille zu dessen Haaren zu finden, dürfte schwierig werden – hennarot wie die sind. Er wendet seinen Blick wieder dem Spiegel zu. Die Brille gefällt ihm. Das Gesicht – na ja. Aber beides zusammen?

»Es ist … ungewohnt.« Wolfgang dreht den Kopf, schielt in den Spiegel, die Seitenansicht ist okay.

»Ja, sicher«, meint der Optiker, »das ist natürlich etwas völlig anderes, als was Ihnen in den letzten Jahrzehnten auf der Nase gesessen hat. So eine Brille ist auch ein Statement.«

Zwei Wochen später kann Wolfgang die Brille abholen. Die Gläser sind eingeschliffen, und sein Bankkonto ist um einen unangenehm dreistelligen Betrag kleiner. Die Brille ist leicht, trotz der dicken Gläser. Er hat wieder Kunststoff gewählt, auch wenn der eher zerkratzt als Glas. Doch jetzt sind die Linsen noch ganz blank. Keine Wischer, keine Schlieren, wie bei der alten. Ein klarer, scharfer Blick durch einen schmalen weinroten Rahmen.

Auf dem Wochenmarkt trifft Wolfgang Bernd, einen alten Kumpel aus früheren WG-Zeiten. Bernd ist Lehrer. Sie laufen sich häufiger über den Weg, trinken in der Stadt auch mal einen Kaffee.

»Was ist das auf deiner Nase? Ich hätte dich ja fast nicht erkannt.«

»Das ist ein Statement.«

»Ein Statement«, Bernd grinst. Ihm ist dabei allerdings nicht anzusehen, was er tatsächlich von der Brille hält. »Hat das deine Frau schon gesehen?«

»Nein, wieso? Ich habe sie gerade vom Optiker geholt, die Brille.« Wolfgang ist verunsichert.

»Also, doch nur eine Brille.«

»Na ja, das ist ihre Funktion. Aber sie ist eben auch ein Statement, ein ästhetisches.«

»Sagt das der Optiker?«

»Auch, ja. Aber er hat recht, finde ich. Ist doch in der Architektur nicht anders: Ein Dach über dem Kopf ist das eine. Aber es soll ja auch nach was aussehen.«

»Quod erat demonstrandum.«

»Sagt das der Lehrer oder der Bernd?«

»Beide. Ehrlich, Wolfgang: steht dir richtig gut. Aber du wirst dir, denke ich, noch einiges anhören müssen. Das Ding, ob nun Brille oder Statement, verändert nun mal komplett dein Gesicht.«

Und Wolfgangs Blick. In den zwei Wochen, seitdem er die Brille ausgesucht hat, sind Wolfgangs Gedanken vor allem um eine Sache gekreist. Das Möller-Areal. Das Angebot des Baudezernenten. Wenn es überhaupt ein Angebot gewesen ist. Wie ist er denn auf ihn gekommen? Warum ausgerechnet er?

»Frag ihn doch«, hat Gabriele gemeint, Wolfgangs Frau. »Du siehst ihn doch dauernd.«

»Wie, ich kann doch da nicht einfach so fragen, ob er das ernst gemeint habe. Außerdem, hat das der Dezernent denn überhaupt zu entscheiden?«

Da mischen doch bestimmt wieder irgendwelche Gremien mit. Dann muss so eine Stelle sicher öffentlich ausgeschrieben werden. Da bewerben sich doch ohne Ende Leute darauf. Und er in seinem Alter. Mit einundfünfzig. Da hat er doch eh keine Chance. Das glaube sie nicht, hat Gabriele nur gemeint. Das sei ein Job im öffentlichen Dienst. Sicher bewerben sich da auch andere. Aber wenn, dann habe er da eine Chance als älterer Arbeitnehmer. Älterer Arbeitnehmer? Er sei Freiberufler und es überhaupt nicht gewohnt, so ein Nine-to-Five-Job. Das stimme, hat Gabriele zugegeben. Aber vielleicht schade es nicht, sich daran zu gewöhnen. Schließlich werde er auch nicht jünger und der Stress nicht weniger.

»Was hast du denn zu verlieren?«, hat sie Wolfgang gefragt. Der hat mit den Schultern gezuckt und ratlos auf die Platte des Küchentischs geblickt. Im Grunde hat sie recht, hat er sich gedacht. Es wäre ein Traum, der in Erfüllung geht.

»Oder hast du Angst vor einer Enttäuschung?«

Ein bisschen. Dann hat er grinsen müssen: »Na klar. Und wie! Ich habe Schiss, dass dir meine neue Brille nicht gefällt.«

Auch sein Freund Bernd hat ihm gut zugeredet. Nachdem der Baudezernent ihm ziemlich viel erzählt hat über den Job, die Wege, die das jetzt geht, und natürlich das Möller-Areal. Und dass er einen kreativen Kopf auf dem Posten haben will, der aus der Praxis kommt, und keinen Beamten.

»Du kriegst glänzende Augen, wenn du davon sprichst«, hat Bernd festgestellt.

»Und was heißt das?«, hat Wolfgang gefragt.

»Das heißt, du bist angesteckt. Feuer und Flamme. Überzeugt. Und dadurch überzeugend.«

»Na klar, ich meine, das ist ein Gelände von über zehn Hektar. Mitten in der Stadt. Mit zwei Backsteinhallen von historischem Wert, die integriert werden. Ein lebendiges Viertel wird das. Wer wäre da nicht völlig begeistert?«

»Alle Mitbewerber, die du ausstechen wirst.«

Es klopft an der Tür, obwohl sie offen ist. »Und wie sieht's aus? Alles im Griff?«

Wolfgang blickt von den Papieren auf, die er gerade zu ordentlichen Stapeln sortiert hat. Infomaterial über das Möller-Areal. »Ach, der Herr Baudezernent! Herzlich willkommen und einen wunderschönen guten Abend«, begrüßt Wolfgang ihn gespielt jovial. »Sie merken, ich übe schon mal für nachher.«

Der Dezernent lacht. »Die Presse kommt auch. Fünf Journalisten haben sich angekündigt. Das ist fürs erste Mal ziemlich gut.«

Wolfgang nickt stumm und überblickt die Papierstapel. Allmählich ist er doch etwas nervös. Er hat keine Ahnung, wie viele kommen werden. Zum ersten »Informationsabend Möller-Areal«. Er nimmt einen Stapel nach dem anderen und packt sie in Kartons auf dem Fußboden: Das Möller-Areal – Gelände mit Geschichte. Vom Bebauungsplan zum lebendigen Stadtviertel – Information für Bauherren. Kontaktdaten des Stadtplanungsamts. Pressemitteilung. Eckdatenpapier. Flyer. Drei Kartons drückt er dem Dezernenten in den Arm, der guckt verblüfft. Den Rest nimmt er. Seine Assistentin trägt den Laptop für die Präsentation.

»Haben wir alles?«, Wolfgang klappert mit dem Schlüssel. Kurz nach halb sieben. Um neunzehn Uhr geht es los.

Etwa zweihundert Leute sind da, schätzt Wolfgang. Viele kommen ihm bekannt vor. Fachkollegen, andere Architekten. Freiberufler, wie er selbst einer gewesen ist. Bis vor einem Dreivierteljahr. Er säße heute Abend bestimmt auch mitten unter ihnen in der Hoffnung auf einen attraktiven Auftrag. Aber jetzt ist sein Platz hier vorne. Da sitzt er mit feuchten Händen. Wartet, bis der Dezernent seine Begrüßung beendet. Die macht er nur heute. Weil sozusagen Premiere ist. In Zukunft ist das alles Wolfgangs Sache. Schließlich ist es ja auch seine Idee gewesen, regelmäßig solche Abende zum Stand der Dinge abzuhalten. Offen für alle. Um zu informieren und zu diskutieren. Denn die Vorgaben der Stadt sind nur wenige. Nur ein Rahmen ist gesetzt.

Wolfgang steht auf, stellt seine Assistentin vor, dann sich. Verspricht als Erstes, keinen Vortrag zu halten, sondern nur über das Wichtigste zu informieren. Dann möchte er mit den Besuchern ins Gespräch kommen.

»Und genau darin sehe ich, sehen wir vom Stadtplanungsamt unsere Hauptaufgabe: mit Ihnen zu kommunizieren, zwischen Ihnen Kontakte herzustellen, zu vermitteln und zu informieren.« Die Assistentin startet die Präsentation, und an der Wand erscheinen ein paar Stichworte.

»Wir schreiben die maximale Traufhöhe fest. Wir geben keine festen Parzellen vor, aber wegen der Erschließung mit Kanalisation und so weiter haben wir das gesamte Areal schon einmal grob in Felder eingeteilt, was dann für später auch den Straßen- und Wegeverlauf vorgibt. Den Plan dafür gibt es später. Und wir stellen eine wesentliche Bedingung: Ins Erdgeschoss eines jeden Gebäudes muss Gewerbe. Läden, Büros, Cafés, Werkstätten. Was Sie wollen. Wen Sie finden.«

Wolfgang projiziert noch den Plan und ein Luftbild des Geländes an die Wand. Weist auf die beiden Backsteinhallen hin, die zwar nicht denkmalgeschützt sind, aber integriert werden sollen. Schon kommen die ersten Fragen. Wie hoch ist der Grundstückspreis? Was passiert, wenn es mehrere Interessenten gibt? Wird das nicht ein unglaubliches Kuddelmuddel? Wie sehe das denn aus, wenn sich da jeder selbst verwirkliche? Seien da nicht ohne Ende Konflikte programmiert? Wolfgang beantwortet alles. Sachlich, fair und möglichst knapp. Der Abend soll nicht ausufern. Mit vielen der Fragen hat er gerechnet. Die meisten sind erstaunt, fast überfordert über so viel Freiheit. Natürlich ginge es schneller mit einem Bauträger, der in drei Jahren das Gelände zuklotzt. Aber sie wollen ein lebendiges Stadtviertel und keine Siedlung. Es wird dauern, bis Wolfgang in Rente geht. Aber das wird es wert sein. Davon ist er überzeugt.

»Nehmen Sie eine Brille«, sagt Wolfgang. Auf diesen Moment hat er gewartet. »Im Prinzip ist jede Brille gleich: zwei

Bügel, die Fassung für zwei Gläser, verbunden durch den Steg. Aber sind Sie schon mal in einem Optikergeschäft gewesen? Es gibt so unendlich viele Möglichkeiten, eine Brille zu gestalten: Metall oder Kunststoff. Geklebt, geschweißt, gelötet. Rund, eckig oder oval. Die Geschmäcker sind verschieden. Und dann hat noch jeder ganz unterschiedliche Bedürfnisse: Der eine ist weitsichtig, der andere kurzsichtig. Ein dritter weder noch. Der will eine Sonnenbrille.«

Einige lachen im Saal, andere nicken nur stumm. Wolfgang ist gespannt auf ihre Ideen. Das sagt er nicht, weil es wie eine Floskel klingen würde. Aber es stimmt. Er freut sich auf die Vorstellungen und Pläne der Leute. Jeder Bewohner ein Stadtplaner.

Wolfgang blickt in die Runde und beendet den Informationsabend. Während er mit seiner Assistentin zusammenräumt, schaut er den Menschen hinterher, wie sie reden, diskutieren, die Papiere mitnehmen am Ausgang. Er ist sich zuerst nicht ganz sicher, sieht dann aber noch mal hin, kurz bevor er durch die Saaltür verschwindet. Ja, das muss er gewesen sein. Arm in Arm mit der Schwarzhaarigen in dem roten Mantel. Der Optiker mit den hennaroten Strähnen, der ihm die Brille verkauft hat. Sein Statement.

Der Psychologe meint

Warum ausgerechnet ich? Wolfgangs Frage steht quasi symptomatisch für seinen Lebensentwurf und bedeutet: Jemand wie ich kann doch nicht im Ernst für so viel gehalten werden. Und doch wünscht er sich nichts sehnlicher. Schwaches Selbstbewusstsein könnte man meinen. Auf den ersten Blick. Aber das ist es gar nicht. Vielmehr ist Wolfgang ein Visionär, einer der sehr kluge Gedanken hat, weitsichtige Ideen. Wie hätte er sonst den Baudezernenten, jemanden vom Fach, überzeugen können mit seinem Entwurf für eine außergewöhnliche Dachwohnung? Wolfgang wirkt nicht durch seine Person, nicht durch Äußeres, Auftreten oder gar Charisma. Nein, Wolfgang wirkt durch seine Arbeit. Er hat zu hundert Prozent genau den richtigen Beruf für sich gefunden. Darin kann er aufgehen. Darin kann er sich ausdrücken und verständlich machen. Und darin ist er richtig gut. Doch das ist für ihn eine Selbstverständlichkeit. Natürlich macht er seinen Job gut, was denn sonst – aber das würde Wolfgang niemals so in den Sinn kommen, geschweige denn sagen. Dazu ist er viel zu bescheiden, zurückhaltend, ja schüchtern. Sich anzupreisen, sich zu verkaufen, das fällt ihm extrem schwer. Das ist regelrecht wider seine Natur. Deshalb baut Wolfgang eben auch nur Kleinigkeiten. Zu wenige wissen, was er wirklich alles kann. Man kennt ihn nicht. Gerne würde er auch mal einen Eiffelturm, einen Reichstag oder ein Kolosseum bauen. Aber er richtet sich in seiner reservierten Zurückhaltung ein, in seiner selbstgewählten Bescheidenheit. Wolfgang ist das krasse Gegenteil des Selbstdarstellers. Im positiven Fall bedeutet das Demut. Ein Charakterzug, der in Zeiten von erklärten Machtpolitikern, Managerexzessen und Moralaposteltum »ordentlicher Bürger« durchaus mehr gepflegt werden sollte. Das gesunde Bewusstsein, Grenzen zu haben, nicht alles können zu müssen und nicht alles sein zu können, zu wissen, dass man Fehler macht, und diese auch klar zu benennen, die Fähigkeit, anderen den Vortritt zu lassen, weil sie bestimmte Dinge besser können. Das steht uns gut an.

Doch bei Wolfgang bleibt ein Gefühl von Unzulänglichkeit zurück. So wirklich zufrieden ist er nicht. Wenn dieses Gefühl zu stark wird, dann wird daraus das Selbstmitleid des verkannten Genies. Und das ist gefährlich, weil es häufig dem Selbstzweck dient. Gibt man dem Sich-selbst-Bemitleidenden eine

Möglichkeit, eine Chance, eine Aussicht, dann nimmt man ihm das Selbstmitleid und damit alles, woran er sich gerade hochzieht.

Aber Wolfgang ist noch nicht so weit. Er steckt noch nicht in diesem Teufelskreis des Selbstmitleids. Doch er hat sich bereits ein Stück weit eingerichtet in seiner Welt des »Hach, ich werde es nie schaffen«. Zumindest so weit, dass er vor der Chance seines Lebens erst einmal zurückschreckt. Er erkennt sie zwar, aber er traut es sich reflexhaft nicht zu. Kein Wunder. Schließlich kennt er diese Situation nicht. Und schon gar keine spektakulären Aufträge. Wieso ich? Das kann nicht sein. Wer mir das anbietet, muss sich täuschen. Und unterbewusst schwingt mit: Sonst hätte er mir das ja schon längst anbieten können. Ich bin schließlich schon seit einundfünfzig Jahren auf dieser Welt. – Der Gedanke, dass das auch mit seinem unscheinbaren Wesen zusammenhängen könnte, mit seiner zurückhaltenden Art und der daraus resultierenden Unbekanntheit, dieser Gedanke kommt ihm erst gar nicht.

Doch wenn man sich selbst nichts zutraut, dann traut einem meistens auch niemand anderes etwas zu. Solchen Menschen kann man den Traumjob, den Traumpartner oder das Traumhaus auf dem Silbertablett servieren, und die sagen: Nein, danke. Da tut es gut, Menschen um einen herum zu haben, die Dinge sagen wie Wolfgangs Frau. Die in der Sicht von außen erkennen, wo die glänzenden Seiten der eigenen Persönlichkeit liegen. Solche Mut machenden Menschen sind im wahrsten Sinne des Wortes Gold wert. Wenn schüchterne Menschen es schaffen, die Angsthürde zu überschreiten, können sie die Erfahrung machen, dass sie stark sind, dass sie etwas können. Deshalb macht es viel Sinn, sie zu locken, zu überzeugen und manchmal ein wenig zu schubsen. Denn wie Wolfgang zaubert ihnen natürlich die Aussicht auf Erfolg und Erfüllung ein Glänzen in die Augen. Wollen würden sie ja. Und Erfolg macht sexy. Weil wir unbewusst mit Erfolg Stärke assoziieren. Und das ist ja eben genau das Feld, auf dem Introvertierte eher wenig punkten. Jedenfalls im Hinblick auf ihre Ausstrahlung. Die allermeisten Menschen begehren eher souveräne Typen, solche, die einen eigenen Stil leben, die selbstbewusst sind. Es gibt nichts Attraktiveres als einen selbstbewussten Menschen. Die besseren sind sie natürlich nicht immer. Doch wir empfinden sie als stark. Was wir gemeinhin als schwach bezeichnen, sind jedoch Eigenschaften, die auch einem Starken gut stehen: Wärme, Emotionalität, Harmoniebedürfnis und Kompromissbereitschaft. Während das, was vermeintlich stark ist, oft gar keine wirkliche Stärke ist: Härte, Nüchternheit und Distanz. Kämpfen, sich durchsetzen und gewinnen.

Älter werden hilft,

... weil dann Menschen wie Wolfgang merken – mitunter auch schmerzlich –, wie lange sie im Grunde schon von unerreichten Horizonten träumen. Doch es ist eben nie zu spät, sich wachzurütteln, sich einen Schubs zu geben, mutig zu sein, sich etwas vorzunehmen, was auf den ersten Blick eine Nummer zu groß erscheint. »Das habe ich ja noch nie gemacht«, ist kein Argument, es nicht zu tun, sondern nur ein Ausdruck der bisherigen Grenzen. Seine jahrzehntelange Erfahrung als Architekt qualifiziert ihn zu der neuen Tätigkeit als Stadtplaner. Deshalb sind die Vorstellungen, die er entwickelt, auch keine abgehobenen Visionen, sondern sehr pragmatische Vorgaben. Ein Rahmen mit viel Raum für Kreativität, aber solide. Wolfgang wird zum Verwalter, ein praktischer Mensch, ein Ratgeber und Förderer in konkreten Fällen. Und das ist keine Wende um hundertachtzig Grad, sondern eine durchaus konsequente Weiterentwicklung. Zuvor hat sich Wolfgang mit Unbedeutendem scheinbar zufriedengegeben. Und dabei immer mehr die Verbindung zu seinen Idealen, seinen Wünschen und Träumen verloren. Was für ein Glück, dass sich solch eine Gelegenheit für ihn geboten hat. Aber auch: Was für eine Leistung, dass er das Glück erkannt und den Mut gefunden hat, die Gelegenheit nicht verstreichen zu lassen. Wie Gabriele, Wolfgangs Frau ganz richtig gemeint hat: Was hast du denn zu verlieren? Nichts.

Bernd – (k)ein ganzer Kerl

Handelt von den Gefahren, im Stehen zu pinkeln, vom Glück eines Gewitterregens, von Werthers Leiden und von Viagra. Und von der Einsicht, dass das Wort »Krise« Wendepunkt bedeutet.

»... Wanderer waren auf Teile des Wracks gestoßen. Die Auswertung des nur leicht beschädigten Bordcomputers ergab, dass die Maschine gegen 20 Uhr Ortszeit zerschellt sein musste. Wie die chilenische Regierung in einer kurzen Pressenotiz bekanntgab, fehlt von dem Piloten noch immer jede Spur. Das Sportflugzeug ist möglicherweise aufgrund unerwarteter, in dieser Gegend aber durchaus häufiger Turbulenzen an die Felswand geprallt. John F., der als erfahrener Pilot gilt, hat sich als Abenteurer, Extrembergsteiger und Weltenbummler einen Namen gemacht. Das Wrack seines Flugzeugs ist nun endlich gefunden. Er nicht. Seine Frau ist sicher, John F. lebt.«

Gedankenverloren setzt Bernd den Kaffeebecher ab. Vorsichtig, damit nichts schwappt. Keinen Tropfen verschütten, nicht auf die Tischplatte oder auf die Tageszeitung, die er gerade aufgeschlagen hat. Bernd ist ein ordentlicher, behutsamer Mann. »Sitzpinkler« hat ihn einmal einer seiner Kollegen genannt. Das hat ihn verletzt. Obwohl er das gut findet, das Hinsetzen auf dem Klo. Eigentlich. Denn dann bleibt die Brille sauber. Ist er deshalb kein Mann?

»Dieser John! Ein ganzer Kerl. Der zieht sein Ding durch. Ob er tatsächlich noch lebt?«, Bernd denkt nach, schaut auf die welken Blätter, die der Herbstwind durch seinen Garten weht. Noch hat er die Beete nicht winterfest gemacht. Am letzten Mittwoch ist das Flugzeug zerschellt. Und was hat er an diesem Mittwoch getan? Die Eltern der 7b begrüßt. Ordnungsgemäß die Anwesenheit des Elternbeirats festgestellt. Seit 20 Jahren dasselbe Programm. Pro Schuljahr, pro Klasse sind zwei Elternabende Pflicht. Zwei multipliziert mit zwanzig, multipliziert mit vier Klassen ergibt 160 Elternabende – bis zum heutigen Tag. Die Abende zur Vorbereitung von Klassenfahrten, Schüleraustausch-Projekt, Skifreizeit, Computer-AG, Arbeitsgruppe Sportgeräte für den Schulhof, Arbeitsgruppe Cafeteria, Aufbau und Pflege der Schülerbibliothek – das alles nicht eingerechnet. Da geht ihm schon der ganze Schreibkram »mächtig auf den Sack«, auch wenn er das nie so laut aussprechen würde.

Bernds Kopf arbeitet wie ein Computer. Alles gespeichert, alles ordnungsgemäß abgelegt. Darum weiß er auch, was er gestern zu Mittag gegessen hat. Und vorgestern. Und vorvorgestern. Bernd findet das spießig, aber er kann nichts dafür. Sein Gehirn ist eben so.

»Ob dieser John überhaupt schon mal auf einem Elternabend war?«, denkt Bernd. Kinder hatte der bestimmt. In jedem Winkel der Welt eins. Frauen flogen doch auf einen Kerl wie ihn. Abenteurer, Extrembergsteiger – wie der Messner, der hat auch rund um die Welt Kinder gezeugt. »Bälger in jedem Basislager«, ruft Bernd. Obwohl ihn gerade niemand hört. Sein Freund ist nicht da. Bernd mahnt sich zur Ordnung. Seinen Schülern hätte er ein derart unreflektiertes Verhalten ganz sicher nicht erlaubt.

»Quod erat demonstrandum!« Einer von Bernds Lieblingssprüchen. Wenn er den Kindern etwas beweisen will. Durch ein Experiment, durch eine naturwissenschaftliche Herleitung. Bernd unterrichtet Biologie, er ist Lehrer an einem Gymnasium, auf das ja nun jeder will. Weil er sonst keine Chance hat. Egal, wie geeignet er ist. Wie schnell er lernt. Oder sollte man sagen, wie schnell ein Kind einen Lernstoff inhaliert, reproduziert und dann wieder vergisst? Was bleibt, ist ein heilloses Durcheinander in den Köpfen der nachrückenden Generation. »Usambara liegt in Afrika, Schiller ist eine Locke, und Leibniz ist ein Keks.«

Bernd muss lächeln, seinen Humor hat er noch nicht verloren, zum Glück. Doch dann denkt er wieder an den letzten Elternabend. An den Schulalltag, der ihn immer mehr schlaucht. Die Verkürzung der Gymnasialzeit von neun auf acht Jahre drückt auf seine Stimmung. »Zu viel Stoff!«, rufen die Eltern. »Entrümpelt die Lehrpläne!« »Tun wir ja«, sagt Bernd, »aber die Institutionen brauchen Zeit.« Und er denkt: »Wie wäre es, wenn ihr fordernden Eltern eure Kinder zur Abwechslung selbst etwas strenger erzieht? Und euch selbst auch. Eure Handys während des Elternabends abschaltet, keine Kaugummis platzen lasst und vielleicht einfach mal pünktlich erscheint? Tut selbst, was ihr von euren Kindern verlangt! Stattdessen wird der gesamte Erziehungsauftrag an die Schule delegiert.« Aber all das sagt Bernd nicht. Er fühlt sich viel zu müde dazu.

Staunend betrachtet er die Mütter, die aussehen, als hätten sie die Klamotten ihrer Töchter geklaut. Bauchfrei mit vierzig. Strasssteinchen am Schneidezahn. Push up und Wonderbra. Alles figurbetont, die eine Fraktion. Und die anderen? Das sind diese formlosen Säcke, in die sich die dicken Mütter hüllen. Die dann schwitzend und schnaufend die Schultreppe hinaufwatscheln. Nur die Designer-Taschen, die haben die Dicken und die Dünnen. Tragen sie darin ihre inneren Werte herum? Die Eltern hier an seinem Gymnasium wünschten für ihre Kinder eine humanistische Bildung. Auch wenn sie nicht so genau wissen, was das eigentlich ist.

Niemals würde Bernd offen aussprechen, was er über manche Eltern denkt. Vorbei die Zeit, als er enthusiastisch ans Werk ging, die (Schul-)Welt zu verbessern. Erst voller Bewunderung für die Vorkämpfer einer ganzheitlichen Pädagogik, später glühender Verehrer der Waldorf-Philosophie. Bernd, der sich als Visionär, wenigstens als Multiplikator sah. Bernd als Lehrer, an den sich die Schüler erinnern, weil er ihnen ein Vorbild war. Vorbei die Zeit, in der er die Schüler zu sich in den Garten einlud zum Frisbeespielen. Oder auch zum gemeinsamen Grillen, zum Gespräch. Heute übten die Schüler »Rumsitzen ohne Reden«, während die weiblichen Teenager dem Dauerschnattern anheimfielen.

Doch eigentlich mögen die Schüler Bernd immer noch. Weil er so lieb ist. Freundlich. Taktvoll. Weil er auch mal lobt. Und nicht so viel meckert. Die Mädchen finden ihn süß, irgendwie. Und doch zieht er sich immer mehr zurück. Von den Menschen. Von lauten Situationen. Die Schule als Rummelplatz. Er hasst das. Weil die eigene Orientierung abhandenkommt. Zu viel. Es ist alles zu viel. Bernd weiß nicht, was er will. Aber er weiß, was er nicht will.

Da ist dieser Kollege, der neuerdings ins Fitnesscenter rennt. Trägt nun Jeans und T-Shirt, gern mit ein wenig Schweiß, in V-Form direkt am Hals. So, als habe er eben erst ein paar Langhanteln gestemmt. »Bis gestern dachte ich, ich sei eingebildet.« Hatte der Kollege gesagt. »Seit heute weiß ich, dass ich gut bin.« Hatte er das etwa ernst gemeint? Verwaltet angeblich bis zu zehn Frauen in seinem Handy. Inszeniert sich auf dem Pausenhof. Beide Daumen in der Hosentasche, das markante Kinn machomäßig nach vorne gestreckt. Wie lässig der am Geländer lehnt! Pausenaufsicht nennt er das, wenn er breitbeinig über den Schulhof schlendert und den bösen Buben spielt. Überheblich mustert er die Mädels – für die ist der trotz allem nichts anderes als ein alternder Sack. »Was willst du mit den jungen Dingern?«, hat Bernd ihn mal gefragt. Und keine Antwort gekriegt.

Junge Männer wollen junge Frauen und alte Männer eben

auch. So einfach ist das. Und die Frauen, die daran verzweifeln, heulen sich dann bei ihren schwulen Freunden aus. So ist das bei Bernd. Den wandelnden Samariter, höhnt er manchmal über sich selbst. Wie neulich, abends in der Schule, diese Frau. Vollkommen aufgelöst und hektisch suchte sie den richtigen Raum. Gab Deutsch für Ausländer, von der Volkshochschule. »Chaotische Alte, wie soll die andere etwas lehren, weiß ja selbst nicht, wo oben und unten ist«, hatte Bernd zuerst gedacht. Sie hatte ihn flehentlich angesprochen. Er hat ihr den richtigen Raum gezeigt. Die Kursteilnehmer saßen schon da: »Ey escht, voll 'ne Tussi, die uns was lernen soll«, hat einer der Jugendlichen getönt. »Fick disch«, rief ein anderer zurück. »Na, die wissen ja schon das Wichtigste«, seufzte Lola resigniert. Und Bernd hat sich geschämt. Dass er so schlecht über die Frau gedacht hat, der man ansieht, dass sie nicht glücklich ist. Eine Krise – das haben wohl viele hier. Krise. Bernds Gehirn ist ein Lexikon. Krise. Stammt aus dem Griechischen. Steht für Entscheidung. Wendepunkt. Nur wer eine Krise gemeistert hat, kommt weiter. Und wo geht es hin?

Bernd streicht seine beigefarbene Cordhose glatt. Neulich, da ist er im Bad umgefallen. Hatte auf dem Weg zur Toilette wieder mal über John F. nachgedacht, den Abenteurer. Ein Idol. Bernd wollte endlich mal im Stehen pinkeln, sonst setzt er sich doch immer hin. Urplötzlich war alles schwarz um ihn herum. Er ist zu Boden gegangen, wie ein gefällter Baum. Oder eher: wie durch einen blitzschnellen K.o. Bernd erkennt, er kann nicht mehr. Die ständige Müdigkeit, das dauernde Gefühl der inneren Leere, dann die plötzliche Ohnmacht, ein Zeichen. Schon wieder urlaubsreif? Wandern in Umbrien, Wein trinken in der Provence ... früher hat er getöpfert, wenn er richtig fertig gewesen ist. Das rhythmische Treten, damit die Scheibe sich dreht, das Formen der weichen Masse, bis daraus ein Becher, eine Schale entsteht. Bernd ist kreativ. Ein Ästhet. Und ein schöner Mann. Schwul. Und es ist eigentlich kein Problem.

Mit knapp über zwanzig hatte er sein Coming-out. Da sezierte er gerade Schnecken. Fürs Studium der Biologie. Der Typ neben ihm quatschte über Schnecken, erzählte diese schöne Geschichte. Dass Schnecken so langsam sind, dass sie nicht viel Zeit haben zum Aufbrezeln und so. Wie ein Pfau. Nix mit Eindruck schinden beim anderen Geschlecht – wie sonst üblich in der Zoologie. »Schnecken, die sich kennenlernen, entscheiden sich einfach für ein Geschlecht. Du Mann? Ich Frau!« Bernd hat das nicht gleich kapiert. »Wenn zwei sich treffen, und sind beide ein Mann, wird dann einer 'ne Frau?«, fragte er. »Nicht ganz!«, lachte sein Studienkollege. »Schnecken sind beides. Sie arrangieren sich eben.« »Cool«, sagte Bernd. »Und was bist du?«, fragte sein Kumpel, während er sorgsam die Schnecke zerschnitt. »Schwul!«, antwortete Bernd ganz einfach. Es war das erste Mal, dass er es ausgesprochen hatte. Hörbar. Und es war gar nicht so schwer. Bernd ging es gut danach, und er ist stolz darauf. Zu Recht. Frauen mag er auch. Er kommt gut mit ihnen aus. Geht tanzen mit ihnen. »Zu schade, dass du schwul bist«, hat schon manche mit einem feinen Lächeln gesagt. Und an der Schule? Weiß nur der Direktor Bescheid. Man hält sich bedeckt. Nicht dass es Ärger gibt. Für Bernd ist es in Ordnung so. Er muss nicht prahlen, nur weil es geglückt ist – sein Bekenntnis zum Schwulsein.

Neulich hat sich Bernd ein Stärkungsmittel gekauft. Aus Asien. »Rein pflanzlich« – hat Bernd mit ernstem Gesicht erklärt. Kein Viagra. Das geht auf die Nieren. Sein Freund hat sich halb totgelacht. Sich noch Stunden später die Augen gewischt und leise gekichert, wenn er ihn angesehen hat. »Wenn du dich mal richtig ausruhst, brauchst du das sicher nicht mehr«, hat sein Freund lächelnd gesagt. Der ist ja auch noch jünger als er. Bernd ahnt, woran es in Wahrheit gelegen hat. Impotent, weil ausgebrannt. Ausgebrannt, weil ohne Ziel. Immer dasselbe. Ohne Vision. Und anstrengend ist er auch, der Alltag. Am Abend hat es Salat mit Sellerie gegeben. Das hat Bernd dann doch ziemlich gemein gefunden.

Bernd starrt auf das Buch auf der Fensterbank. Lektüre der Klassen 10. »Die Leiden des jungen Werther«. Die Leiden stehen auf dem Lehrplan. Bernd denkt an die Schüler, die Werther für ein Lutschbonbon halten. Gut, dass heute Samstag ist, denkt er dann. Keine Schule. Bernd weiß jetzt, was er zu tun hat. Er will raus. Weit weg. Ein letzter Blick auf den Artikel über den verschollenen Weltenbummler. Die Anden! Entschlossen schlägt Bernd die Zeitung zu. Stopft sie ins Altpapier. Nicht ganz so ordentlich wie sonst. Der Himmel ist schwarz geworden. Ein Sturm kommt auf. Gewitter im Herbst. Das Klima spielt verrückt. Regen prasselt, während Bernd am Laptop sitzt. Erinnerungen steigen auf: Bernd als kleiner Junge, trotz Gewitter draußen. Er fing die schweren Regentropfen mit der Zunge auf, damals auf dem freien Feld. Schmeckte das tiefe Glück auf der Zunge, auch dann noch, als der Regen nachließ und die Erde dampfte. Worte hatte Bernd dafür nicht gehabt, die kamen erst viel später zu dieser Erinnerung hinzu.

Plötzliche Unwetter. Bernds Gedanken schweifen ab. Turbulenzen haben auch bei dem Sportflugzeug zum Absturz geführt. Blitze haben die seinem Fenster gegenüberliegende Häuserzeile weiß schraffiert. Bernd wohnt in einem restaurierten Altbau – Stadtlage, EG mit Garten dazu. Stuck an den Decken, die Zimmerwände vier Meter fünfzig hoch. Eichenparkett. Kastanien im Garten. An der alten Mauer sein Kräuterbeet. Noch nicht abgedeckt. Draußen tobt der Sturm. Bernds Wangen glühen. Das Wetter passt zu seinem inneren Aufruhr. »Ich hab's!«, ruft er. »Heureka!« Wie Archimedes, der unbekleidet und laut rufend durch die Stadt gelaufen sein soll, nachdem er in der

Badewanne das nach ihm benannte Prinzip entdeckt hatte: »Ich hab's!« Bernd liebt die alten Sprachen. Die Sprachen der Philosophen. Die der Römer. Und die der Griechen sowieso. »Heureka« schwirrt ihm durch den Kopf, während er sich am Laptop durch die Anden klickt. Hier will er hin. Keine Römer, keine Griechen. Aber Neuland. Abenteuer. San Pedro de Atacama – Puerto Montt – Puerto Varas – Punta Arenas – Puerto Natales – Torres-del-Paine-Nationalpark – Puerto Natales – Punta Arenas.

»Unterschiedliche geographische Regionen und einzigartige Flora und Fauna: schneebedeckte Vulkane, endlose Salzseen, kristallblaue Seen, dichte Regenwälder, Gletscher, die trockenste Wüste der Welt, Patagonien und die Anden …«, so liest er im Internet.

Die Gipfel der Anden. Irgendwo dort, wo auch John F. abgestürzt ist. Der Absturz dieses Abenteurers als Initialzündung für Bernd. Geschmacklos? Nicht unbedingt. Findet Bernd. John F. ist ein Held. Ein Sinnbild für Mut. Und den braucht Bernd jetzt. Wie damals, als er die Schnecken zerschnitt. Und dabei sein Schwulsein gestand. Damals. Die Welt war offen für ihn. Und jetzt? »Liegt sie mir zu Füßen, die Welt«, denkt Bernd vergnügt.

Einfach nur ein Urlaub wird diese Reise nicht. Vielmehr eine Sichtung. Ein Probelauf auf dem Weg, den Bernd in Zukunft gehen will. Kein mit Stuck verzierter Altbau mehr, sosehr er an der Wohnung hängt. Stattdessen geht's raus. Für ein, zwei Jahre bestimmt. Nach Peru. Oder Ecuador? Die Reise wird zeigen, wo sie sich am besten verwirklichen lässt, die Idee, die Bernd getroffen hat wie ein Blitz. Kinder unterrichten vor Ort. Heureka. Helfen, wo Hilfe ankommt. Direkt. Ohne vorher Erlasse zu lesen. Und sich mit den ewigen Nörglern und Kritikern im Kollegium auseinanderzusetzen. Seine Schüler in Deutschland?

Die würde er sicher nicht vergessen, vielleicht ein Austauschprojekt organisieren. Seine Schüler könnten Hütten bauen für Kinder, die wenig haben. Vielleicht wäre das wenige für seine Schüler etwas Neues, etwas Fesselndes. Bernd fühlt sich stark. Jetzt schon. In jeder Hinsicht. Und ganz ohne asiatisches Stärkungsmittel.

Der Psychologe meint

Wer ständig Geburtstage vergisst, dem wird ein Typ wie Bernd unheimlich sein, vielleicht sogar zuwider. Er ist das genaue Gegenteil des Computer-Brains Bernd. Tatsächlich hat die Fähigkeit, sich alles zu merken, Details wahrzunehmen und sich daran zu erinnern, sehr viel mit Persönlichkeit zu tun. Es ist eine Art der Wahrnehmung der Welt um einen herum. Normalerweise verarbeitet unser Hirn mehrere Millionen Eindrücke pro Sekunde. Der Bremer Hirnforscher Gerhard Roth schätzt, dass uns nur 0,1 Prozent dessen, was das Gehirn gerade tut, bewusst wird. Den großen Rest verarbeitet das Gehirn unbewusst.

Weil das Unbewusste uns – das sagt schon der Name – nicht bewusst wird, haben wir den Eindruck, es sei gar nicht vorhanden. Wir haben das Gefühl, alle Vorgänge, die sich in unserem Geist abspielen – alles, was wir denken und wahrnehmen –, würden uns bewusst. Aber dieser Eindruck täuscht. Das zeigt der »Cocktailparty-Effekt«. Wir kennen das: Wir stehen auf einer Party und unterhalten uns. Hinter uns führen zwei andere Personen ein Gespräch, auf das wir aber nicht achten. Plötzlich horchen wir irritiert auf: Eine der beiden Personen hat unseren Namen genannt. Natürlich haben wir nicht zugehört. Aber, wenn das wirklich stimmt, warum konnten wir dann unseren

Namen wahrnehmen? Weil unser Unbewusstes die Unterhaltung sehr wohl verfolgt hat – und zwar Wort für Wort. Benachrichtigt hat es uns jedoch erst, als unser Name fiel. Das Unbewusste wird also mit weitaus mehr Informationen fertig als das Bewusstsein. Deswegen verhält es sich auch manchmal klüger als der bewusste Verstand. Der allerdings funktioniert bei Menschen wie Bernd oft besser als bei anderen. Sein Bewusstsein ist besser fähig, Sinneseindrücke wahrzunehmen, sie zu strukturieren und bewusst abzurufen. Im Extremfall führt diese Fähigkeit zum Zustand der Reizüberflutung. Dann ist das Bewusstsein ein Filter mit zu großen Löchern. Die Betroffenen können dann kaum das Leben aushalten, weil sie ständig überschüttet werden mit Reizen, die sie in viel zu großer Menge auch wahrnehmen. Ein furchtbarer Zustand. In abgeschwächter Form kennen wir dieses Phänomen vielleicht auf Volksfesten. Es gibt Menschen, die große Menschenmassen, laute Musik und blinkende Leuchtreklamen gut aushalten können und es lieben. Andere empfinden es als Qual, sich durch so viele Sinneseindrücke durchschieben zu müssen. Bernd gehört zur zweiten Fraktion. Er erfüllt in vielem das Klischee vom Naturwissenschaftler. Der Kopf ist der stärkste Muskel. Wie es seiner Natur entspricht, macht Bernd sich viele Gedanken, manchmal zu viele. Menschen wie er sind oft sehr pflichtbewusst, halten sich an Regeln und Formalien, suchen immer den einzig richtigen Weg. Und das soll dann natürlich auch für alle anderen gelten. Aber so unsympathisch ist Bernd nicht. Er setzt sich nur selbst unter Druck. Es ist eine unglaubliche Last, sich nicht nur bei jeder Entscheidung fragen zu müssen, ob sie richtig ist, sondern sie auch noch abzuwägen. Hin und her zu überlegen. Eventualitäten abzuklären. Bernd macht sich einen Kopf. Dauernd. Und er leidet daran, dass andere es nicht tun. Die Schüler. Die Eltern. Der Versuch aber, es immer richtig zu machen, kostet uns oft so viel Energie, dass wir irgendwann ausgebrannt sind.

Das Burn-out-Syndrom ist eine der am stärksten zunehmenden Diagnosen. Sicher, man redet auch viel zu schnell davon. Früher sagte man eher: »Ich bin überarbeitet.« Aber das heißt ja, dass man etwas nicht geschafft hat. Und das will heute keiner mehr zugeben. Ein Weichei will keiner sein. Also sagt man: »Ich habe einen Burn-out.« Klingt cooler. Meint aber dasselbe. Man hat sich überarbeitet. Zu viel Stress. Und Stress ist neben Alkohol der Sexkiller Nummer eins. Wenn der Kopf nicht einigermaßen frei sein kann, wenn der Körper nicht wenigstens ein bisschen entspannt ist, funktioniert bei keinem Menschen Sex. Oder nur mit Hilfsmitteln. Egal ob hetero, lesbisch oder schwul. Schön übrigens, dass Bernd schon so früh und zu solch einer Zeit sein Coming-out geschafft hat. Obwohl es sich ja nie um nur *ein* Coming-out handelt. Jedes Mal, wenn er neue Menschen kennenlernt, steht er wieder vor der Frage: »Sag ich's oder nicht? Und ab wann?« Ein Lebensthema eher als eine einmalige Aktion. Darum hält sich Bernd bedeckt. Im Kollegium. In der Schule. Aber das erste Mal ist etwas Besonderes. Seine sexuelle Neigung ist entweder angeboren oder sehr früh erworben – Schwule und Lesben berichten, dass sie im Alter von vier Jahren schon Personen des gleichen Geschlechts attraktiv und sexuell anziehend fanden. In beiden Fällen – angeboren oder früh erworben – ist sie nicht umkehrbar.

Älter werden hilft,

… wenn Personen wie Bernd lernen, Probleme nicht in geistigen Schubladen zu verschließen, sondern Lösungen zu suchen. Es kann gut sein für Menschen von Bernds Schlag zu lernen, dass Alleinsein nicht dasselbe ist, wie einsam zu sein. Sie wachsen, wenn sie es schaffen, wie Bernd, Zeit mit sich selbst zu verbringen – Peru oder Ecuador, perfekte Orte, um sich selbst zu begegnen, die eigenen Ideen zu verwirklichen, die eigenen

Bedürfnisse zu spüren. Mit steigendem Alter finden solche Menschen oft mehr Mut dazu. Aber es muss nicht die Ferne sein. Die eigenen Bedürfnisse wahrnehmen und befriedigen ist etwas, das man gut auch zu Hause kultivieren kann. Denn oft haben solche Menschen bei aller Orientierung auf andere Menschen ihre eigenen Bedürfnisse vergessen. Und die wollen auch befriedigt sein. Um ein Leben zu führen, das vollständig ist. Das Besondere an Menschen wie Bernd ist ihre Gabe, immer etwas Wertvolles in den Anschauungen anderer Menschen zu erkennen, auch dann, wenn diese im Widerspruch zueinander stehen. Diese Gabe ist ein Stück Altersweisheit, die Menschen wie Bernd bereits in der Wiege vorfinden. Nun gilt es, aufzubrechen zu neuen Ufern, nicht über das Abenteuer zu philosophieren, sondern es erleben und die eigene Kompetenz einzusetzen für andere. Es müssen ja nicht die Anden sein.

Lola im Schlafsack

Handelt von Barbie ohne Ken, einem violetten Tuch, der Lust, das Mobiliar zu zerlegen, einem tönernen Türschild aus Worpswede und der Erkenntnis, dass der Horizont nur die Grenze unserer Sicht ist.

45 Jahre, verheiratet, kein Kind. Braune Haare, braune Augen. Lange Beine. Lola ist hübsch. Dazu ein hübsches Häuschen. Direkt am Feld. Lola unterrichtet an der Volkshochschule. Deutsch für Ausländer. »Überflüssig«, findet Rainer das. Rainer ist Lolas Mann. »Überflüssig wäre ich ohne es«, hat Lola geantwortet. Kapiert hat Rainer das nicht. 15 Euro, oder 30 Mark, verdient Lola in der VHS – pro Stunde. Sie rechnet immer noch um. In Mark klingt es nach mehr. Wenigstens das hat Rainer kapiert. Die Deutschkurse sind das eine. Das andere sind die Veranstaltungstipps für das Stadtmagazin: »Wohin gehen wir heute?« – Lola arbeitet gründlich. Ihre Tipps stimmen. Obwohl sie fast nie ausgeht. Ist nicht drin. Essen gehen ist teuer, umgerechnet in Mark, noch teurer. Und überhaupt: Ihr Rainer bleibt lieber daheim. Lola ist daran gewöhnt, zu Hause zu bleiben. Sie nimmt es gelassen. Ihr Mann hat keine Lust. Ist müde. Schläft vor dem Fernseher ein. Unappetitlich. Irgendwie. Wenn er da liegt mit bebendem Bauch und schnarcht. Klischees sind entsetzlich, wenn man sie erfüllt. Lola denkt viel. Grübelt vorauseilend. Malt die Zukunft in Grau. Soll das jetzt alles gewesen sein?

Ihr Leben: Eine Nullachtfünfzehn-Biographie? Erst ein bisschen Kindheit, Barbiepuppen. Und Ken, der Kastrat, der Mann von Barbie. Dann: Warten auf die Pubertät, Warten auf den Schulabschluss, Warten auf den Studienplatz. Warten auf ihn. Auf Mister Right. Nun ist er da. Heißt Mr. Wrong, der da schnarchend auf dem Sofa liegt. Aber Lola ist ja auch nicht Barbie. Hübsch, aber uneitel. Rainer ist Anwalt, hat eine kleine Kanzlei. Auf den Akten, die er nach Hause bringt, steht Müller ./: Müller. Oder Schmidt ./: Schmidt. Lola hat ihn mal gefragt, was diese Punkt-Strich-Punkt-Signatur bedeutet. »Ein Punkt ist die weibliche Seite, zwei Punkte ist die männliche«, hat Rainer erklärt. »Aha«, hat Lola gesagt. »Voll bescheuert, so ein System«, hat Lola gedacht. Rainer mag Fakten. Klare Linien, einen Punkt für die Frau, zwei für den Mann. Gefühle sind ihm suspekt. Aber Rainer lacht gern mit. Neulich hat einer einen Witz gemacht: »Treffen sich zwei Jäger. Beide tot.« Den hat Rainer sofort verstanden, den Witz. Und als Gipfel der Doppeldeutigkeit entlarvt.

Lola versucht zu leben, in den Lücken, die das Leben ihr lässt. Sie analysiert ihr Leben, wie es bis heute gelaufen ist, bemüht sich um Genauigkeit. Das Resultat ist schlicht: Das Leben ist ein Hamsterrad. »Sei dankbar für das kleine Glück!«, hat ihre Mutter gesagt. Ist sie aber nicht. »Der Horizont ist nur die Grenze der Sicht«, findet Lola. Die Mutter schüttelt den Kopf. Lola langweilt sich. So sehr, dass sie am liebsten irgendetwas Spektakuläres machen will. Auswandern oder so. Appaloosas züchten in Amerika. Da war man ja ganz verrückt auf diese Pferde spanischer Abstammung, die sich so gut zum Westernreiten eignen. Wenn sie Geld hätte, würde sie einen Gutshof kaufen – warum nicht? Tut sie aber nicht. Sie hat doch kein Geld. Gut ist nur der Mittwoch. Handballtraining. Von 18 bis 20 Uhr in der Kreissporthalle. Handball spielt sie, seit sie zwölf ist. Und sie kann sich nicht erinnern, auch nur ein einziges Mal das Training ohne guten Grund versäumt zu haben. Oder unpünktlich gewesen zu sein. Lola. Linkshänderin. Spielposition rechts außen im Angriff. Dann passiert auch mal ein

Tor. Weil niemand damit rechnet, dass sie mit der linken Hand wirft. Der Jubel fühlt sich gut an. Für Lola. Immer schüchtern, zurückhaltend. Ihr Mann mag das an ihr. »Bambi« nennt er sie. Das ist romantisch, findet er. Ihre beste Freundin steht im Tor. Petra: sportlich, kräftig, kurze Haare. Blockweise sind ihre Strähnchen gefärbt. Blau, grün. Lola würde sich so etwas nicht trauen. Petra ist laut, jeder hört, wenn sie kommt. Beim Gehen setzt sie die Füße nach außen. Sie nimmt sich Raum. So wie die Männer es tun, die Lola kennt. Und so lacht die Petra auch – wie ein Mann. Petra ist ein Kumpel. Der beste, den Lola hat, obwohl sie ganz anders ist als sie.

Herbstsonne leuchtet durch das Küchenfenster. Auf den blanken Küchentisch. Kirschbaum. Lola streicht über die Maserung. Ein Tag wie viele andere? Lola wettet, dass Rainer wieder einschläft, bevor es zehn Uhr ist. Darauf einen Euro. Also zwei Mark. Sie hat schon an die fünfhundert Euro im Schrank. Die zahlt sie sich jeden Morgen selbst aus. Wenn sie wieder ihre eigene Wette gewinnt. Kein Sex. Wann war das überhaupt – das letzte Mal mit ihrem Mann? Training. Petra. Und die anderen Mädels. Alle werden da sein. Und dann?

Ein gemeinsames Wochenende steht an, ein Handballcamp in Venlo, Holland. Zwei Tage Spaß am Stück. Übernachtet wird in Schlafsäcken in der Turnhalle. Ein Gefühl wie früher, auf Klassenfahrt. Und es wird gefeiert, auch wenn der Sieger noch lange nicht ausgemacht ist. Rotwein macht die Runde. Mehr als genug. Und dann ist es so weit. Nur zwei Spiele am ersten Tag. Und ein Pfeifchen. Für alle. Bestes Marihuana, hat Petra besorgt. »Ist doch ganz leicht hier in Holland«, hat Petra gesagt. Als Lola entspannt im Schlafsack liegt, spürt sie eine Hand. Sie ist warm und fest. Ist das nicht Petra neben ihr? Lola traut sich nicht, fragt nicht, schüttelt die Berührung aber auch nicht ab.

Langsam streicht eine Handfläche über ihren Rücken, berührt ihren Po. Sie ist ein wenig schwielig – die Hand. Massiert die Lendenwirbel, drückt zart … Lola liegt auf dem Bauch, atmet flach. Die Ellenbogen hat sie fest unter den Körper gepresst. Die Hände zu Fäusten geballt. Vorsichtig dreht Lola sich um. Die Hand, die Berührung folgt ihr, streicht über ihren Bauch. Rutscht tiefer. Lola hält die Luft an. Diese Hand zieht dann, schnell wie Flügelschlag, einen Finger durch ihre Scham. Lola erstarrt.

Sie hört das Keuchen neben sich, fühlt deutlich den schweren Arm. Es ist heiß im Schlafsack, Schweiß bricht aus allen Poren. Tot stellen fällt schwer. Tot stellen – wozu? Lola lässt nun zu, was passiert. Atmet aus. Entspannt sich. Endlich. Die Nacht wird wunderbar. Endlich ein Körper, der sie versteht. Eine Freundin, die weiß, was sie will. Und auf einmal ist alles ganz leicht. Nur an morgen denkt Lola jetzt lieber nicht.

Der nächste Tag: eine Tortur. Beinahe jeder Ball rutscht ihr durch die Finger. Petra steht lächelnd im Tor. »Gut geschlafen?«, hat sie beim Frühstück gefragt. Lola schämt sich. Trotzdem will sie mehr. Mehr von dem, was in dieser Nacht war. Erregung in einer ganz neuen Art. Wieder zu Hause, wiegt ihr Schuldgefühl zentnerschwer.

Und dann: Ganz plötzlich bricht es aus ihr heraus: »Nie wieder mit dir!«, schreit sie ihren verdatterten Rainer an. »Es gibt was Besseres als das langsame Sterben auf dem Sofa an der Seite von dir.«

Rainer versteht gar nichts mehr. Was ist mit Bambi passiert? Nach ihrem Ausbruch hat sie sich nur langsam wieder beruhigt, und sie sieht irgendwie anders aus. Hat sie eine neue Frisur? Rainer weiß es nicht ganz genau. Er will drauf achten, wenn er es nicht vergisst. Tatsache ist, dass sie seit gestern deutlich widerspricht.

»Frauen haben Stimmungen«, glaubt Rainer. Allein wegen

der Hormone und so. Die fallen messbar ab, das weiß Rainer genau. Das geht vorbei. Und dann ist alles, wie es mal war. Hofft er. Warum hat sie bloß ihre Koffer geholt? »Das Leben mit dir ist grau«, hat Lola zum Abschied gesagt.

Lola klingelt. Horcht. Sie hört Rainers schlurfende Schritte. In Gedanken zählt sie sie mit. Eins, zwei – die Stufen, die in die Diele führen, die Fliesen. Er erwartet niemanden, so hören sich die Schritte an. Weihnachten hat er vermutlich über den Akten verbracht: Schmidt ./: gegen Müller. Nein, da hat sie wohl gerade was durcheinandergebracht. Lola ist seit genau einem halben Jahr weg. Einmal hat er sie gesehen, glaubt sie, in der Fußgängerzone. Gegenüber von Karstadt. Sie hat sich bei Petra untergehakt. Und sie haben laut gelacht. Da hat der Rainer weggeguckt. Lola trug ihr neues Tuch. Lila. Eigentlich hat sie Lila immer gehasst. »Der letzte Versuch« – hat Rainer mal über diese Farbe gesagt. Rainer.

Die Narzissen leuchten in der Morgensonne. Es ist ein schöner Tag. Und doch hat Lola schon an der Haustür das Gefühl, dass dieser Schritt ein Wahnsinn ist. Zurück zu Rainer. Ins alte Leben zurück. Warum? Das getöpferte Schild über dem Klingelknopf – darauf ihre Namen als tönerne Würstchen ineinander verschlungen. »Hier leben und lieben Lola und Rainer« steht drauf. Lieben! Haha, was für ein Witz. Dieses tönerne Schild, in Worpswede gekauft. Lola klingelt erneut. Wartet. Dann steht Rainer vor ihr. Die Arme verschränkt vor der Brust. Die buschigen Brauen im hohen Bogen nach oben gewölbt. Rainer, ihr Mann. Neben sich hat sie ihre Koffer gestellt. »Dann nehme ich mal die Koffer«, Rainer trägt sie hinein. Lola hat nichts mehr in der Hand, geht ihm nach wie ein folgsames Kind. »Koffer!«, sagt Lola etwas zu laut. »So nennt man auch die Lesben, die ein bisschen wie Männer sind.« Hä? Rainer kapiert nicht, was Lola meint. Lola denkt an Petra. Koffer? Rainer stellt sie im Schlafzimmer ab, sagt weiter nichts. Lola ist froh, dass er sie in Ruhe lässt. Aber mit wem sie reden soll, das weiß sie noch nicht. Wie soll er verstehen, wie das mit Petra war? Wie soll das überhaupt jemand kapieren? Ihre eigene Analyse erklärt es ihr nicht. Ihre Gedanken trommeln an ihre Stirn. Von innen. Lola hat sich schon vor Weihnachten von Petra getrennt. Beziehungsstress. Gleich am Anfang – so viel Schutt. Aber wie räumt man den weg?

Auf Petra war Peter gefolgt. Eine kurze Bekanntschaft. Auf den war sie nur geflogen, weil der so nett zu ihr war. »Warum ist jemand so schön und so traurig zugleich?«, hat er gesagt. Und schon lag Lola in seinem Bett. Dann Jürgen, bei dem hat sie sogar oben gelegen. Gesessen. Hat ihn geritten. So was hätte sie zuvor nie getan, nicht mal gewagt zu denken, Derartiges ist sie nicht gewohnt. Seit das mit Petra war, ist Lola wie wach geküsst. Aber Petra ist lesbisch. Lola nicht. Das hat sie sehr schnell gemerkt. Und weil sie Petra nichts vormachen wollte, hat sie ihr das auch gesagt. Das war mutig von ihr. Sie hat dann ein paar Tage im Frauenhaus gewohnt. Das hieß Carlotta, Lola hat ein gutes Gedächtnis für jedes Detail. Gegenüber der VHS. Im Job weiß niemand über ihr Leben Bescheid. Es ist so viel passiert. Jürgen, ein One-Night-Stand. Sah super aus. Als Lebenspartner interessiert er sie nicht. Aber es hat Spaß gemacht! Den Jürgen hat Lola selbst angemacht. Ausgerechnet in einer Zahnarztpraxis. Er streitet mit der Sprechstundenhilfe und später mit dem Zahnarzt über irgendeinen Gebührensatz oder etwas Ähnliches. Genau bekommt sie es nicht mit. Jedenfalls fliegt seine Faust krachend auf die Theke. Der Computer der Sprechstundenhilfe macht einen kleinen unbeholfenen Hopser. Der Mund der Sprechstundenhilfe wollte gerade zum zweiten Mal das Wort Gebührenordnung formen und bleibt stecken – genau beim O. Lola ist fasziniert. Der Typ lebt seine Gefühle aus, der frisst nichts in sich rein. Lola will auch aus sich raus. Und darum hat sie den Jürgen angequatscht. »Gute Show eben!« Lola lächelt vorsichtig. Das findet Jürgen auch, und dann ist alles ganz leicht. Man verabredet sich. Zum Kaffee. Später dann mehr.

Jürgen anzusprechen – schon wieder ein mutiger Schritt? Oder ein letzter Versuch? Für einen kurzen und guten Moment hat Lola sich so wie früher gefühlt, hat das Leben gespürt. Mit allen Sinnen. Dann kam die Scham. Der innere Moralapostel. Die Frage nach dem Sinn. Sex als Form der Nähe, Sex als Abenteuer, Sex als …? »Je älter man wird, umso wichtiger ist es zu wissen, wo man hingehört«, findet sie. Dass sie damit exakt dasselbe denkt wie ihr Mann, das weiß Lola nicht. Es ist so viel passiert. Und so vieles nicht.

»Manchmal muss man einfach durchhalten«, tönt Rainer in diesem Moment und lässt die Koffer an Ort und Stelle fallen. Lola grinst, innerlich genervt.

»Wie sehr du dich verändert hast«, sagt Rainer. »Ich bin doch der, der immer zu dir gehalten hat. Ist dir denn das nichts mehr wert?« »Doch«, murmelt Lola, »darum bin ich ja hier.« Und warum nervt er nun schon wieder so? Sie erträgt es nicht, wie er die Nase hochzieht. Hat er das schon immer getan? War er schon immer so lahm? Und seine Schuhe – hat er die immer schon so umständlich zugemacht? Er wirkt so ungelenk. Lola nestelt an ihrem Tuch. Lila. Dann sitzt Lola stocksteif auf der großen Couch. Sie erinnert sich genau, wo sie dieses Riesenteil bestellt haben. Eigentlich wollten sie ein großes Bett. Stundenlang haben sie Probe gelegen. Alle Daten und Fakten abgefragt. Und sie haben gelacht, den Verkäufer verrückt gemacht. Sensoflux double Care Matratzen, Tri Technology Waterproof und/oder Doppeldrill umhüllt, Kaltschaummatratzen, Latexmatratzen, Tonnen-, Taschen-, Federkern auf Physio Relax Lattenrost mit automatischer Nachspannvorrichtung, mit und

ohne Massageeffekt, sogar auf dem Mond getestete Materialien in sieben verschiedene Aufliegezonen verteilt – Stunden später haben sie sich verabschiedet. Und nie würden sie das Bild vergessen, das sich ihnen bot, als sie sich noch einmal umdrehten. Der Verkäufer, der mit hochrotem Kopf in den Behältern mit den Daunen wühlt, nicht um deren Qualität zu testen, sondern um seine schweren Aggressionen abzubauen, die er in diesem glücklosen Verkaufsgespräch gegen dieses Paar entwickelt hat. Da wusste er ja noch nicht, dass sie später eine Couch in diesem Möbelhaus ordern würden. Lola hätte jetzt auch gern eine Tonne voller Daunen gehabt. Nicht um darin herumzuwühlen. Sie will darin verschwinden. Sich verstecken, vor Rainer. Vor ihren Schuldgefühlen.

Wie sollte sie ihm bloß erklären, dass sie ihn vermisste, wenn sie nicht bei ihm war. Und ihn hasste, wenn sie ihn sah. Darauf wartete, dass er die Nase in der für ihn so typischen Art hochzog. Wie verlogen sie war. »Hast du mich vermisst?«, fragt Rainer sie in diesem Moment. »Ja«, antwortet Lola. Rainer strahlt. »Dann ist ja alles gut.« »Nichts ist gut«, findet Lola. Aber vielleicht ist der Anfang gemacht? Wenn er bloß nicht wieder die Nase hochzieht.

Der Psychologe meint

Ausgangspunkt für Lolas Lebenswende ist die schon lange gehegte Frage: »Soll das jetzt schon alles gewesen sein?« Und es gibt kaum eine kraftvollere Art, die eigene ungestillte Sehnsucht in Worte zu fassen. Wenn sich diese Frage aufdrängt (sie kommt immer uneingeladen), gibt es kein Zurück mehr. Dann ist Stillen von Sehnsucht angesagt. Sonst verkümmert die Seele. Wie bei Lola. Sie ist damit schon recht weit. Ein Leben in Lücken, das spürt sie deutlich, *kann* gar nicht schon alles gewesen sein. Aber woher stammt eigentlich diese Sehnsuchtsfrage? Wer oder was lässt sie uns denn stellen – oder überhaupt erst spüren? Woher kommt die Frage: »Ist das schon alles?« Vielleicht kann Sigmund Freud uns helfen. Er meint beim Menschen zwei Urkräfte entdeckt zu haben: Eros [griech.: Liebe, Lebenskraft] und Thanatos [griech.: Tod]. Beim gesunden Menschen wird der Wunsch zu sterben durch den Wunsch zu leben ausbalanciert. Gerät das Gleichgewicht aus den Fugen, überwiegt der Todeswunsch, entstehen beispielsweise Depression, sonstige Störungen oder letztlich auch Suizid. Der Eros, die Lebenskraft, hält uns am Leben, lässt es uns wollen und genießen. Man könnte nun sagen, dass unsere Sehnsuchtsfrage sich dann stellt, wenn der Thanatos überwiegt, der Eros abgenommen hat. Und das ist unter anderem dann der Fall, wenn man in Lebensverhältnissen lebt, die einem nicht guttun. Der falsche Job, die falsche Beziehung, die falschen Menschen um uns herum. Lola lebt ohne Reize. Nullachtfünfzehn. Grau und eintönig. Ob sie da ist oder nicht, ist egal. So empfindet sie es zumindest. Und mit diesem Gefühl können wir nicht lange überleben, ohne psychisch und dann auch körperlich empfindlich Schaden zu nehmen. So ein Gefühl begünstigt den Thanatos. Umgekehrt: Wenn wir wahrgenommen werden, wenn wir hören »Wie schön, dass du in meinem Leben bist«, oder spüren »ohne dich würde mir und der Welt etwas Wichtiges fehlen«, dann ist das eine Wahrheit, die für jeden gilt. Dann wird der Eros stark. Dann leben wir auf. Dann leben wir.

Lolas Mann nennt sie »Bambi«. Als Frau, als umfassenden Menschen, sieht er sie nicht. Sie ist für ihn das hilfsbedürftige kleine Rehkitz. Was für eine Reduzierung einer großen menschlichen Existenz! Selbstwert und Selbstbewusstsein werden erheblich geschwächt. Wir müssen uns in den Augen des Anderen in voller Größe spiegeln, um unseren Wert zu erkennen.

Die Augen der anderen sind unsere Spiegel. Unsere Informationsquellen. Unser Selbstbild formt sich nach dem Fremdbild, also nach der Sicht anderer auf uns. Wenn ich tausendmal höre: »Du bist klein und schwach«, fühle ich mich auch irgendwann so. Höre ich aber: »Du bist groß und kannst was«, traue ich mir irgendwann auch etwas zu.

Petra berührt ihre Scham. Nicht nur im übertragenen Sinn, sondern ganz wörtlich. Lola schämt sich für so vieles. Beispielsweise dafür, Raum einzunehmen. Laut zu sein, ihre Bedürfnisse zu äußern, klar und deutlich. Initiative zu ergreifen. Sich das zu nehmen, was sie braucht. Wie Petra. Was sie im Körperlichen tut, hat sie durch ihre Existenz im Leben schon lange vorher in Lolas Seelenwirklichkeit getan: Sie hat ihre Scham berührt. Und tot stellen fällt schwer. Natürlich! Der Eros wird stark – und Thanatos nimmt ab. Da kommt das Leben automatisch wieder. Es ist faszinierend, wie gerade Sexualität als Sinnbild für unsere psychische Wirklichkeit steht. An Lolas Geschichte können wir die direkte Parallelität deutlich sehen. Am nächsten Morgen beim Handballspiel, mit all dem Licht und der Öffentlichkeit, kommt die Scham zurück. Umso stärker. Vielleicht wäre richtiger: Die Scham reagiert auf die Berührung.

Zunächst geschieht bei Lola eine Entfesselung. Etwas in ihr wird frei. Lässt sie anders handeln, anders leben. Und dann geschieht etwas, das man ebenso ernst nehmen muss. Es stellen sich Schuldgefühle ein. Es sind die Boten übernommener Wertvorstellungen, die unsere eigenen geworden sind. Schuld ist kein schlechtes Gefühl. Es hilft uns, Verantwortung zu übernehmen. Menschen, die sich nie so fühlen, sind furchtbare Menschen. Manchmal sind wir schuld. Und kein anderer. Insofern sind Lolas Gefühle verständlich, wenn sie sich Rainer gegenüber schuldig fühlt. Aber es schwingt noch etwas mit: Lola fühlt sich der Welt gegenüber schuldig, auch der inneren. Und das wiegt fast noch schwerer.

Sie hat gegen innere und äußere Erwartungen verstoßen. Sie hätte doch bei ihrem Mann bleiben, keine Seitensprünge machen und nicht mit einer Frau Sex haben sollen. Sosehr wir uns manchmal wünschen, von allen Konventionen befreit zu sein, erleben wir doch allzu oft, dass wir sie trotzdem empfinden. Und uns schuldig fühlen. Und es scheint wichtig, auch unsere Prägung ernst zu nehmen. Unseren Hintergrund, unsere Geschichte. Wir sind nicht so frei, wie wir gerne wären. Das Resultat sind dann ebenjene schillernden Lebenssituationen, in die sich Lola am Ende begibt. Jene sonderbaren Melangen aus widersprüchlichen Gefühlen. Weil sie da sind. Das Leben ist nicht schwarzweiß. Und in solchen Situationen können wir nur aufmerksam sein und schauen, was mit uns passiert. Und gegebenenfalls wieder die richtigen Entscheidungen treffen. Schritt für Schritt. Erst jetzt kann Lola wirklich aufmerksam sein, denn nun weiß sie, was ihr wirklich wichtig ist. Eine gute Voraussetzung für Glück – mit oder ohne Rainer, das darf sich mit der Zeit herausstellen.

Älter werden hilft,

... wenn es dazu beiträgt, dass diese stillen Wasser wie Lola ihre Wahrnehmung schulen, um andere Menschen zu verstehen. Und sie nicht zu verurteilen, nur weil sie nicht so analytisch, so detailgenau, so konzentriert denken und handeln können. Oder weil sie einfach nur anders sind. Gut wäre es, wenn sie ihre Urteilsfähigkeit für wichtige Sachentscheidungen einsetzen, denn sie übersehen selten etwas und widmen auch Einzelheiten ihre Aufmerksamkeit. Sie sollten den Mut entwickeln, auch die sinnliche Seite des Lebens zu entdecken – man muss ja nicht gleich völlig entfesselt sein. Oft genügt es schon, eine Vision vom Älterwerden aufzubauen und zu fragen: »Was macht mich wirklich glücklich? Wonach sehne ich mich?« Dank der ausgeprägten analytischen Fähigkeiten gelingt es Menschen wie Lola sicher, klar zu sehen, was sie brauchen, um vollständig zu werden, ohne andere mit ihrer Lebenslust zu überfordern.

Es hilft, sich Situationen vorzustellen, in denen man wirklich glücklich war, und zu prüfen, was genau hat in dieser Situation so froh gemacht? War es der Sex mit Jürgen – die schnelle Nummer, die Lust am Abenteuer oder dann doch eher die Suche nach Nähe, die sie aber, wie sie selbst erkennt, nicht über den One-Night-Stand bekommt? Lola will Nähe aufbauen, und sie probiert es nicht immer in dem zu ihr passenden Stil. Den zu finden, ist ihre Aufgabe fürs glückliche Älterwerden.

Jürgen macht Theater

Handelt von einem Schwingschleifer, vom Formatradio, jeder Menge Backwaren und ein paar Bühnenbrettern.

06.05 Uhr: »Hitradio achtundachtzig drei. Ihre Frühstückswelle! Guten Morgeeen!« Das Radio spuckt Bruce Springsteen in die Dunkelheit des Schlafzimmers. Jürgen klappt mechanisch die Decke zurück und setzt sich mit einem Ruck auf. Das Daunengebirge auf der anderen Seite des Bettes kommt in Bewegung. Es hat einen Zipfel von Jürgens Bettdecke auf die Nase bekommen.

»Saaanta Claus is coming to town …«

»Radio aus«, mumpft es von der anderen Bettseite. Jürgen drückt auf den Radiowecker. Schlüpft in seine Hausschuhe und schlurft zur Tür. Über die Schulter blickt er kurz zurück auf die andere Seite des Bettes. Sie heißt Birgit und ist seit neunzehn Jahren seine Frau. Eine Schulter ist entblößt. Bald wird sie aufwachen, weil ihr kühl ist.

06.07 Uhr: Mit der einen Hand führt er den Rasierapparat über Kinn und Wangen, als wär's ein Schwingschleifer. Mit der anderen dreht Jürgen am Radio neben dem Handtuchstapel im Regal. Er bewegt seinen Kiefer hin und her. Spürt die Verspannungen in den Backenmuskeln. Wahrscheinlich hat er wieder mit den Zähnen geknirscht im Schlaf. Aber heute Nachmittag hat er ja deswegen einen Termin beim Zahnarzt. Davor zum Steuerberater. Und am Abend ist seine erste Probe: »Die Legende von der Türmerstochter« – ein historisches Schauspiel zur Achthundertjahrfeier der Stadt im nächsten Sommer. Jürgen soll den Wirt spielen. Eine Nebenrolle. Er hat schon mal das Manuskript gelesen. Sein Text ist überschaubar. Na ja. Er ist sich noch nicht sicher, was er davon halten soll. Aber es ist ihm schon klar, warum sie ihn gefragt haben: Die Organisatoren spekulieren natürlich darauf, dass er das große Fressen in dem Stück sponsert. Er, der Bäcker Schaller.

06.11 Uhr: Springsteen ist vorbei. Der Empfang ist noch verrauscht. Wie bei der alten Quäke im Bad. Aber es läuft eh nur »Mull of Kintyre«, und das kann Jürgens Rasierapparat auch spielen. Er hasst Dudelsäcke. Und er hasst Tränensäcke. Jürgen hat welche, muss er erneut feststellen. Schon wieder. Oder immer noch? Vielleicht sind sie nur morgens so deutlich. Bestimmt. Wenigstens ist sein Haar noch voll. Und nicht grau! Und ansonsten? Er betrachtet seinen nackten Oberkörper im Spiegel: stämmige Schultern, muskulöse Brust und Arme. Er ist zufrieden. Die Rolle des Wirts wird man ihm schon abkaufen. Rein optisch, wenigstens.

06.19 Uhr: Der Kaffeevollautomat bohrt einen doppelten Espresso in die Tasse. Das Küchenradio meint dazu: »Schon morgens ein Knaller – die Brötchen von Schaller.« Jürgen findet den Slogan idiotisch. Aber jedes Kind im Umkreis von 100 Kilometern kann ihn aufbeten. Und dessen Eltern auch. Tradition eben. Seit fünfunddreißig Jahren. Die Kampagne im Radio war Jürgens Idee. Hat ihn ein Heidengeld gekostet, doch jetzt kommen seine Brötchenknaller nach Springsteen, damit ist Jürgen einverstanden.

06.20 Uhr: Jürgen schlürft seinen Espresso, verbrennt sich die Zunge, flucht, lässt beinahe die Tasse fallen, stellt sie klappernd ab und verschüttet dabei die Hälfte auf die Untertasse. Wie jeden Morgen. Deshalb macht er sich auch immer einen Doppelten. Damit noch was zum Trinken übrig bleibt.

06.22 Uhr: Im Radio das Wetter: *Glatteis. Mehrere Unfälle. Unter anderem ein Transporter einer Großbäckerei aus der Region … ins Schleudern geraten …*

»Scheiße!«, Jürgen knallt die Espressotasse hin. Sucht sein Handy.

... Bundesstraße gesperrt ... mehrere hundert Brötchen auf der Fahrbahn ...

»Fünfhundert!«, schreit Jürgen das Radio an.

Bei den Temperaturen bleiben sie wenigstens schön frisch, witzelt der Moderator.

»Idiot«, knurrt Jürgen. Sein Handy zeigt zwei Nachrichten an. Er ahnt Übles.

06.24 Uhr: Er hört seine Mailbox ab. Der Schichtführer: Der Fahrer nur leicht verletzt. Der Transporter Totalschaden. Drei Filialen ohne Ware. Jürgen rennt zur Garderobe. Im Vorübergehen hämmert er gegen die Zimmertür seiner Tochter: »Fräulein Schaller! Sechs Uhr vierundzwanzig. Aufstehen! Schule.«

Der zweite Anruf ist von seiner Mutter: Wann er denn heute vorbeikomme. »Wieso stehen die so früh auf im Altenheim?«, ärgert sich Jürgen.

06.25 Uhr: Aktentasche, Geldbeutel, Autoschlüssel. Jürgen reißt die Haustür auf. Ein nasskalter Dezemberwind weht ihm ins Gesicht. Sein Mantel flattert. Die Haustür fällt ins Schloss und Jürgen auf den Hintern.

»Verdammt, ist das glatt!« Er rappelt sich hoch. Reibt sich das Gesäß. Schlittert mehr, als dass er geht, zur Garage.

06.37 Uhr: Jürgen ruft im Auto in die Freisprechanlage: »Von allen Lieferungen was abzweigen ... genau ... als Ersatz für die F-Tour ... wie, wir haben keinen Transporter! ... und keinen Fahrer?! Meine Güte, so schwer kann das doch nicht sein. Stellen Sie einen ab! Die B-Tour ist doch gleich wieder zurück. Der soll gleich noch mal los ... keine Ahnung. Ich steh im Stau! Bis später.«

Eigentlich hat es Jürgen nicht weit zum Hauptsitz der Bäckerei Schaller. Nur fünfzehn Minuten mit dem Auto. Aber bei dem Wetter heute geht gar nichts mehr. Aus dem Radio dringt »Driving home for christmas«.

07.02 Uhr: Jürgen stampft in sein Büro. Seine Sekretärin ist auch gerade angekommen. »Jesus, Maria«, erschrickt sie, als der Chef ihr die Sache mit dem Unfall in knappen Worten zuwirft. Sie schlägt die Hand vor den Mund: »Wie geht's dem Fahrer? Wo haben sie ihn denn hingebracht?«

»Keine Ahnung. Aber das können Sie ja gleich mal herausfinden.« Jürgen wirft den Mantel über den Haken, fährt seinen Computer hoch, greift zum Telefon. Da klingelt sein Handy.

»Schaller … Mutter! Du, jetzt nicht … was? Ja, später … Mutter, hier brennt die Hütte! … Was? Nein, es brennt nicht wirklich. Aber es geht drunter und drüber … ja, natürlich schaffe ich das … ja, Mutter … wir telefonieren später noch einmal … tschüs.«

08.45 Uhr: Jürgen hat die Lage weitgehend im Griff und in der Hand ein belegtes Brötchen. Er hat kurzfristig einen Ersatz-Van gemietet. Alle Touren laufen wieder normal. Die drei Filialen sind allerdings eine gute Stunde ohne Ware gewesen. In der Zeit mit dem stärksten Kundenandrang. Sobald er die Umsatzzahlen hat, wird er den Verlust schwarz auf weiß sehen. Heute Nachmittag hat er einen Termin beim Steuerberater. Den wird er gleich fragen, was sich da alles abschreiben lässt, bei so einem Unfall.

14.40 Uhr: Jürgen verabschiedet sich von seiner Sekretärin. Schnappt sich beim Hinausgehen noch ein Croissant aus dem Korb mit Gebäck, der hier immer steht.

14.45 Uhr: Die Straßen sind mittlerweile wieder frei. Jürgen lenkt mit der rechten, mit der linken Hand schiebt er sich das Croissant in den Mund. Sein Handy klingelt. »Schaller«, ruft er in die Freisprecheinrichtung mit halb vollem Mund.

»Junge, wann kommst du denn nun? Es ist ja schon gleich Abend.«

»Mutter, es ist Nachmittag. Schau doch mal hinaus!«
»Ja. Bist du unterwegs?«
»Zum Steuerberater.«
»Ah ja, sag ihm mal schöne Grüße.«
»Mach ich.«
»Und danach kommst du dann?«
»Ja, Mutter, aber nur kurz. Ich muss dann noch zum Zahnarzt. Tschüs.«

14.46 Uhr: »Hitradio achtundachtzig drei.« Er soll jungdynamisch sein, der Sound im Radio. Die Moderatorin wünscht gut gelaunt einen schönen Nachmittag mit Genesis und »Mama«.

15.10 Uhr: Der Steuerberater entwickelt langsam so seine Schrullen, findet Jürgen. Neuerdings hat er das Modell einer Harley auf seinem Schreibtisch stehen. Und hinter ihm im Regal so einen albernen Wimpel. Aber er macht schon seit Jahrzehnten die Steuer für die Schallers. Zu dem Unfall hat er nur gesagt: steuerrechtlich kein Problem. Klarer Verlust. Alles easy. – Alles easy? Wie redet der denn auf einmal?

15.35 Uhr: Auf dem Weg zum Auto klingelt sein Handy.

»Schaller ... ja, Schatz ... was, jetzt ruft sie auch noch bei dir an?! ... ich bin beim Steuerberater gewesen ... nein, ich habe praktisch überhaupt keine Zeit. Ich muss zum Zahnarzt ... ja, wegen des Knirschens, du weißt schon ... sag mal, kannst du nicht zu Mutter? ... na, super! ... ja, das weiß ich auch, dass es meine Mutter ist, aber ... ja, sicher, du hast nie Zeit ... was heißt da, meine Tochter ... du hast ihr doch zugeredet mit den Reitstunden ... ja, ja, hol sie ab ... ciao.«

15.43 Uhr: Im Radio trällert Paul McCartney von einer »Wonderful Christmas Time«. Während Jürgen seinen Geländewagen parkt. Schräg vor dem Tannenbaum mit der Lichterkette gleich neben dem »Seniorenwohnsitz Sonnenschein«. Ist eigentlich kein Parkplatz. Aber er ist ja auch gleich wieder weg.

16.25 Uhr: Jürgen krabbelt auf den Knien durch das schmale Zimmer seiner Mutter im Altenheim. Wieder und wieder sieht er hinter jedes Möbelstück. Klappt den Teppich um. Schiebt den Topf mit der Palme zur Seite. Schaut in den Topf. Unter den Topf. Mutter schüttelt andauernd den Kopf und murmelt nur: »Das gibt's doch nicht. Das gibt's doch nicht. Die schöne Brosche. Geerbt habe ich die. Von deiner Urgroßmutter. Meiner Großmutter, Junge.« Der Junge hat einen roten Kopf und denkt angestrengt nach: Wo kann diese verdammte Brosche sein? Irgendein roter Stein mit Schnörkeln aus angelaufenem Silber. Eines der scheußlichsten Schmuckstücke, die er kennt. Aber eben ein Erbstück. Er muss sie finden. Zuerst hat seine Mutter die russische Pflegerin verdächtigt. Mittlerweile die rumänische Küchenhilfe. Das ist eine klare Steigerung. Für sie. Jürgen kennt sich aus mit den Eskalationsstufen seiner Mutter. Er muss dieses Ding finden. Sonst zieht sie am Ende hier im Altenheim die große Oper ab von wegen Vertrauensbruch, Verrat, Verbrechen. Und besteht darauf, dass sie ab sofort bei ihm wohnt. Nein. Ausgeschlossen. Wenn sie das macht, packt Birgit die Koffer. Auf der Stelle.

»Mutter, denk doch noch mal nach! Wann und wo hast du sie zuletzt gesehen? Oder getragen?«

»Na, neulich. Beim Senioren-Nikolaus. Das habe ich doch schon gesagt.«

»Nein, Mutter, das hast du noch nicht gesagt. Aber das macht nichts. Weiter!« Jürgen atmet hoffnungsvoll auf. »Was hast du da angehabt?«

Mutter weiß es nicht mehr. Aber Jürgen stürzt zum Kleiderschrank und durchwühlt ihre Sachen. Die Blusen und Kleider auf den Bügeln. Nichts. In den Fächern die Pullover. Nichts. Die Unterwäsche? Egal, Jürgen sieht alles durch, hebt an, tastet, wühlt.

»Au!«

»O Gott, was ist denn, Junge?«

»Ich habe sie!« Jürgen lutscht an seinem Mittelfinger. In der anderen Hand hält er die Brosche mit aufgeklappter Nadel.

Gemeinsam verstecken sie die Brosche erneut. Und Jürgen passt genau auf, wo Mutter sie hinlegt. Im Badezimmerschränkchen beim Heftpflaster. Das kann er sich merken.

16.40 Uhr: Jürgen rupft den Strafzettel hinter dem Scheibenwischer hervor und stopft ihn wütend in die Manteltasche. Während er den Wagen aufsperrt, ruft er in der Zahnarztpraxis an. »Schaller, guten Tag, ich hätte um sechzehn Uhr einen Termin bei Ihnen gehabt, aber ich war leider verhindert. Könnte ich ... bitte? ... wieso in Rechnung stellen? ... WAS?! ... den doppelt erhöhten Gebührensatz? Sind Sie vollständig durchgeknallt?! ... Ist Ihr Chef noch da? ... Ob Ihr Chef noch da ist! ... bis gleich.«

16.53 Uhr: Jürgen schlägt krachend seine Faust auf die Theke bei der Anmeldung. Der Computermonitor der Arzthelferin wackelt. Dass das eine unglaubliche Frechheit sei, schreit er sie an. Dass sie sofort ihren Chef holen soll, oder er werde mal zeigen, was hier Sache ist. Das Blut rauscht in seinen Adern. Er ist über sich selbst überrascht, kann sich nicht bremsen. Als dann endlich der Zahnarzt kommt mit heruntergeklapptem Mundschutz, hört er gar nicht richtig zu, wie der ihm erklärt, er habe als Patient unterschrieben, Termine spätestens vierundzwanzig Stunden vorher abzusagen, sonst werde die Gebühr fällig, in Höhe der vorgesehenen Behandlung.

»Das werden wir ja noch sehen!«, zischt Jürgen, packt schneller, als der reagieren kann, den Mundschutz des Zahnarztes und lässt ihn gegen seine Nase schnalzen.

Die Praxistür fällt krachend ins Schloss.

»Gute Show eben.« Vor Jürgen im Treppenhaus des Ärztehauses steht eine unscheinbare Frau, die ihn vorsichtig anlächelt.

»Äh, sind Sie da eben … dabei gewesen?«, fragt Jürgen und schämt sich fast.

»Ja, klar. Haben Sie gar nicht gemerkt?«

Jürgen ist verdattert, kann nichts erwidern. Er spürt noch seinen Puls am Hals. Seine Schläfen pochen.

»Ich habe auf Sie gewartet. Hier draußen. Ich bin Lola.« Sie streckt ihm die Hand hin.

»Jürgen«, sagt Jürgen. Ihre Hand ist warm. Ihr Druck fest. Es kommt nicht oft vor, dass eine Frau auf Jürgen wartet. Birgit schon lange nicht mehr.

Jürgen atmet schwer. Wieder spürt er seinen Puls am Hals pochen. Aber diesmal aus einem anderen Grund.

»Das war gut«, sagt Lola keuchend und klettert von ihm herunter. Jürgen richtet sich etwas auf und beißt die Zähne zusammen. Er ist die ganze Zeit auf dem blauen Fleck am Steiß gelegen, den er seit heute Morgen hat, als er ausgerutscht ist. Außerdem ist so ein Autositz auf die Dauer furchtbar unbequem. Oder für solche Belastungen schlichtweg nicht konstruiert. Die Scheiben des Geländewagens sind beschlagen. Die Standheizung summt leise. Sie tasten beide nach ihren Kleidern. Licht trauen sie sich nicht zu machen, auch wenn sie abseits der Straße auf einem Waldweg stehen.

»Und jetzt?«, fragt Lola. Jürgen blickt auf die Uhr am Armaturenbrett. 19.28 Uhr. Noch zweiunddreißig Minuten bis zu seiner Theaterprobe. Puh, Glück gehabt.

»Jetzt fahre ich dich zurück in die Stadt. Okay?«

Lola nickt und scheint zufrieden. Jürgen dreht den Zündschlüssel. Der Motor springt an. Mit ihm das Radio: »Last christmas, I gave you my heart, but the very next day, you gave it away …« Jürgen hat zuvor nie auf den Text geachtet. Er findet ihn unerträglich und macht das Radio aus.

19.51 Uhr: Jürgen stellt sein Auto ab auf dem Parkplatz vor

dem Gemeindehaus. Hier proben sie »Die Legende von der Türmerstochter«. Er stellt den Motor ab und bleibt noch einen Moment sitzen. Was für ein Tag! Jürgen fährt sich mit der Hand übers Gesicht. Und jetzt noch die Probe. Eigentlich will er nur heim. Aber da ist Birgit. Und ihr in die Augen zu schauen – er fürchtet, das wird ihm schwerfallen in nächster Zeit. Er weiß auch nicht, was ihn da geritten hat. Doch: eine Frau. Lola. Es wird eine einmalige Sache bleiben. Und darüber ist Jürgen sehr erleichtert. Ein One-Night-Stand. Sein erster. Und sein einziger. Das schwört er sich. Denn, wenn er ehrlich ist, so toll ist es nicht gewesen.

Der Wirt, erklärt ihm der Regisseur, sei im Grunde ein gemütlicher und gutmütiger Kerl. Aber andauernd will irgendjemand etwas von ihm. Deshalb hat er auch relativ viele Auftritte für eine Nebenrolle.

»Aha«, sagt Jürgen.

»Der macht das dann auch, verstehst du«, redet der Regisseur weiter, »der hilft ja gerne, aber es stresst ihn.« Jürgen kann das nachfühlen.

»Und das muss man sehen. Dann wird's komisch«, fügt der Regisseur hinzu.

»Wieso komisch?«, fragt Jürgen. Bis jetzt findet er die Rolle überhaupt nicht komisch.

»Mach einfach mal«, meint der Regisseur und schickt ihn auf die Bühne zusammen mit dem Darsteller des Türmers. Der Rest der Mitwirkenden sitzt im Saal auf Stühlen und schaut zu. Der Wirt soll ein großes Fest ausrichten. Damit fängt das Stück an. Am Ende gibt es das auch tatsächlich. Aber bis dahin kommt buchstäblich jeder zu ihm mit Fragen, Bitten, Extrawünschen. Ein Fest im kleinen Kreis, heißt es einmal. Nein, nein, sagt ein anderer, die ganze Stadt sei eingeladen. Kurz vor Schluss sagt der Türmer das Fest sogar ganz ab.

»Aus! Wirt, es ist aus! Hinweg mit dem bunten Tand! Baue er ab!« Jürgens Gegenüber liest die Worte mit dem Textblatt vor der Nase. Völlig unbewegt und emotionslos. Unbeholfen stehen sie herum. Zwischen ihnen ein Tisch mit ein paar Blechtellern. Später wird das dann die festlich gedeckte Tafel sein. Jürgen weiß nicht, was er tun soll.

»Und der regt sich jetzt natürlich total auf, der Wirt«, erklärt der Regisseur. »Fassungslos ist der, ja? Die ganze Zeit über hätte das nicht größer und toller sein sollen, das Fest. Und jetzt kommt der daher und sagt es ab.«

Jürgen blickt auf sein Textblatt und liest:

»Was? Wie? Wo soll ich nun hin mit all den Spezereien, die ich eigens hab herbeischaffen lassen für teuer Geld. Bei Gott, Ihr ruiniert einen ehrbaren Mann, Herr.«

Der Regisseur unterbricht. Schiebt sie hierhin und dorthin. Erklärt die Szene, die Situation. Wieder und wieder. Es ist schrecklich zäh.

»Schau mal, Jürgen«, meint der Regisseur geduldig, »der Wirt kommt richtig in Rage. Der explodiert vor Wut. Der kann auch auf den Tisch hauen, wenn's dir hilft. Pass mal auf: Jetzt leg mal das Textblatt weg …«

»Aber ich kann mir das noch nicht merken«, wendet Jürgen ein.

»Musst du auch nicht. Nimm deine eigenen Worte! Erinnere dich an eine Situation, in der du gekocht hast vor Wut. In der du dich selbst vergessen hast und so richtig explodiert bist.«

Jürgen muss nicht lange nachdenken. Er beißt die Zähne zusammen, seine Kiefer arbeiten. Die Schläfen treten hervor. Der Unfall heute Morgen, das Glatteis, seine Mutter, wie er sich von Lola hat verführen und benutzen lassen und vor allem dieser unverschämte, abgebrühte Kubikarsch von Zahnarzt!

»Ja, was glaubt ihr denn, wie lange ich diese unendliche Scheiße noch mitmache!« Jürgen brüllt dermaßen heftig und aus dem Stand los, dass sein Gegenüber tatsächlich erschrickt und ein Stück zurückweicht. Den anderen im Saal steht der Mund offen.

»Ich glaub, es hackt!« Jürgen beugt sich über den Tisch und haut mit der Faust krachend auf die Platte. Erwischt dabei die Kante eines der Blechteller. Der springt hoch und knallt Jürgen an die Stirn. Die Kollegen im Saal lachen. Jürgen stockt.

»Weiter! Weiter!«, ruft der Regisseur. »Das ist gut.«

Der Türmer blickt auf sein Textblatt, macht den Mund auf und will etwas sagen. Doch Jürgen lässt ihn nicht. Er ist sauer. Stinksauer. Und jetzt lachen die ihn auch noch aus, wegen des blöden Tellers. Er nimmt ihn voller Wut. Knallt ihn scheppernd auf die Bühne. Die anderen lachen lauter, was ihn erst recht wütend macht.

»Ja, was glaubt ihr denn, wer ich bin?! Ich bin doch nicht euer Depp! Erst so, dann so, dann wieder ganz anders.« Seine Stimme überschlägt sich.

»MACHT EUREN SCHEISS DOCH ALLEIN!« Jürgen dreht sich um und stampft von der Bühne runter in den Zuschauerraum. Die anderen johlen. Kreischen vor Vergnügen. Umringen ihn. Klopfen ihm auf die Schulter: »Du bist zum Schreien, Jürgen.« »Du solltest dich mal sehen.« »Dein Gesicht. Deine Schläfen, Wahnsinn.« Die nehmen ihn doch hoch, denkt er. »Ach, lasst mich doch!«, ruft Jürgen. Stößt einen an die Schulter: »Verarschen kann ich mich selber!« Er schnappt sich seinen Mantel und läuft hinaus.

»Jürgen! Jürgen!« Der Regisseur rennt hinter ihm her. »Jürgen, das ist ein Missverständnis. Du warst gut! Du bist ein richtiges Talent!«

»Jaja, ist schon recht«, wiegelt Jürgen ab. Sie stehen auf dem Parkplatz vor der Eingangstür. Die Kälte tut gut.

»Nein, im Ernst, Jürgen. Du hast das unglaublich überzeugend gemacht. Du hast ja gemerkt, mit eigenen Worten geht das manchmal viel leichter. Aber wir haben alle diesen Wirt vor uns gesehen, verstehst du? Wir haben über ihn gelacht.«

»Aber …«, Jürgen fährt wütend mit dem Arm in die Luft, »ich habe keine Lust, mich da oben vor allen Leuten zum Deppen zu machen.«

»Aber das tust du doch auch nicht. Der Wirt macht sich zum Deppen. Das ist das Komische. Dem ist es völlig ernst.«

»Ja, verdammt nochmal, mir auch!«, schimpft Jürgen.

Der Regisseur kneift die Augen zusammen und schaut ihn an. Nickt dann langsam und sagt: »Ja, weil du auf der Bühne der Wirt bist. Voll und ganz. Der wäre auch stocksauer, wenn ihn jemand auslacht. Insofern hast du völlig recht.«

»Wo warst du so lange?« fragt Birgit, als Jürgen nach Hause kommt.

»Ach, heute ist doch die erste Theaterprobe gewesen.«

»Deine Mutter hat noch zweimal angerufen, weil dein Handy aus gewesen ist.«

»Und?«, fragt Jürgen bang. Ob sie einen Verdacht schöpft?

»Nichts und.«

»Was hat sie gewollt?«

»Keine Ahnung. Und ich habe es auch nicht für nötig gehalten, dich anzurufen, um dir zu sagen, dass deine Mutter mal wieder Telefonterror betreibt.«

Das ist alles gewesen. Gespräch beendet. Jürgen weicht trotzdem ihrem Blick aus. Sicherheitshalber.

In den nächsten Tagen und Wochen denkt Jürgen oft an die Theaterprobe. Denkt an seine Rolle, den Wirt. Von außen betrachtet ist es wirklich eine komische Figur. Tragisch komisch, hat der Regisseur gemeint. Weil der so viel mitmacht, dass es schon wieder schräg und lustig ist. Ob er das auch ist? Wirkt er lachhaft, lächerlich auf andere? Lola hat gemeint, sie habe das klasse gefunden, wie er Dampf abgelassen hat in der Praxis. Na ja, ein bisschen besonnener wäre schlauer gewesen. Denn um die Ausfallerstattung kommt er nicht herum, hat sein Anwalt gemeint. Ein Halsabschneider ist er trotzdem, der Zahnarzt. Und das alles für nichts und wieder nichts. Das Zähneknirschen hat ganz von allein aufgehört.

In der Theatergruppe entwickelt Jürgen sich zum heimlichen Star. Mittlerweile schafft er es sogar halbwegs, den Ausbruch des Wirts mit dem Text des Theaterstücks zu spielen statt mit seinen eigenen Worten. Einfach ist es nicht. Aber er muss immer nur an den Zahnarzt denken und an diesen ganzen furchtbaren Tag vor Weihnachten, dann fällt ihm das nicht allzu schwer.

Das Theater hat sogar den angenehmen Nebeneffekt, dass Jürgen seine Mutter besser in den Griff bekommt. Eines Tages hat sie ihn mal wieder auf dem Handy angerufen – zum fünften Mal an einem Nachmittag –, und Jürgen ist gerade durch den Eingang des Gemeindehauses zur Probe gegangen.

»Nein, Mutter, jetzt kann ich nicht. Ich habe Theaterprobe. Du weißt schon, für das Stück zur Achthundertjahrfeier.«

»Oh, entschuldige, mein Junge«, hat sie gesagt und sofort wieder aufgelegt. Am nächsten Tag hat sie sich erkundigt, wie die Proben denn verlaufen seien. Fast ein wenig ehrfürchtig. Seitdem müssen er oder Birgit nur »Theater« sagen, und der Telefonterror hat sich erledigt. Zumindest für den Tag.

Bei den Proben wird es abends öfter spät. Deshalb steht er an den Morgen danach nicht mehr ganz so früh auf. Sondern erst mit Birgit und ihrer Tochter. Neuerdings nimmt er sich sogar Zeit, mit den beiden zu frühstücken. Und weil ihm das gefällt, macht er das jetzt immer so. Nicht nur nach den Probenabenden. Falls etwas sein sollte, können die Mitarbeiter ihn ja auf dem Handy erreichen. Aber am schönsten ist es, wenn das

Handy aus ist. Einmal pro Woche für zwei Stunden. Manchmal auch länger. An nichts anderes denken und ganz dabei sein. Bei den Theaterproben.

Der Psychologe meint

Jürgen ist gestresst. Sein Leben funktioniert nach einem minutiösen Plan. Es steckt in einem Zeitkorsett, das ihm kaum Raum lässt zum Atmen. Von allen Seiten reißt es an ihm: das Geschäft, die Familie, die Mutter. Sein Fass ist ziemlich voll. Dementsprechend leicht fließt es über – bei Dingen, die an sich so schlimm nicht sind. Aber in der Summe eben doch. Menschen mit hoher Verantwortung in Familie und Beruf sind typischerweise in ähnlichen Situationen: Alleinerziehende, pflegende Kinder oder Partner, berufstätige Mütter und Väter, Manager, Selbständige. Das Gefühl, dass ohne einen die Dinge schlechter oder gar nicht mehr laufen, die Vorstellung, alles, was man tue, sei wichtig, und die Angst, dass etwas Schlimmes passieren würde, wenn man aufhört zu leisten, bilden eine gefährliche Mischung, die nicht selten im Burn-out endet. Da sitzt der Manager plötzlich in einem Meeting, und sein Blick wird leer. Nicht mehr ansprechbar. Tagelang. Oder die Mutter rastet komplett aus, schließt das Haus ab, lässt ihre Kinder zurück und irrt wie wahnsinnig durch den Ort. Oder der Unternehmer wacht plötzlich nachts mit heftigem Herzrasen auf und bekommt keine Luft mehr. Panikattacken. Jede Nacht. Manchmal auch tagsüber. Leichte Irritierbarkeit, heftige Verzweiflungsmomente, Schlafstörungen, Verdauungsprobleme, Kopfschmerzen oder eben Zähneknirschen wie bei Jürgen sind nur leichte Vorboten eines Überarbeitungssyndroms, das erst seit einigen Jahren als Krankheit anerkannt ist. Und Jürgen macht uns vor, wie wir es bekommen. Alles ist gleich wichtig. Natürlich weiß auch Jürgen, dass er zu viel Stress hat. Auch er weiß, dass er »nein« sagen muss. Auch er hat erkannt, dass er so nicht ewig durchhalten kann.

Und jetzt? Was soll er denn sein lassen? Soll er sein Geschäft zumachen? Dann würde ihm die Zukunftsangst statt des Stresses den Schlaf rauben. Soll er seine Mutter einfach nicht mehr besuchen? Dann könnte er sich selbst nicht mehr in die Augen sehen. Soll er seine Frau verlassen? Dann würde er auch die Verlässlichkeit und Vertrautheit aufgeben, die sie ihm bietet – und noch mehr Unsicherheit, und damit Stress, im Leben. Wenn alles wichtig ist, fällt es verdammt schwer, Dinge sein zu lassen.

Der Grund, warum sich Menschen in den Burn-out manövrieren, ist paradoxerweise der Versuch, den Stress zu minimieren. Im Glauben, man erzeuge sich durch ein Sein-Lassen noch größeren Druck, als man durch das Alles-Tun schon hat, fährt man damit fort, sich im sauerstoffarmen Milieu zu bewegen. Bis irgendwann der Organismus zusammenbricht. Auf mannigfaltige Weise. Nur, einfach ist es nicht, vorher auszusteigen. Je nach Tätigkeit und Lebenssituation stehen wir nun mal unter Stress. Und wenn man nicht gleich sein ganzes Leben verändern und einen Ashram in Zentralindien eröffnen will, wenn einem Qi-Gong einfach zu langweilig ist und das ayurvedische Yoga-Kamasutra zu verworren, dann bleibt oft Ratlosigkeit. Aussteigen? Gerne, aber wie? Ohne Geld auf der Straße zu leben wäre ja auch kein Spaß.

Jürgen zeigt uns einen anderen Weg. Einen guten. Einen machbaren. Einen, der, ohne spektakulär zu sein, den Zweck erfüllt: Jürgen macht Theater. Dabei geht es nicht ums Schauspielen, sondern darum, Druck abzubauen. Aus dem viel zu vollen Fass Wasser hinauszulassen, bevor es überquillt. Es geht um den Einbau kleiner Ventile, die den Wasserpegel so regulierbar machen, dass ein gewisses Maß an Überlaufkontrolle wieder in den eigenen Händen liegt. Ausraster ausgeschlossen. Die bildenden Künste sind da eine wunderbare Möglichkeit. Im Laienspiel lässt Jürgen Dampf ab – und zwar ganz real. Wenn es auch im Stück vordergründig nicht um ihn geht, sondern um die Rolle, die er spielt. Aber dennoch ist es sein Schreien, das er durchführt. Es ist seine Wut, die sich Bahn bricht. Es ist sein Körper, der sich durch heftiges Bewegen und lautes Brüllen abreagiert. Rollen- und Theaterspiele sind hervorragende Mittel zum Druckabbau. Genau wie Tanzen. Oder auch Malen, Töpfern oder andere Gestaltungsarten. Selbst in den Wald rennen und »urschreien« hilft durchaus. Doch wem das zu sehr nach siebziger Jahre klingt, der findet im Theater ein Ventil, das absolut gesellschaftsverträglich ist und funktioniert. Es müssen nicht immer die großen Ausstiege sein. Oft reichen kleine Dosen. Und dass es zu dieser unspektakulären Erkenntnis manchmal drastische Erlebnisse braucht, ist auch nichts Neues. Fünfhundert Brötchen auf der Fahrbahn und ein One-Night-Stand nach dem Zahnarzt – es scheint, dass wir oft erst dann realisieren, dass wir auf dem Holzweg sind, wenn er sich auch richtig holzig anfühlt. Wenn er an den Füßen weh tut. Wenn wir uns auf ihm selbst nicht mehr erkennen. Wenn wir vor unserem eigenen Verhalten erschrecken. Erst dann haben wir es realisiert: Hier wollen wir nicht sein. So wollen wir nicht leben. Und dann haben wir die Chance, etwas zu verändern. Denn dann erhält die Wichtigkeit all unseres Tuns plötzlich eine ernstzunehmende Rivalin: die Wichtigkeit unseres Seins. Und die gewinnt in aller Regel. Zuallererst wollen wir stets sein und dann erst tun. Dass wir das ab und an vergessen, ist keine Schande und passiert in einer stressigen Welt. Dass wir uns immer wieder daran erinnern, ist wichtig. Wirklich wichtig.

Älter werden hilft,

... weil es Gelassenheit bringt. Menschen wie Jürgen haben mit wachsendem Alter die Chance, zurückhaltender zu werden, sich selbst mehr Zeit zu nehmen, damit Emotionen überhaupt erst aufkommen und Raum greifen können. Sie setzen sich weniger selbst absolut und nehmen ihre eigene Stärke besser wahr. Das ermöglicht ihnen dann auch, weniger überrumpelnd aufzutreten und das nicht als Schwäche misszuverstehen. Anderen geben sie dadurch mehr Raum und sich selbst die Möglichkeit, sich von ihrem Gegenüber inspirieren zu lassen. Dass nicht alles an ihnen hängt und dass sie, wenn sie anderen gestatten, ihnen zu helfen, sogar etwas gewinnen, ist die größte Erkenntnis für solche Persönlichkeiten im Alter.

Georg: Verfallsdatum verschoben

Handelt von einem zerrissenen Brief, einer verwirrenden Begegnung, einer Electra Glide Classic und der Einsicht, dass jeder Tag ein Geschenk ist, das vierundzwanzig Stunden enthält.

Georg ist erschüttert. Hat er das wirklich geschrieben? Schon wieder einen Brief an einen Schauspieler, den er bewundert? Einen Brief, den er nie abschickt. Er, der Georg! Unbestechlich. Mit einem gesunden Verhältnis zu Zahlen, Daten, Fakten. Georg, der seine Zähne mit Sand putzt. Das ist gut gegen Karies. Georg, der harte Typ, der zu Zahnfleischbluten neigt. Er zerreißt den Brief. Was für ein Gesülz. Fanpost schreiben. Wie peinlich! Für Filme mit gerade angesagten Schauspielern verlässt er grundsätzlich rechtzeitig das Büro. Aber das weiß ja keiner.

Georg ist Steuerberater, ein fähiger dazu. Findet das Finanzamt. »Gebt dem Staat, was des Staates ist!« Das hat Georg zu seinem Motto gemacht und in seine Geschäftspapiere kopiert. Klingt klug und hält die Weste sauber, findet er. Zwanzig Jahre lang hat Georg einen perfekten Job gemacht, einen verlässlichen Kundenstamm aufgebaut. Georg ist korrekt. Und jetzt sitzt er da und träumt. Von einem anderen Leben. So eins wie im Film. Da klingelt das Handy immer zum perfekten Zeitpunkt. Wenn einem gerade die Worte fehlen oder so. Oder rein drehbuchtechnisch alles gesagt ist. Schauspieler müssen nie aufs Klo – es sei denn, da liegt ein Toter, den man finden muss. Oder man ist Spion und belauscht dort was. Direkt an der Rinne, steht ausgerechnet der andere Agent neben einem.

Und dann die Dynamik! Die Verfolgung des Bösen über alle Hindernisse – wenn Georg nur über einen Zaun springen würde, dürfte der nicht so hoch sein. Georg ist nicht so sportlich.

Georg träumt von Sex mit Gefühlen, aber er hat Gefühle ohne Sex. Georg träumt … Stopp. An Sex will er nicht denken, stattdessen überlegen, was los ist. Mit ihm und seinem Leben. Wer solche Briefe schreibt, der hat doch nicht mehr alle Tassen im Schrank, findet Georg. Da muss was passieren. Eine Änderung, ein Erlass – auf jeden Fall eine Novelle seiner inneren Gesetze. Georg ist pünktlich, zuverlässig, und er ist stolz darauf. Sein Plan für sein Leben ist klar. Bis jetzt. Georg will nicht mehr jeden Sonntag auf dem ergonomisch geformten Sattel und mit dem Gesundheitslenker am Fahrrad in den Park fahren, sich über seinen schwabbeligen kleinen Bauch ärgern, der auch vom Radeln nicht verschwinden will. Abends in seine Stammkneipe gehen, nie mehr als zwei Bier trinken und Peter Maffay hören. Der läuft da immer, der Maffay. »Maffay, Deutschlands größte Wanderwarze!« hatte seine neue Klientin lachend gejohlt, als sie seinen Musikgeschmack entlarvte. Diese Frau, die ihn so durcheinandergebracht hat. Völlig chaotisch ist die. Bringt alles in Kartons. Weiße Kartons für bezahlte Rechnungen, schwarze für alles, was sie ärgert. Liebesbriefe, getrocknete Rosenblätter, Bänder und bunte Steine im weißen Karton, zerstochene Voodoo-Püppchen, Strafzettel (unbezahlt!) und jede Menge Rechnungen im schwarzen Karton. »Die Frau ist mein Untergang!«, findet Georg. Aber sie hat volle Lippen, weiche Haut … eine Frau für Sex mit Gefühl. Sie gehört zu den Wesen, die nie für ihn in Frage gekommen sind. Frauen, die wie bunte Blüten sind, die vorbeischweben. Erfüllt von Sommersonne und leichtem Lachen. Unerreichbar für ihn, den farblosen Tropf. Schuld also ist diese Frau, diese TV-Serien-Schauspielerin, der jetzt das

Finanzamt im Nacken sitzt, weil sie sämtliche Fristen versäumt hat. Fristen – die doch so wichtig sind! Wenn man es zu etwas bringen will. Und doch hat ausgerechnet diese Frau ihn durcheinandergebracht. Einfach so. Komisch, dass es keinen Knall gegeben hat, als die Erkenntnis sich ausbreitete: So geht's nicht weiter! Diese Schauspielerin, die wie ein Schmetterling in sein Büro geflattert kam – wie ein Tropfen, der das Fass zum Überlaufen bringt, so sagt man doch. Georg wusste nicht, dass er in Bildern denken kann. Die ihm dann auch noch richtig gut gefallen.

Frauen sind selten in Georgs Leben. Es ist so kompliziert, sie anzusprechen. Und bis er den besten Satz zurechtgelegt hat, ist sie schon weg. Wie ein Schmetterling eben. Nett anzusehen – und aus einer anderen Welt. »Man muss sich treu bleiben, dann kommt schon alles, wie es sein soll.« Hofft Georg. Und denkt an seine Kunden. An deren Scheidungen zum Beispiel. Da sind Männer, die ihrer Exfrau keinen Cent gönnen, ebenso wie Frauen, die ihren ehemaligen Ehemann ausquetschen wollen wie eine Zitrone. Georg, als Steuerberater nur eine Randfigur, saugt Spannung aus diesen Geschichten, mehr braucht er für sein eigenes Leben nicht. An guten Tagen. Bisher. Und jetzt? Sein programmierter Lieblingssender spielt »Knockin on Heaven's Door.« Wann klopft er da oben an? Und wer würde dann weinen um ihn? Zu seiner Beerdigung kommen? Wer kümmert sich, damit alles so gemacht wird, wie Georg das fein säuberlich vorbereitet hat. Jetzt schon. Man weiß ja nie. Man kann morgen tot sein.

Ausgerechnet Georg, der ruhige, verlässliche Typ, der immer erst alle Details verstanden haben will, bevor er ein Urteil fällt, fängt an zu träumen. Wolken, bisher Gebilde aus Eis und Wasser, werden Fabelwesen, die über den Horizont jagen. Der Mond, bisher ein Satellit der Erde, nun ein Wächter über einem

Lagerfeuer weitab in der Prärie, das Heulen der Wölfe wiegt Georg in den Schlaf. Wie in der Werbung. Im wahren Leben raucht Georg nicht. Aber im Traum. Lässig an eine Harley Davidson gelehnt. Eine Electra Glide Classic. Tiefschwarz. Die Chromteile mit der Zahnbürste poliert. Ein Traum, aus dem er schweißnass erwacht. Und weiß: Sein Leben muss anders werden. Vor dem Verfallsdatum. Wie heißt es in Amerika? Wie steht es auf den Lebensmitteln? »Best before …« Georg ist nicht mehr taufrisch, aber sein Haltbarkeitsdatum ist noch nicht abgelaufen, findet er. Es ist diese Frau mit den schwarzen und weißen Kartons. Die hat einen Schalter in ihm umgelegt. Etwas in ihm berührt, das tief vergraben war. Die verrückte Frau, die Kartons für ihre Buchhaltung benutzt. Neuerdings kann Georg keinen Maffay mehr hören. Georgs Leben war immer in ruhigen Bahnen verlaufen – und jetzt? Vielleicht ist es nur ein Burn-out? Trotz regelmäßiger Nachtruhe. Trotz acht Stunden Schlaf. Burn-out. Klingt definitiv besser als Krise in der Lebensmitte.

Georg macht Kassensturz. Mit seinem Leben. Was war gut? Was schlecht? Was muss auf die Minusliste, was auf die Liste mit dem Plus? Minus gibt es mehr als Plus auf der langen Lebensliste. Und darum heißt Georg jetzt Schorsch, immer wenn er auf seiner Harley sitzt. Geil! Schorsch darf das jetzt sagen. Hat er sich erlaubt. Fluchen im wilden Gassenjargon. Geht auch. Gestern hat er sogar vor der Garage auf die Straße gespuckt. Der Schorsch. Georg würde das nicht tun. Der streicht mit Spucke sein Resthaar glatt. Aber Georg ist jetzt Schorsch. Nach Büroschluss – pünktlich um fünf – zieht er seine Cowboystiefel an, die mit den Ziernähten und den Nieten am Schaft. Stiefelt breitbeinig zum Supermarkt, gibt sich Musik aufs Ohr. Stöpselt »Born to be wild« ein. »Highway to Hell.« Klassiker eben. Er hört Springsteen, klingt fast wie Maffay auf

Englisch, findet er. Kauft nicht nur Tiefkühlgerichte mit dem »Gesund und Frisch«-Stempel, sondern auch Baked Beans in rosa Soße mit vielen Farbstoffen. Tacos mit Salsa. Und samstags gibt's Muffins. Fertige Backmischung, kein Problem für einen Mann. Die ersten Schritte sind gemacht. Georg ist nur noch ein kleines Männlein mit schütterem Haar. Hinten am Horizont. Jetzt kommt Schorsch. Der geht anders, der zieht sich anders an, der gehört zu einer Community. Eine Identity. Männer, die einen Traum haben. Und ihn mit englischen Ausdrücken tarnen. Klingt ja auch viel cooler, irgendwie. Insgesamt darf es nun auch ein bisschen schmutziger in der Wohnung sein. Gesaugt hat Georg seit zwei Wochen nicht mehr. Ein bisschen Dreck kann nicht schaden, findet er. Seine große Schwester (verheiratet, zwei Kinder, Steuerklasse vier, Haushaltshilfe absetzbar, Eigenheimzulage verpasst) hat ihn ausgelacht, als er in Bikerklamotten an ihr vorbeigestiefelt ist. Ihm aber auch anerkennend auf die Schulter geklopft. Wird schon, Bruderherz, hat sie gesagt. »Und dein neues Bike steht dir viel besser als dein dummer Drahtesel.« Von wegen Bike! Eine Harley! Electra Glide Classic. Tiefschwarz. Was sonst. Die hat er neu gekauft und als Dienstfahrzeug erklärt. Weil er doch bestimmt auch mal zu einem Kunden muss. Oder zum Finanzamt!

Fanpost schreibt er nicht mehr. Schorsch ist jetzt sein eigener Fan. Gestern hat er sich ein T-Shirt mit seiner neuesten Idee bedrucken lassen: »Best before I die!« steht drauf. Silberne Schrift auf schwarzem Grund. Die Schriftfarbe juckt, ist bestimmt total ungesund. Egal. Immerhin ist das T-Shirt selbst ja aus Baumwolle.

Wir alle brauchen Helden. Vorbilder. Von dem Moment an, in dem wir unser Leben beginnen, saugen wir uns an ihnen fest wie Saugnäpfe und destillieren ihre Essenz, um sie uns dann zu verinnerlichen. Wir können gar nicht anders. Wir sind darauf angewiesen. Ein Säugling beobachtet seine Eltern – die ersten Leitbilder des Lebens. Und verinnerlicht. Nicht, was sie sagen, sondern was sie tun. Wie sie sich ihm gegenüber verhalten. Nimmt es ein Lächeln in seine Richtung wahr, speichert er es ab: »Ich bin gut.« Spürt es Unmut oder Aggression, kommt die Botschaft »Ich bin schlecht« an. Ganz einfach. Vorbilder prägen unser Bild von uns selbst. Und je älter wir werden, desto mehr verlieren Eltern an Einfluss. Desto mehr gewinnen andere Vorbilder an Bedeutung. Erzieher, Lehrerinnen, Freunde, Ausbilder, Partner, Chefs oder andere. Vorbild kann jeder sein – völlig ungeachtet seines Hintergrundes. Georg verheimlicht seine Bewunderung für einen Schauspieler. Zu peinlich wäre es, wenn andere das erfahren würden. Die Furcht, man könnte ihn auslachen, ihn geringer schätzen, ihm kopfschüttelnd den Wert absprechen – das ist seine Scham. Georg befindet sich in einer doppelten Zwickmühle. Einerseits hat ihn sein Umfeld offenbar so geprägt, dass er meint, Männlichkeit sei das, was manche Schauspieler in den Filmen verkörpern. Nur deshalb bewundert er sie. Andererseits verachtet sein prägendes Umfeld offenbar das Anhimmeln eines Stars als gänzlich unmännlich. So was machen höchstens vorpubertierende Mädchen. Wie so oft beschneiden uns diese Leitbilder in dem, was wir sind. Und behindern, was wir sein wollen.

Wer so korrekt ist wie Georg, ist oft zu starr. Es gibt eine angenehme Korrektheit, die dazu führt, dass wir verlässlich und beruhigend berechenbar werden. Und es gibt eine, die zu sehr Raum nimmt. So dass sie uns einengt wie ein Korsett. Auch das hat viel mit dem zu tun, was wir von unserer Umwelt als richtig und angebracht und notwendig vermittelt bekommen. Perfektionisten und Erbsenzähler nennen wir solche Menschen. Manchmal auch Moralapostel und Besserwisser. Wenn wir zu viel sollen, wird unser Wollen unterdrückt. Und wir haben als Menschen das legitime Bedürfnis, auch mal unkorrekt zu sein, Grenzen zu übertreten und Tabus zu brechen – und sei es im Kämmerlein unserer Intimsphäre. Je mehr Bedürfnisse wir unterdrücken, desto gewaltiger melden sie sich zu Wort. Sie kommen durch die Hintertür geradewegs wieder. Und weil wir sie nicht sehen wollen, weil wir sie nicht haben dürfen, kehren wir ihnen den Rücken zu. Folgerichtig fallen sie uns in den Rücken. Wenn das geschieht, ist es höchste Zeit, das Verdrängte zu integrieren. Es anzuschauen, es liebzugewinnen und hereinzubitten. Wiederkehrende Träume, Tagträume, unwillkürliche Handlungen, Ausbrüche oder andere unkontrollierte Verhaltensweisen, die »einfach passieren«, sind fast immer Indizien für unterdrückte Bedürfnisse, die aus dem Dunkeln heraus ins Licht wollen. Das ernst zu nehmen und sich diese Bedürfnisse in ihrer aufbauenden Form zu gestatten ist eine Reifungsaufgabe. Dann ist die »Novelle der inneren Gesetze« eine heilige Aufgabe. Wem das gelingt, der geht stärker daraus hervor. So wie Georg. Es ist wunderbar zu sehen, wie seine Psyche ihn in die richtige Richtung lenkt. Der Psychologe Carl Gustav Jung spricht in solchen Fällen von Animus und Anima: Die Seele sucht die ergänzende Gegenteilseele. Und findet sie. Der Kopf sagt noch lange »das geht doch nicht und darf auch nicht sein«. Da hat die Seele schon längst entschieden, was gut für sie ist. Unsere Seelen sind immer zwei Schritte voraus. Man muss sie nur verstehen. Dazu ist dann der Kopf wieder wichtig. Zum Glück haben wir beides, Psyche und Kopf. Dass Georg Probleme mit dem Sex hat, ist kein Wunder. Menschen mit einem engen Regelkorsett haben Probleme loszulassen, sich fallenzulassen, Kontrolle abzugeben. Aber nur so funktioniert Sex. Eine Erektion entsteht nur, indem sich die Muskeln im Penis entspannen. Erst dann kann Blut in die Schwellkörper gelangen. Wie soll das mit Verkrampfung geschehen?

Eine Chance zur Lösung erlebt Georg. Er ist seiner Gegenseele begegnet. Seiner Anima. Der Chaosfrau. Das sind die Momente, in denen es knallt. In denen das Korsett platzt. Man kann sich ein neues anlegen, sicher. Man kann aber auch langsam und unsicheren Schrittes neue Bewegungen genießen. Georg macht Letzteres. Er wird Schorsch. Und man kann ihm nur wünschen, dass das mit der Chaosfrau vielleicht auch noch etwas wird. Aber ganz unabhängig davon; er hat sie schon längst integriert. Er hat das, wofür sie steht – nämlich das Gegenteil von Ordnung und Korsett – hereingebeten. Das passiert, wenn wir Unterdrücktes groß werden lassen. Und es funktioniert bei uns allen.

Älter werden hilft,

… wenn es neue Möglichkeiten eröffnet. Wenn es dazu beiträgt, dass diese stillen Wasser auf den Grund ihrer Seele schauen und entdecken: dass auch Gegensätze verbunden werden können. Es muss nicht heißen: Ich kann entweder frei sein *oder* Verantwortung übernehmen. Es kann heißen: Ich kann frei sein *und* Verantwortung tragen. Georg muss nicht alles hinwerfen, die Kunden auf ihren fragmentarischen Steuererklärungen sitzenlassen und nun zu den Hells Angels überlaufen, um Freiheit und Abenteuer zu spüren. Georg macht das sehr gut: Er bleibt in seinem Job und probiert die kleinen Schritte ins glückliche Älterwerden. Er wird den Mut entwickeln, auch die sinnliche Seite des Lebens zu entdecken. Er braucht dazu eine Harley, die ihn vielleicht bis in die Wüste führt. Der wird er dann den noch warmen Tank klopfen, bevor er in sein Zelt kriecht, mit einem letzten Blick auf einen unendlichen Sternenhimmel – den er betrachten kann, ohne irgendeinen Abstand zwischen zwei Himmelskörpern und ihren Umlaufbahnen zu berechnen.

Britta beim Dating

Handelt von Botox, einem spontanen Frisörbesuch, einem Plüschkissen und der Einsicht, dass man sich auch selbst verletzen kann.

Sie ist es leid, immer nur an Sex zu denken. Sie will ihn haben! Und zwar schnell. Am besten übers Internet. Peinlich. Britta erzählt niemandem davon. Auch nicht ihren besten Freundinnen. Wie würde sich das denn auch anhören: »Mädels, ich brauch 'nen Mann! Ich will ihn – fühlen! Und anfassen. Und er soll Haare auf der Brust haben!« Wie tief ist sie gesunken. Britta. Sie hat doch ihr Leben im Griff, eigentlich. Sie hat Humor, sie kann gut erzählen, man liebt ihre spontanen Einfälle. Sie ist es, die nachts ins Freibad schleicht, um in einer sternenklaren Nacht vom Dreier zu springen. Vom Bademeister erwischt, becirct sie ihn und kommt ungeschoren davon. Ihre Geschichten sind immer ein bisschen dramatisch, oft romantisch. Die Märchen aus Tausendundeiner Nacht hätte Britta locker verlängert – um ein paar Nächte bestimmt. Britta, der Mittelpunkt, lächelnd umschwärmt. Freunde sind ihr Leben, nie setzt sie eine gute Beziehung aufs Spiel. Man trifft sich immer zweimal im Leben. »Lass keine Ruinen zurück.« Das haben ihr schon ihre Eltern beigebracht. Und Britta hält sich daran. Auch wenn es gut aussehen würde, die Sache mit den Ruinen, brennende Mauern wären spektakulär. Britta träumt von dramatischen Auftritten. Und hat dann doch Skrupel, sie durchzuziehen. Dazu ist sie viel zu lieb und hat zu viel Angst, sich unbeliebt zu machen. Britta ist Serien-Schauspielerin (momentan ohne feste Rolle). Da kann sie das Leben in vielen Facetten ausprobieren. Und ihr ist nicht so schnell langweilig. Spannend muss es schon sein, das Leben. Bloß keine Routine. Kraft schöpft sie aus der Aufmerksamkeit anderer Menschen. Sie muss niemanden zur Seite drängen, um im Zentrum zu stehen.

Niemand ahnt, wie einsam sie ist. Wenn sie mit sich allein ist. »Es tut weh«, findet Britta, und diesen Schmerz will sie nicht. Blut kann man aufmalen, findet sie. Wirklich schneiden muss man sich nicht. Sie will fühlen, riechen, schmecken mit allen Sinnen spüren. Aber nur, wenn es gut ist. Neulich hat sie Bilanz gezogen, in einem langen ruhigen Moment. Einen Fragebogen ausgefüllt. Den hat sie selbst ausgedacht, weil sie wissen wollte, wer sie ist. Im Spiegel sieht man das ja nicht. Lieblingsfarbe: Gelb. Lieblingsblume: Sonnenblume, klar. Lieblingsschauspieler: Richard Gere (als er noch knackig war), ein Mann für gewisse Stunden.

Singen, lachen, tanzen: am besten alles auf einmal. Sie will nicht mehr allein sein. Sie will einen Mann. Ihr Mitbewohner vielleicht? (Süß, aber schwul.) Schauspielkollege Tom? (Hu, viel zu alt!) Britta scannt ihre Bekannten – keiner kommt in Frage. Der aktuelle Regisseur? (Zu klein.) Außerdem ist er ihr Chef. Das kommt nicht gut an. Der neue Aufnahmeleiter? Bah, ein rotblonder, halsloser Schotte. Weil er die Schultern ständig hochzieht, sitzt sein Kopf zu tief. Schmollend hockt Britta auf der Bettkante, zieht mit ihren Zehen gelangweilt eine Spur durch den weichen Teppich. Praktisch ist Brittas Einrichtung nicht, aber unkonventionell. Weißschwarz, nicht schwarzweiß. Das ist ein Unterscheid, findet Britta. Weiß und schwarz sind auch die Kartons im Regal, die Behälter ihrer Buchhaltung. Bezahlte Rechnungen und Zettel mit Erinnerungswert gehören in den weißen Karton. Lysander! Damals der süße Regieassistent, der so gut küssen konnte! Strafzettel und alles, was sonst noch unbezahlt ist oder ärgerlich – Termin zur Zahnreinigung! Ablesedatum des Stromlieferanten! Aufforderung zur Treppenhausreinigung – das alles gehört in den schwarzen Karton. »Sie sind verantwortlich für meinen frühen Tod«, hat der Steuerberater gestöhnt, der sie nun vor dem Finanzamt beschützen sollte. Und dem sie ihre Kartons mit einem dankbaren Seufzen überlassen hatte. Akribie ist nicht ihre Sache, es sei denn, es geht um eine neue Rolle. Da prägt sie sich jedes Detail ein, über die Person, die sie werden soll. Egal, ob auf der Bühne, wie früher, oder wie jetzt am Set. Britta ist gut. Und so soll das auch bleiben, findet sie. Die Angebote werden dünner. Ist sie mit Mitte vierzig zu alt? »Die Berben wird doch auch dauernd gebucht«, murmelt Britta. Und der Wepper dreht noch mal richtig auf, auf seine alten Tage. Männer. Apropos. Die Berben hat genug Auswahl. Und die ist angeblich noch nicht mal operiert.

Operieren! Die Idee elektrisiert sie. Das ist die Lösung! Britta wird sich verjüngen. Jetzt. Sofort. Bloß nicht weiter darüber nachdenken. Sonst kommen noch Zweifel auf. Straff und schön würde sie in Kürze sein, man würde ihr die Drehbücher massenweise hinterherwerfen. Und sie würde auch einen Mann finden.

Recherche gehört nicht zu Brittas Tugenden, die Gelben Seiten müssen genügen. Da hatte sie doch den netten Klempner gefunden, für den Wasserrohrbruch im Bad. Spontan fällt ihre Wahl auf eine fettgedruckte Telefonnummer. »Better Life – Praxis für plastische Chirurgie und moderne Lebenshilfe.« Nur einmal muss Britta es klingeln lassen, und dann: »Sie sprechen mit Mechthild von Aspen, wie kann ich helfen?« Britta ist begeistert. Diese Mechthild ist auf Zack. Bestimmt eine porentief reine Sekretärin, perfekt frisiert. Die führt im Faltenrock auch einen Kasernenhof! Zehn Minuten später ist ein Termin gemacht. Für ein sogenanntes Sondierungsgespräch mit dem Professor. Professor klingt auf jeden Fall gut. Aufregung pulst durch ihre Adern – Britta wird endlich so aussehen, wie sie sich fühlt. Wie Mitte dreißig – höchstens. Sie entscheidet sich für eine Lidstraffung (macht die Augen strahlender) und eine Anhebung des Pos. »Für den brauchst du einen Waffenschein!«, hatte ihr einst ein Kameramann bei einem Casting hinterhergerufen. »So scharf sieht dein Hintern aus!« Britta hatte sich sehr darüber gefreut. Und den wollte sie jetzt wieder haben. Den Waffenschein. Busen und Beine könnte sie später richten lassen, die waren noch einigermaßen okay. Bis auf diese knubbeligen Knie. »Kein Problem«, hatte ihr der Professor versprochen und ihr noch einen Botox-Behandlungsplan erstellt, gleich während des ersten Sondierungsgesprächs. Botox ist angeblich biologisch abbaubar! Wunderbar.

Botox, ein Nervengift. Super zur Lähmung der Stirnmuskeln. »Eine glatte Stirn wird Sie mädchenhafter wirken lassen«, hatte der Professor gesagt. Na also. Mädchenhaft. Das klingt gut! Britta fackelt nicht lange, meldet Wellness-Urlaub an und ist wenige Wochen nach der sauteuren Operation wieder da. Dazu noch die neue Frisur. Angedeuteter Mittelscheitel. Pferdeschwanz. Mädchenhaft. Hat auch die Friseurin im Salon Sunshine gesagt. Britta ist da einfach reingestolpert. Spontan. Ein Schnellschuss eben. So eine dickere Frau hat sie frisiert. Ihr Busen: eine breite Front, eine Brüstung, mit zwei spitzen Zinnen. Als Kind haben Britta solche Brüste fasziniert. Einmal hat sie ihre Mutter danach gefragt. Warum das so aussieht bei dicken Frauen. »Playtex. Zauberkreuz«, hat ihre Mutter gesagt. Ein BH, geformt wie ein Zirkuszelt. Britta war beeindruckt. Im Salon Sunshine gibt es solche Frauen. Und »Herztropfen«. So nennen sie ihr Piccolöchen, das sie unter der Trockenhaube schlürfen. Das war kein angesagter Designerladen, in dem die Buchsbäumchen in meterhohen Tontöpfen versinken, wie die Kundinnen in ihren Lederfauteuils, bis oben nur noch ein kleiner Kopf herausschaut. Wo man wartet und wartet, bis der Meister Hand an ihre Frisur legt. Der Salon Sunshine hat montags geöffnet. Heute war Montag. Und darum ging Britta hinein. Die Stimmung war super. Auch wenn sie ihre Autoschlüssel im Sunshine verlegt hat – der Besuch hat sich gelohnt. Die Haare sitzen gut.

Sie sieht erholt aus, finden die Kollegen am Set. Und gar nicht mehr müde. Sie ahnen hoffentlich nichts! Na bitte. Britta ist happy. Fehlt nur noch der Mann. Für gewisse Stunden vielleicht. Zu Hause hockt sie vor ihrem PC. Online Dating ist angesagt. Profile potentieller Partner abchecken, und schon geht es los. Bald hat sie ihr erstes Date. Ob sie alles richtig gemacht hat? Als sie die Sicherheitsregeln durchlesen soll, die für das Dating per Internet, hat sie schnell weitergeklickt. Zu viel Text, viel zu langweilig.

Man trifft sich in einer Lounge, cooles Ambiente, coole Leute. »Wo bewahren die denn ihre Schweinehälften auf?«, Britta grinst ihren Dating-Partner an. »Ist ja eine Atmosphäre wie im Kühlhaus.« Ihr Gegenüber heißt Kevin und lächelt irritiert. Schweinehälften? Das ist uncool. Das hat er jetzt nicht so ganz verstanden, der Kevin. »Kost nix«, sagt er. Das sagt er immer, wenn er was nicht kapiert. Und meint: »Nichts für ungut.« Und überhaupt: Er will ja nicht so viel reden.

Britta steht nackt in seiner Wohnung vor ihm. Kevin Kostnix liegt schon auf dem Bett, spielt ein bisschen an einer Fernbedienung herum. Hebt den Kopf, zieht die Augenbrauen hoch (das geht bei Britta gerade nicht mehr), mustert sie von oben bis unten: »Also, äh, nach deinen Angaben online, äh, habe ich mir deine Figur ein bisschen anders vorgestellt. Sagen wir – athletischer.«

Britta bleibt die Luft weg. Erschüttert rafft sie ein plüschiges

Kissen – igitt, graugrüner Plüsch –, drückt es vor den Bauch, als könnte es ihre Blöße verdecken, und bewegt sich rückwärts zum Bad. Drinnen wirft sie die Dusche an, damit er ihr hysterisches Schreien nicht hört. Den Spiegel seift sie mit Rasierschaum ein. Aus Wut und weil sie sich nicht mehr in die Augen sehen kann.

Das passiert ihr nicht noch einmal. Für so einen Volltrottel, der keinen geraden Satz herausbringt, für den hat sie sich den Hintern straffen lassen. Die Lider operieren lassen. Seitdem sind ihre Augen ständig geschwollen. Lymphstau. Das hat der Professor vorher mit keinem Wort erwähnt. Und auch kein Wort davon, dass der Hintern wieder hängt. In ein paar Jahren. Aber eigentlich wollte Britta das auch nicht wissen.

Britta kauft Rotwein (zehn Liter), Baguette, Gemüse und Käse (für zehn) und trommelt ihre beiden besten Freundinnen zusammen. Wütend schnitzt sie Karotten, hämmert Käsewürfel auf Gurkenscheiben und merkt nicht, wie die Tränen in das Dressing tropfen. Endlich sind die Freundinnen da, nehmen sie in den Arm, drücken das Häufchen Elend, das Britta heißt. Dann – beim Erzählen vom Anruf in der Praxis »Better Life« kommt sie in Schwung. Ihre Wangen röten sich, wenigstens ist es eine gute Story, die sie zum Besten geben kann. Die Freundinnen sitzen mit offenem Mund da. Die Flucht mit dem Plüschkissen und dem verschmierten Spiegel darf sie mehrfach erzählen. »Du hättest deinen haarigen Yeti auch noch komplett vollschäumen sollen«, grölen ihre Freundinnen. »Kevin – das kost nix.«

Tag eins nach dem Desaster. Der Kater lässt langsam nach. »Nie wieder Internet«, stöhnt Britta. Guckt dann aber doch noch mal rein. Nein, nicht auf Partnersuche. Sie googelt. Reisen. Berge.

Natur. Einfach nur so. Aus Jux. Und findet: Zauberkreuz – eine zauberhafte Alm in den Alpen. Da steht: »Hier leben Sie auf!« Unberührte Natur, hoch oben in den Zauberbergen. »Werden Sie Sennerin auf Zeit.« Einen Sommer lang. Leben wie Heidi. So werden Sie wieder jung! Und schon steht er fest: Brittas Beschluss.

Sie wird ein halbes Jahr auf einer Alm verbringen. Eine neue Facette in ihrem Leben. In ihrem Kaleidoskop an Möglichkeiten. Ihre Lieblingsfarbe? Wenigstens die ist nach wie vor Gelb. Lieblingsschauspieler: Sie selbst. Auch ohne Bühnenbild. Kein Strom, kein Fernsehen, kein Internet auf der Alm. Nur die Braunbunten. Die Kühe. Und der Käse, den sie machen muss. Allein wird sie leben, weit oben in den Alpen. Sinn suchen. Etwas Sinnvolles tun. Immer mehr Bauern setzen Touristen ein. Weil sie selbst keine Zeit haben, im Sommer in den Bergen zu sitzen. Oder keine Lust? »Es ist nicht schwer, auf Kühe aufzupassen«, beschließt Britta. Und für Notfälle gibt es immer noch ein Satellitentelefon. Käse machen? Kann man lernen. Wie gut, dass sie gerade kein Angebot hat und diese Herausforderung annehmen kann. »Wenn ich das schaffe, ein halbes Jahr in der Einsamkeit – und mit Enthaltsamkeit –, dann hab ich wieder alles im Griff!«, davon ist Britta überzeugt.

Der Psychologe meint

Warum will man Sex haben? Weil man berührt werden will, weil man seinen Körper wieder spüren will, weil man sich in den Sinnen verlieren möchte.

In unserer Gesellschaft gelten Frauen, die Sex wollen und das auch aussprechen, immer noch als Schlampen. Männer hingegen als tolle Hechte. Kein Wunder, dass die einen sich schämen und die anderen auftrumpfen. Scham bewahrt uns davor, gesellschaftliche und persönliche Grenzen zu überschreiten und uns damit selbst zu schaden. Scham schützt, was intim ist. Schamlose Menschen kennen keine Grenzen. Sie betrügen, lügen, bedrängen und verkaufen einem alles. Menschen ohne Scham sind skrupellos und keine angenehmen Zeitgenossen. Man sollte ihnen nicht vertrauen. Aber wie jedes Gefühl kann auch die Scham ins Negative, ins Zuviel abrutschen. Das ist dann die sogenannte falsche Scham. Manche Menschen schämen sich für ihr Aussehen, für ihren Mangel an Bildung, für ihre Armut, für ihre Fehler und Makel. Man kann sich für alles schämen, sogar dafür, dass es einen gibt. Solch einer Scham muss man mit gesunder Arroganz begegnen. Das nennt man dann Selbstbewusstsein. Man darf sie getrost aus dem eigenen Leben verstoßen und ihre gesunde Schwester einladen, ihren Platz einzunehmen. Dann macht Scham nicht klein, sondern groß, indem sie den eigenen Wert schützen hilft.

Britta hat gelernt, den Schmerz zu übertünchen. Durch Partys, durch Spaß, Zerstreuung und Intensität. Ihr Hunger nach Leben hat sie auf einen gefährlichen Weg geführt. Wer den inneren Schmerz, die innere Leere mit bunter Fassade überdeckt, baut eine Kathedrale auf Treibsand. Das kann gutgehen. Aber wehe, wenn der Sand ins Rutschen gerät. Dann bricht die Kathedrale wie ein Kartenhaus in sich zusammen.

Da ist die Sehnsucht nach Leben. Immer dann, wenn wir unsere Sinne bemühen, sie nutzen, ihnen Futter geben, nehmen wir uns als lebendig wahr. Deshalb tut uns Sinnenhaftes – von Essen bis Sex – als Depressionsprophylaxe gut. Aber auch hier kann man übertreiben. Zu viel davon kann zur Sucht führen und ist damit nur wieder eine Möglichkeit, den eigentlichen Schmerz zu übertünchen.

Brittas Psyche hat ihr schon längst den richtigen Weg geöffnet. Sie muss ihn jetzt nur noch sehen – und gehen. In ihrer

Appetitlosigkeit auf die verfügbaren Bedürfnisbefriedigungen zeigt sich überdeutlich, dass sie zwar (noch) meint, es gehe um Sex, in Wahrheit aber geht es um ein Berührt-werden-Wollen auf einer ganz anderen, inneren Ebene. Das ist, als ob wir glauben, wir hätten Hunger, suchen nach etwas zum Essen, aber das, was wir finden, wollen wir nicht. Ein deutliches Indiz dafür, dass wir uns auf einem Holzweg der Befriedigung befinden. Wir machen diesen Bewusstseinsfehler oft. Wir denken, wir brauchen dies oder das – Shopping, Drogen, Sex und Schokolade, aber das ist nur die Oberflächenbehandlung. Das kann auch mal guttun und kleinere Bedürfnislücken wirklich füllen. Aber für die großen, die existentiellen, die Lebensliebeslücken eignen sich solche Lückenbüßer nicht. Dazu muss man in die Tiefe gehen.

Noch ist Britta nicht so weit, hinunterzugehen, wirklich hinzuschauen. Ein neuer Lückenfüller, eine neue Illusionslösung: Schönheitsoperation. Grundsätzlich ist aus psychologischer Sicht gegen Verschönerungs-OPs rein gar nichts zu sagen. Sie können das eigene Leben erheblich erleichtern, Komplexe beheben und glücklicher machen. Wenn man von ihnen nicht erwartet, dass sie auf magische Weise neben einer optischen Veränderung auch noch den Partner fürs Leben, den Job der Träume und den Erfolg des Jahrhunderts liefern. Deshalb sollte man sich vor kosmetischen Eingriffen immer genau fragen, aus welchen Beweggründen man sie machen lassen möchte. Zu große Erwartungen werden zwangsläufig enttäuscht. Vielleicht sollte man lieber lernen, sich selbst mehr zu lieben – und zwar *mit* großer Nase und Reiterhosen.

Britta wählt wieder das falsche Mittel für die Behebung ihres Problems. Sie sucht Nähe. In der Begegnung mit einem Mann, den sie nach unpassenden Kriterien heraussucht: nach Aussehen, Muskelmasse und Coolness. Weil sie meint, sie braucht Sex. Dabei braucht sie Nähe und Intimität. Besonders – aber nicht nur – weibliche Klienten fragen mich oft: »Mache ich etwas falsch bei der Wahl meiner Männer?« Es fällt mir schwer, darauf eine direkte Antwort zu geben. Das Problem liegt nicht im bewussten Fehlverhalten, sondern in ebender Tatsache begründet, dass wir oft gar nicht wissen, was genau wir suchen, und zu schnell Lösungsversuche starten. Wie Britta. Dabei greifen wir als Erstes auf das zurück, was uns unser Umfeld als Lösung suggeriert. Oft ist das der Partner, mit dem man ein Leben lang zusammenbleiben, Kinder bekommen und goldene Hochzeit feiern kann, der genug Geld verdient, souverän ist, reif, männlich-kernig und gleichzeitig sensibel und warmherzig ist. Eine Klientin brachte es einmal auf den Punkt: »Ich suche ein Arschloch, das mich liebt.« Ich sage gar nicht, dass es solche Männer nicht gibt, aber ich kenne keinen. Ich hätte sonst Bescheid gegeben. Britta hat offenbar leider nur die erste Hälfte des Wunschpartners im Internet gefunden. Und wie so oft ist der Punkt, an dem man tiefer nicht sinken kann, an dem man sich wünscht, ein Loch täte sich auf und verschlucke einen, der Wendepunkt. Rotwein eignet sich hervorragend zur Gestaltung der Wende. Noch besser steht ihr aber die Wut. Denn Wut ist Aggression, und die ist eine unglaubliche Lebenskraft. Das lateinische Verb aggredere heißt auf Deutsch »herangehen, angehen«. Wenn wir die Lösung wollen, wenn wir Probleme tatsächlich angehen wollen, geht das nur mit Aggression. Wenn die Wut erwacht, ist die Lösung nicht mehr weit.

Und es kommen die Freundinnen. Endlich lässt Britta zu, was sie braucht: Nähe und Intimität. Und endlich beginnt sie, ihr schon vorhandenes Glück zu sehen. Es ist so ganz und gar nicht selbstverständlich, Menschen um sich zu haben, die einen in den Arm nehmen und zuhören. Erst in einer Nährlösung aus Nähe ist das Weglachen eine Option. Dann aber eine richtig gute. Humor bringt Erleichterung. Wenn andere mitlachen, nachdem sie vorher mitgeweint haben.

Älter werden hilft,

… denn zwischen vierzig und fünfzig beginnen Menschen wie Britta oft, stärker zu empfinden. Sie widmen sich mehr ihren eigenen Empfindungen, nutzen ihre Sinne intensiver und vertrauen mehr auf ihre Intuition. Man könnte auch sagen, sie hören und glauben endlich ihrer inneren Stimme. Je konsequenter sie das tun, umso realistischer und ruhiger werden sie und mit umso größerer Sorgfalt wählen sie die Projekte und Personen aus, auf die sie sich einlassen. Außerdem entwickeln sie verstärkt Interessen, in denen ihr Körper und ihre Sinne zum Einsatz kommen. Sie werden geduldiger bei Routinearbeiten und schätzen die einfachen Freuden des Lebens mehr und mehr.

Und so ist Brittas Lösung ihres Leidens eine gute: Besinnung auf das, was ist. Ein Jahr auf der Alm, eine Woche im Kloster oder eine Viertelstunde in der Meditation – wunderbare Möglichkeiten, nach der Kraft in sich selbst zu suchen. Und sie zu finden. Manchmal macht es Sinn, im Außen nach Lösungen zu suchen. Wenn man aber merkt, dass Lösung A und Plan B nicht funktionieren, sollte man nach innen hören. Und schauen, was wirklich nottut. Manchmal muss man sich nur auf das besinnen, was man hat, um sich besser zu fühlen. Dabei ist grundsätzlich psychisch alles gut, was dazu hilft. Wenn Sex und Schönheitsoperation das gewünschte Gefühl der Verbesserung bringen, dann auf: im Internet oder beim Chirurgen anmelden! Wenn es um etwas anderes geht, dann lieber noch einmal überlegen, was wirklich helfen kann. Damit man das passende Werkzeug für die Aufgabe heranzieht. Man schlägt ja auch einen Nagel nicht mit dem Schraubenzieher in die Wand.

Heidis neue Rolle

Handelt von großen Hosen, Biggi und Steffi, einer Oper, die keine ist, Konzepten zur Kundenbindung und einem Hängebusen.

Heidrun – wie sie diesen Namen hasst. Dummerweise ist es ihr Name. Aber bei der Arbeit ist sie immer nur die Heidi. Auch für die Kunden. »Friseursalon Sunshine, Heidi am Apparat, hallo.« Man stelle sich vor, sie würde sich da mit Heidrun melden. »Sunshine« und »Heidrun«. Nein, das geht gar nicht. Außerdem klingt »Heidrun« alt und dick. Aber Heidi ist nicht alt. Gerade mal knapp über fünfzig. Mollig ist sie allerdings. Ziemlich mollig.

Irgendwann hat das angefangen. So mit Mitte dreißig. Da war es dann nicht mehr so das übliche Hin und Her, ein paar Kilo rauf, ein paar Kilo runter. Auf einmal blieben sie, die Pfunde. »Mit denen gehe ich durch dick und dünn«, sagte Heidi, klatschte sich auf ihre mittlerweile ausladenden Hüften und grinste: »Meine Reserven für schlechte Zeiten.«

Es kamen aber keine schlechten Zeiten. Sie konnte tun, was sie wollte. Mal ließ sie das Frühstück ausfallen. Dann das Abendessen. Dann beides. Davon bekam sie nachts Hunger, so dass sie nicht schlafen konnte. Mal kein Fleisch, dann keine Stärke, bloß kein Fett. Sie probierte eine Diät nach der anderen aus. Hintereinander, gleichzeitig, planlos. Es half nichts. Aus Röllchen wurden Rollen. Aus Höschen wurden Hosen. Aus Größe 38 wurde 40. Später 42. Heute 44. Heidi hat einfach die Kurve nicht mehr gekriegt – bis sie keine mehr hatte.

Das kaschiert sie nun mit hängenden, wallenden Gewändern. Teure Stoffe, edle Stücke, die Heidi ihre Pfunde immer mal wieder vergessen lassen, sie aber noch lange nicht wegzaubern.

Die vielen Spiegel im Friseursalon, die sind ein Problem. Eigentlich sollen da ja die Kunden hineinschauen und nicht sie. Aber das lässt sich kaum vermeiden. Und in letzter Zeit schaut ihr immer häufiger aus den Spiegeln eine Heidrun entgegen – sehr, sehr mollig und immer älter. Heidi blickt dann jedes Mal schnell wieder weg.

Heidrun, so nennt sie nur Frank, ihr Mann. Und auch nur wenn er gereizt ist. Seit einiger Zeit nennt er sie sehr oft Heidrun. »Was ist denn los mit dir?«, fragt sie ihn häufig. »Sag doch mal was! Du sitzt immer nur da. Mach doch mal was!« »Nein, Heidrun«, murmelt er dann, er wolle einfach mal seine Ruhe haben und nachdenken.

Frank denkt viel nach. Ist ja auch sein Beruf: Fachmann für irgendwas mit Computern. Sie hat das noch nie verstanden, weil es sie nicht interessiert.

Nachdenken, das tut Heidi, wenn sie spricht. Sie muss reden, dann kommen ihr die besten Gedanken. Dann sieht sie auf einmal, wie die Dinge liegen und was sie zu tun hat. Vor allem, wenn sie mit Biggi und Steffi redet.

Biggi und Steffi sind Heidis beste Freundinnen. Biggi und Heidi sind Kolleginnen im Friseursalon »Sunshine«, und Steffi ist Kundin. Sie kommt jeden Mittwoch um halb drei. Schon seit sechzehn Jahren. Mal frisiert sie die Heidi, mal die Biggi. Aber eigentlich immer alle beide, denn zu dritt ist es einfach lustiger. Die Steffi ist immer so witzig, die weiß jedes Mal irgendwas über irgendwen. Und die Biggi, die hat's faustdick hinter den Ohren. Also, die lässt sich nichts gefallen, schon gar nicht von der Chefin, der Frau Lürz.

Die Chefin ist eine ganz Korrekte, die immer so schaut, wenn Heidi oder Biggi zu laut lachen. Na und? Sie ist eben ein fröhlicher Mensch und die Biggi auch. Neulich hat die Chefin sie angepampt, ob sie denn auch mal wieder was arbeiten wollten oder hier ein erweitertes Kaffeekränzchen abhielten. Da hat sie wieder ihr spitzes Gesicht bekommen. Das kriegt sie immer, wenn ihr was nicht passt. Die Lady Lürz Sunshine. Aber da ist sie bei Heidi an die Falsche geraten. »Erstens«, hat Heidi dann gesagt, »ist das kein Kaffee, sondern ein Piccolöchen.« Und zweitens, und dabei hat sie mit dem Daumen auf Steffi unter der Trockenhaube gezeigt, nennt man so was nicht Kränzchen, sondern Kundenbindung. Die Steffi hat dann nicht mehr aufhören können zu kichern, und die Biggi hat noch gemeint: Leider könnten sie ihr keinen mehr anbieten, denn er sei schon alle, also, der Sekt, den habe nämlich die Steffi mitgebracht, also die Stammkundin.

Seit es mit Frank immer schlimmer wird, helfen ihr die beiden Freundinnen sehr. Sie weiß einfach nicht, was mit ihm los ist. Im Bett läuft schon lange nichts mehr, das kann es also nicht sein. Daran hat er sich doch schon gewöhnt. Bestimmt. Sie kann das eben auch nicht so auf Knopfdruck. Außerdem ist das doch normal ab einem bestimmten Alter. Ihr Sexualleben ist friedlich eingeschlafen. Daran kann es also nicht liegen, dass sich Frank immer mehr von ihr abwendet. Zeitweise ist er ja richtig gemein. Dann wirft er ihr vor, dass sie ihn wie ein kleines Kind behandle. Dass sie ständig hinter ihm her räume. Dass sie besser mal auf sich selbst achten solle, schließlich sei sie auseinandergegangen wie ein Hefekloß. Und ob sie Adipositas kenne. »Frank«, Heidi sieht ihren Mann verwirrt an, »du weißt, dass ich mir nichts aus Opern mache.«

»Das ist Fettleibigkeit«, stößt er angewidert hervor, »und das ist pathologisch.« Krankhaft, fügt er hinzu, wahrscheinlich, weil sie gerade leicht die Stirn gerunzelt hat. Aber da läuft sie schon hinaus. Und knallt die Tür hinter sich zu.

Am nächsten Tag versöhnen sich Heidi und Frank wieder. Vorübergehend. Sie schauen sich in die Augen. Sie denkt an die gemeinsamen sechsundzwanzig Jahre. Und Frank nimmt Heidi in den Arm. Das hat er schon lange nicht mehr gemacht. Das fehlt ihr sehr. Und dann sagt Frank einen Satz, den sie nicht mehr vergessen wird. »Schatz«, spricht er leise, »ich kann deine Brüste nicht mehr spüren.« Heidi verdreht die Augen: typisch Mann, denkt wieder nur an das Eine.

Erst später begreift sie, was er sagen wollte. Sie steht im Schlafzimmer nackt vor dem Spiegel. Nicht absichtlich. Aber manchmal lässt es sich eben nicht vermeiden beim Anziehen. Ein Strumpf ist ihr runtergefallen und sie bückt sich. Dabei sieht sie sich aus dem Augenwinkel im Spiegel. Sie sieht ihre Brüste baumeln. Da fällt es ihr wieder ein. »Ich kann deine Brüste nicht mehr spüren.« Sie richtet sich auf, wendet ihren Kopf und betrachtet ihr Profil. Eigentlich hat es bei Frank nicht so geklungen, als habe er ihr im nächsten Moment an die Wäsche gewollt. Es klang eher wie eine sachliche Feststellung. Allerhöchstens ein wenig erstaunt.

Heidrun schielt auf ihren Busen hinunter. Dann blickt sie wieder in den Spiegel. Unter ihren Brüsten wölbt sich ein großer runder Bauch, der auch noch nach allen Seiten fließend übergeht in Gesäß und Oberschenkel. Die Wahrheit ist banal. Heidrun weiß sie auch. Trotzdem braucht sie all ihren Mut, um es sich endgültig einzugestehen. Doch dann sagt sie sich mit fester Stimme: »Frank kann meine Brüste nicht mehr spüren, weil meine Wampe so weit vorsteht, dass er nicht mehr drankommt.«

Als der Heulkrampf vorüber ist, will sie Biggi und Steffi anrufen. Aber sie legt das Telefon wieder beiseite. »Nein, das mache ich jetzt alleine. Sonst wird das wieder nichts.«

»Hallo, ich bin Heidrun, aber bitte nennt mich Heidi. Ich bin lebensmittelschwanger und stehe kurz vor der Niederkunft.« Der ganze Kurs und die Leiterin starren sie an, als hätten sie nicht richtig gehört. »Na ja«, versucht Heidi zu erklären, »ich meine, ich will nicht platzen.« Alle lachen los. Das Eis ist gebrochen. Heidi fühlt sich akzeptiert, so wie sie ist. Und Heidi merkt, auch das hier fällt ihr mit Humor viel leichter. Wie so vieles. Ein Diätkurs, jeden Dienstagnachmittag um fünf. Es dauert genau vier Wochen, dann erzählt sie es Biggi und Steffi. Sie habe es allein einfach nicht in den Griff bekommen, ihr Übergewicht. Jetzt gehe sie das mal richtig an. Endlich.

Ab der fünften Woche sind die beiden auch dabei, nachdem Heidi sie überzeugt hat: Da nehmen Leute teil, die haben noch viel mehr auf den Hüften als sie.

Die Kursleiterin ist etwas zickig und obendrein ein Hungerhaken. Garantiert hat die noch nie in ihrem Leben Übergewicht gehabt. Aber was sie da erzählt über Ernährung, übers Essen und Verwerten, Proteine, Kohlenhydrate, Fette und was der Körper damit macht – das findet Heidi interessant. Sie versteht nicht alles, hat eine Menge Fragen. Aber dem Hungerhaken will sie die nicht stellen. Biggi und Steffi können ihr da auch nicht helfen. An einem freien Nachmittag geht Heidi deshalb in die Stadtbibliothek und fragt nach Büchern über Ernährung. Zum ersten Mal in ihrem Leben hat sie einen Büchereiausweis. »Du bist, was du isst«. »Das Abc der gesunden Ernährung«. »Grundlagen eines gesunden Lebens«.

Zwei Taschen voll Ratgeber und Fachliteratur schleppt sie nach Hause. Bis zum Abend liest sie. Streicht an, schreibt sich Notizen an den Rand, legt kleine Papierstreifen zwischen die Seiten. Arbeitet sich durch Diagramme, Nährwerttabellen und Erklärungen. Vergisst darüber alles, sogar etwas zu essen. Sie muss aber noch etwas essen, erinnert sich Heidi und macht sich einen Salat. Plötzlich ganz wenig essen bringt nämlich gar nichts. Das weiß sie. Das verursacht den Jojo-Effekt, und hinterher schlägt alles noch mehr an. Oder besser gesagt: dann verwertet der Körper die Nahrung noch effektiver. – Heidi lernt. Viel und schnell. Am meisten erstaunt darüber ist sie selbst.

Nachdem drei Kilo runter sind, kneift es beim Sitzen schon nicht mehr ganz so sehr. Nach fünf Kilo fragt Frank: »Was zupfst du denn dauernd an deiner Hose herum? Rutscht sie, oder was?« Und nach sieben Kilo fragt sogar Frau Lürz im Friseursalon Sunshine, ob sie mal wieder abgenommen hätte. »Ja«, sagt Heidi und versucht dabei, möglichst beiläufig zu klingen. »Aha«, meint ihre Chefin. »Und welche Diät ist es diesmal?« »Gar keine«, gibt Heidi zurück. »Gar keine?« Lady Sunshine versteht nicht. »Ich mache eine Ernährungsumstellung.« Wo denn da bitte schön der Unterschied sei, fragt sie spöttisch. Aber Heidi lässt sich nicht provozieren. Im Gegenteil. Sie fängt an zu erzählen. Was sie aus den Büchern weiß, aus dem Kurs und aus eigener Erfahrung. Am Frisiertisch nebenan steht Biggi. Sie macht Steffi gerade Strähnchen. Alle hören sie Heidi zu. »Eine Diät ist wie zum Friseur gehen«, erklärt Heidi. »Kaum sind die Speckröllchen weg, wachsen sie schon wieder nach. Und wenig später siehst du aus wie vorher.« Sie klappert mit der Schere vor ihrem Bauch herum. »Aber wenn ich das hier abschneide, gibt das eine Riesensauerei.« Alles lacht. Deshalb mache sie eine Ernährungsumstellung, ohne Schneiden und ohne Nachwachsen.

Hinterher meinen Biggi und Steffi zu ihr, dass sie eine alte Ulknudel sei, aber das richtig toll erklärt habe. »Schreib doch einen Ratgeber, genau so wie du das vorhin erzählt hast«, meint Steffi begeistert. Heidi lacht herzlich. Und wie solle der heißen? Heidis hundert Halbwahrheiten? Nein. Ratgeber, da gebe es schon so viele. Wer soll das denn lesen?

»Dann wirst du eben Ernährungsberaterin«, schlägt Biggi

how to get slim

vor. »Besser als der Hungerhaken in unserem Kurs machst du das auf jeden Fall.« Steffi pflichtet ihr bei: »Genau. Dann haben wir wenigstens was zum Lachen, wenn wir schon hungern.«

Heidi fühlt sich geschmeichelt. Aber da ist noch mehr. Ernährungsberaterin und Kurse geben – ja, das wäre was für sie.

Der Psychologe meint

Heidrun hasst ihren Namen. So etwas ist gar nicht so selten. Namen sind Assoziationsdynamit. Nehmen wir beispielsweise Detlev (schwul), Karl (alt) oder Adolf (geht gar nicht). Oder eben Heidrun. In dem, wofür Namen stehen, kommen mehrere Stränge zusammen. Da ist zum einen das kollektive Bewusstsein einer ganzen Gesellschaft zu einer bestimmten Zeit. Heidrun war zur Mitte des vorigen Jahrhunderts sehr populär. Und weil Namen auch Bedeutungsschwämme sind, sog sich Heidrun mit dem Mief der fünfziger und sechziger Jahre voll. Allerdings war es damals ja kein Mief, das ist nur das Urteil der heutigen Gesellschaft mit Blick zurück.

Ein zweiter Strang ist das individuelle Bewusstsein. Man kennt vielleicht ein paar Heidruns. Je nachdem, wie die so sind, eignet sich der Name einen positiven oder negativen Klang an. Heidruns sind wohl heute eher über fünfzig und wie die Mehrzahl der Deutschen in dieser Altersklasse übergewichtig. Die selektive Wahrnehmung sorgt dafür, dass wir die anderen nicht wahrnehmen. So kommt man zur quasi-mathematischen Überzeugung: Heidrun = alt + dick + muffig + altbacken + x. Es gibt sicher auch andere Heidruns, aber »frau« heißt heute nicht so. Die heißen eher Heidi. Weil die Identifikation mit dem eigenen Namen eine Aufgabe ist, die bewältigt werden will – immerhin steht er überall für uns –, kann die Ablehnung des eigenen Namens nicht auf Dauer ertragen werden. Deshalb ändern nicht wenige Vor- oder Zunamen. Unter Umständen eine gute Lösung. Man kann aber auch den umgekehrten Weg gehen und selbst zum Vorbild werden – und damit auch den Namen aufwerten. Dazu braucht man aber erst viel Selbstbewusstsein.

Aber Heidi schämt sich nicht nur für ihren Namen. Sie verhängt auch ihren Körper. Es bleibt nicht viel, was sie stolz vor sich her tragen möchte. Lieber verschwinden. Anders sein. Nur nicht so. Ein Schicksal, das viele Dicke erleben. Und das sich im Alter noch verschärft: alt + dick = wertlos. Dicksein ist nicht leicht. Im wahrsten Sinne des Wortes. Menschen, die aus einer gesellschaftlich verordneten Norm herausfallen, sind sich der Blicke, Reaktionen und Gedanken ihrer Umwelt sehr wohl deutlich bewusst. Eine dicke Klientin erzählte, dass sich im Flugzeug ihre Sitznachbarin in ihrem Beisein beim Flugbegleiter darüber beschwerte, dass »so eine dicke Person nicht von vornherein zwei Sitze buchen muss«. Jetzt könne sie hier »kaum atmen«. Im Kino hörte sie einen Zuschauer hinter sich tuscheln: »Super! Jetzt habe ich wieder so 'ne fette Kuh vor mir sitzen und sehe nichts!« Und wenn im Straßenverkehr jemand wütend auf sie ist, bekommt sie schon mal zu hören: »Roll dich von der Straße!« Oft sind die Verletzungsgeschichten jahrzehntelang und reichen bis in die Kindheit. Selbstbewusstsein aufzubauen fällt da extrem schwer. Und alle Achtung, wenn gerade Dicke das heute schaffen. Da im Alter bei Übergewichtigen die gesundheitlichen Probleme im wahrsten Sinn des Wortes schwerwiegender werden, ist alles noch ein bisschen komplizierter.

Wenn entsprechende Verletzungen vom eigenen Partner kommen, ist das natürlich besonders hart. Und vom Partner unsensibel. Kommt es zu solchen Szenen wie zwischen Heidi und Frank, ist eine Beziehung schon viel kleine Tode gestorben. Und sie hängt am seidenen Faden. Es ist eine Mär, dass eine Beziehung nur mit Sex funktioniere. Ich spreche oft mit Einzelnen und Paaren, die mehrere Jahre lang keinen Sex hatten – weder miteinander noch mit anderen. Das ist zwar meistens nicht einfach und wird auch von den meisten anders gewünscht, aber dennoch lässt sich eine Beziehung ohne Sex gut leben. Unter anderem können Stress, Nebenwirkungen von Medikamenten, Krankheit oder eine hormonelle Unterproduktion eine Ursache fehlenden Sextriebs sein. Allerdings ist Sexlosigkeit sehr oft ein Hinweis darauf, dass grundsätzlich die Attraktivität des Partners abgenommen hat. Das kann sehr unterschiedliche Gründe haben: Entweder, weil man sich an sie oder ihn gewöhnt hat und deshalb der erregende Reiz des Neuen nicht mehr spürbar ist. Dann ist es gut, wenn man über den Sex hinaus andere Dinge hat, die einen mit dem Partner verbinden – und hoffentlich nimmt das im Laufe einer Beziehung zu. Sex kann aber auch deshalb aus Beziehungen verschwinden, weil die ehemals erregenden Faktoren nicht mehr vorhanden sind, etwa wegen starker Gewichtszu- oder -abnahme, sonstigen körperlichen Veränderungen. Auch können ungeheilte emotionale Verletzungen die Lust erheblich mindern. Ist Sex doch eine der intimsten Arten, sich zu begegnen. Und jemanden, der verletzt, traurig oder wütend macht, den will ich an mich nicht heranlassen. Grundsätzlich ist es viel eher unwahrscheinlich als wahrscheinlich, dass zwei Menschen aufeinandertreffen, die dasselbe Sexualbedürfnis haben. Weitaus verbreiteter ist, dass der eine öfter und anderen Sex möchte als der Partner. Wo Heidi schon eine Umarmung reicht, ist es für Frank vielleicht noch nicht genug. Paare, die lange glücklich zusammen sind, haben es geschafft, mit diesen unterschiedlichen Bedürfnissen gut umzugehen. Entweder indem der eine dem anderen entgegenkommt oder beide Kompromisse machen. Im Fall von Heidi und Frank erkennt sie durch seine Bemerkung über ihre Brust eine schmerzliche Wahrheit: Sie ist weniger attraktiv geworden. Nicht, weil dicke Menschen unattraktiver wären als Dünne. Das stimmt ja ganz und gar nicht. Sondern, weil sie ihrem eigenen inneren Bild nicht mehr entspricht. Und der Frau, die ihr Mann damals heiratete, zunehmend unähnlich sieht. Buchstäblich.

Heidi bewältigt viel durch Worte. Darüber reden tut ihr offensichtlich gut. Es zwingt sie dazu, sich selbst zu hören, sich selbst wahrzunehmen. Das ist für viele Menschen eine Möglichkeit zur Verarbeitung. Sigmund Freud nannte das die »kathartische [griech.: reinigende] Wirkung des Sprechens«. Wenn die Patienten auf seiner Couch lagen, saß er hinter ihnen, so dass er nicht sichtbar war und die Erzählenden nicht unnötig beeinflusste. Wenn wir über Dinge reden können, muss vorher schon ein wichtiger Schritt erfolgt sein: die Ordnung von Gefühlen in Gedanken. Gesprochene Sätze sind schon Struktur. Wenn man so weit ist, dass man reden kann, hat das Hirn Eindrücke und Gefühle schon so weit verarbeitet, dass sie in geordneter Form präsentiert werden können – und Sinn machen. Wer reden kann, hat schon Sinn gefunden. Deshalb reicht es oft, wenn einfach einer zuhört. Man braucht dann gar keine Antworten oder Ratschläge. Der Sinn des Redens besteht darin, zu verarbeiten. Viele Menschen nutzen diese Möglichkeit der Seele zur Klärung ausgiebig.

Älter werden hilft,

… denn mit den Jahren steigt die Wahrscheinlichkeit, dass man eingelaufener Pfade, Rituale und Verhaltensmuster überdrüssig wird und etwas ändert. Wobei Menschen wie Heidi sich von ihren charakterlichen Anlagen her generell sehr schwertun, Routinen und Traditionen zu ändern. Aber es ist nicht unmöglich. Heidi schafft es. Und zwar durchs Sprechen. Ihre Schlagfertigkeit hilft ihr bei vielem. Und letztlich auch, wie oben schon erwähnt, beim Sich-selbst-Wahrnehmen. Außerdem hilft eine gewisse Gelassenheit, die mit dem Alter kommt. Dann sieht Heidi eben so aus, wie sie aussieht. Na und?

Sind dann erst einmal alte Muster gebrochen, beginnt oft ein Dominoeffekt. Der Entschluss, der wirklich getroffen ist, ist oft die Initialzündung zu tatsächlicher Veränderung. Immer folgt dabei der Kopf dem Gefühl. Am Anfang steht immer das Gefühl. Wie bei Heidi. Sie *fühlt* sich unwohl, und dann trifft der Kopf die Entscheidung. Sie *fühlt* sich motiviert. Dadurch beginnt der Kopf, sich kognitive Grundlagen zu schaffen, die ihren neuen Lebensstil stabilisieren: Wissen aneignen. Am Anfang ist immer das Gefühl. Viele unterschätzen das. Sie meinen, man könne voll vernünftig sein. Sie meinen, Verhaltensweisen könne man über den Kopf ändern. Mit guten Argumenten. Leider funktioniert das nicht. Man muss vielmehr dazu motivieren, also Gefühle erzeugen, die einen die Veränderung herbeiführen lassen wollen. Kein Raucher hört auf zu rauchen, weil er liest: »Rauchen kann töten.« Kein Übergewichtiger beginnt Sport zu treiben, weil er erfährt, dass Übergewicht ungesund ist. Kein Magersüchtiger beginnt zu essen, weil er hört, dass er sich zugrunde richtet. Unser Kopf weiß das alles ohnehin schon. Aber das Wissen reicht nicht. Es muss das Gefühl entstehen, dass ich Veränderung will. Entweder Angst oder Attraktion lassen mich verändern. Angst davor zu sterben, eine Beziehung zu verlieren, einen Job, meine Gesundheit. Attraktion, ein besseres Leben zu führen, eine bessere Beziehung, ein glücklicheres Arbeitsleben, eine bessere Gesundheit zu haben. Wir sind Emotionswesen, die zum Strukturieren und Ordnen einen Kopf haben. Heidi lebt zunächst nur durch ihren Bauch. Doch ohne Kopf geht es auch nicht, erkennt sie, indem sie älter wird.

Frank entdeckt die Berge

Handelt von einem Messfehler, einer Ehefrau, die nichts begreift, Kaiserschmarren und der Erkenntnis, dass eine Erinnerung lange schlafen kann.

Zweitausendeinhundertachtzehn Meter über Normal-Null. Luftdruck: tausendzwanzig Hektopascal. Temperatur: sechzehn Komma acht Grad Celsius. Himmel: klar. Leichter Wind aus Südsüdwest. Drei Beaufort. In Böen fünf. – Frank steckte seine portable Wetterstation zurück (zweihundertfünfzehn Gramm. Nicht größer als ein Handy. Sonderaktion einer großen Kaffeerösterei) in eine der fünfunddreißig Taschen seiner beigen Multifunktionsweste (Leergewicht: vierhundertdreißig Gramm, Material: strapazierfähige Polyfaser mit Dreifachnähten und doppelt gemufften Nieten). Dann griff er zu seinem Gürtel. Löste den patentierten Klippverschluss des verchromten Präzisionsschrittzählers. Klappte ihn auf: Fünftausendsiebenhundertachtundsechzig Schritte. Vom Wanderparkplatz, wo sie den Kleinbus abgestellt hatten, bis hierher. Bis zum Gipfelkreuz. Untergrund: Kalk (typisch für die Nördlichen Kalkalpen der Ostalpen). Spärlicher Bewuchs: Krüppelkiefern (vereinzelt), Gräser (alpin), Flechten (diverse).

»Mei, is des herrlich, ha!« Max, der Bergführer, legte seinen Rucksack ab und drehte sich zu seiner Gruppe um. »Mach ma Pause.«

Die sechs Männer und Frauen nickten stumm. Schwer atmend vom Aufstieg. Sie taten es ihrem Führer gleich und setzten sich ins Gras oder auf Steine. Vor ihnen wölbte sich der Bergrücken sanft wieder zum Tal hinab. Braungefleckte Kühe fraßen das saftig grüne Gras oberhalb der Baumgrenze. Ein

Raubvogel zog seine Kreise über dem Abhang. Die gleißende Bergsonne brachte die Latschenkiefern zum Duften. Frank nahm von alledem nichts wahr. Frank studierte die Höhenlinien der Wanderkarte.

»Was is los, Frank?«, rief Max. »Ham ma uns verlaufen?« Ein paar Kameraden lachten.

»Äh, nein, ich denke nicht«, antwortete Frank nach einem kurzen Zögern. Ohne hochzusehen. »Aber die Karte ist nicht ganz exakt. Das Gipfelkreuz ist genau auf der Linie zweitausendeinhundert eingezeichnet. Müsste aber leicht ins Kreisinnere versetzt sein. Sind wir doch achtzehn Meter höher.« Frank blickte auf und sah zu Max. »Kann aber auch ein Messfehler sein. Bei dem Maßstab.«

Max atmete tief ein. »Is recht, Frank.« Er bemühte sich, nicht die Augen zu verdrehen. »Und jetzt steck die Kartn weg, und schau di amal um!« Max machte eine ausladende Geste mit seinem rechten Arm. »Deswegen bist du hier oben.«

Frank legte die Karte neben sich. Zuckte mit den Schultern, blinzelte in die Sonne und folgte der Bewegung von Max' Arm.

»Ja, das Wettersteinmassiv. Von Ost nach West: die Alpspitz …«

Max ließ den Arm resigniert sinken. Frank bemerkte es nicht.

»… daneben der Hoch Blassen, dann folgt der Grat mit den Höllentalspitzen und ganz im Westen die Zugspitze.« Frank blickte kurz auf die Karte. »Genau«, bestätigte er sich selbst.

Das war das erste Mal damals für Frank. In den Bergen. Drei Jahre ist das jetzt her. Er kann sich noch gut daran erinnern. War ja auch ein wenig peinlich. Aber damals hatte er das gar nicht so empfunden. Er hatte sich einfach nur sehr für die Berge interessiert. Angefangen hatte alles beim Mittagessen in der Kantine mit seinen Kollegen. Sie redeten übers Verreisen und Urlaubmachen. Mal wieder. Frank konnte da nie viel beisteuern. Denn seit die Kinder nicht mehr mit ihren Eltern in Urlaub wollten, waren Frank und Heidi kein einziges Mal verreist. Heidi machte nie den Vorschlag, irgendwohin zu fahren. Frank auch nicht. Und er vermisste nichts.

Die Kollegen erzählten, wie sie in Hütten übernachtet hatten. Manche waren auch schon mal richtig geklettert. Einer war sogar Mitglied im Alpenverein.

»Frank, du wanderst bestimmt auch, oder? Könnte ich mir vorstellen.«

»Ich? Nein, nein. Ich war noch nie in den Bergen.«

»Noch nie? Auch nicht als Kind?«

»Nein«, Frank lächelte entschuldigend. »Wir sind immer nur durchgefahren. Möglichst schnell. Zack nach Italien. Adria.«

»Typisch für die Zeit damals.«

»Moment. Doch.« Frank stockte und ließ die Gabel sinken, die er gerade zum Mund führen wollte. Alle am Tisch schauten ihn verwundert an. »Ich war als Kind doch mal in den Bergen. Bei meinem Opa.«

Das Gespräch um ihn herum ging weiter, aber Frank hörte nicht mehr zu. Er dachte auch nicht mehr ans Essen. Ein längst vergessen geglaubtes Bild stieg gerade in sein Bewusstsein. Verschwommen und lückenhaft. Wie ein Foto, auf dem die Farben verblichen sind. Kühe mit dicken Glocken um den Hals, die beim Kauen scheppern. Eine Wiese. Unendlich weit. Und er selbst, wie er rennt und springt. Dann ein rohes, schmales Brett. Als Brücke über den Bach. Das Wasser ist furchtbar kalt. Aber er fasst immer wieder hinein, rollt Steine auf einen Haufen und will einen Staudamm bauen. Bis seine Hände ganz taub sind. Und dann ist da sein Opa. Sitzt da in der Sonne auf einer Bank hinter einem groben Holztisch, gezimmert aus einem halben Stamm. Hinter ihm eine verwitterte Holzwand mit einem winzigen Fenster und rot-weiß karierten Vorhängen. Plötzlich duftet es ganz herrlich. Süß und warm. Nach Gebackenem und Kompott. Kaiserschmarren. Vor dem kleinen Frank steht eine riesige Portion.

Frank schüttelte den Kopf. Seltsam. Das wusste er gar nicht mehr. Muss wohl auf der Durchreise gewesen sein. Ein Zwischenstopp beim Opa in Bayern. Wie alt mochte er damals gewesen sein? Fünf Jahre? Sechs? Jedenfalls war sein Opa gestorben, bevor er in die Schule ging.

Frank nahm wieder die Gabel zur Hand, stocherte ein wenig auf seinem Teller herum. Aber er hatte keinen Hunger mehr. Die Kollegen waren auch schon fertig. Sie räumten bereits ihre Tabletts ab.

»Komm doch mit!«, sagte da der Kollege, der im Alpenverein war. »Das letzte Wochenende im Juni. Ich frage mal Max, den Bergführer, ob noch ein Platz frei ist.« Frank nickte vage und zuckte mit den Schultern.

Es war noch ein Platz frei. Einige Wochen später, morgens um fünf Uhr dreißig, saß Frank mit sechs wildfremden Männern und Frauen in einem Kleinbus. Top ausgerüstet. Umfassend informiert. Aber nicht mit der geringsten Ahnung, was ihn erwartete. Denn er wusste nicht, ob das nun eine Reise in die Vergangenheit oder eine in die Zukunft werden sollte. Oder beides?

Damals hatte er die Vorstellung, irgendwann Rentner zu sein, verdrängt. Frank mag seinen Beruf gern. Auch wenn er Heidi und den Kindern nie wirklich hat erklären können, womit er eigentlich die Brötchen verdient. Frank ist Softwareentwickler. Er programmiert Zusatztools für den Datenaustausch im Double-Slot-wire-by-wire Headcrunchrun mit vorheriger Abgleichsfunktion im B2-Cache. Der Jüngere hatte gerade mit seinem Informatikstudium begonnen, als er fragte, was das denn noch mal genau sei, was sein Vater da programmiere. Frank erklärte es ihm. Ausführlich und anschaulich. Glaubte Frank. Danach grinste sein Sohn mitleidig und meinte: »Hey, Papa, das braucht auch kein Mensch, oder? Und arbeite mal an deiner Performance.« Performance? Das haben bei Frank nur EDV-Systeme. Und seine Aktien.

Auf die erste Bergtour folgten weitere. Mit Max und anderen vom Alpenverein. Mittlerweile war Frank auch Mitglied. Auf Zweitausender folgten Dreitausender. Auf Tagestouren, Hüttentouren. Auf Wanderwege, Klettersteige. Frank besorgte sich die beste Ausrüstung, las alles über die Berge und machte alles mit. Dass er irgendwann mal an seine Grenzen kommen könnte, kam ihm nicht in den Sinn. Ja, nicht einmal, dass es so etwas wie individuelle Grenzen gab. Es war möglich. Also auch für ihn.

Auf einer Gletscherwanderung in den Hohen Tauern, auf über dreitausend Metern Höhe, wurde es Frank auf einmal schummrig im Magen. Er klemmte die Wanderstöcke unter einen Arm und fischte mit der anderen Hand ein paar Traubenzuckerdragees aus einer Tasche seiner Multifunktionsweste. Die Folie riss er mit den Zähnen auf. Er zerkaute drei Dragees auf einmal. Und stapfte weiter. Immer seinem Vordermann hinterher. Sein Puls hämmerte gegen die Schläfen. Schweiß rann ihm die Stirn hinunter. Gleichzeitig war ihm bitter kalt. Oder warum sonst zitterte er auf einmal? Er kann sich noch an das kurze, pfeifende Kratzen des Steigeisens erinnern, als sein linker Fuß wegrutschte. Und an den stechenden Schmerz im Knie.

Dann erinnert Frank sich erst wieder an eine lange, allmähliche Blende aus tiefster Schwärze in strahlendes Krankenhausweiß. Und Heidi, die ihm, kaum dass er die Augen aufgeschlagen hatte, eine Standpauke hielt:

»Ich habe ja gar nicht gewusst, was du da für gefährliche Sachen machst.«

»Hab ich dir aber erzählt.«

»Hast du nicht.«

»Dann hast du eben mal wieder nicht zugehört.«

»Mit dem Hubschrauber aus dreitausend Metern Höhe.«

»Sie haben mich mit dem Hubschrauber …?«

»Direkt vom Gletscher, ja! Gott, ich darf gar nicht dran denken!«

»Ich bin mit dem Hubschrauber geflogen. Schade. Hab ich gar nicht mitbekommen.«

Nach zwei Tagen konnte Frank schon wieder nach Hause. Beim nächsten Alpenvereinstreffen war Frank das Gesprächsthema. Aber kein Held. Was Frank allerdings insgeheim ein klein wenig gehofft hatte. Max, der Bergführer, meinte nur: »Du bist ja echt guat beinand, dafür, dass du vorher nie was gmacht host. Aber du bist halt nimmer der Jüngste. Des musst halt a sehn.« Doch Frank musste erst lernen, das zu sehen.

So wie er lernte, auch die Berge zu sehen. Und zu hören und zu riechen. Mit der Zeit schaute Frank nicht mehr nur in die Karte. Oder zumindest nicht mehr vor den anderen. Und seine Bergkameraden sind immer wieder erstaunt, was er alles weiß. Obwohl er doch erst seit kurzem mitkommt. Gesteinsarten, Pflanzen, Tiere, das Wetter im Gebirge – Frank war ein wandelndes, nein, ein wanderndes Lexikon. Mit einem Spitznamen: Kaiserschmarren. Denn auf jeder Hütte, in der er einkehrte, aß er einen.

Diese Erinnerung. Fast fünfzig Jahre hatte sie irgendwo in seinem Gehirn gelegen. Eine unbekannte Datei auf einer vergessenen Sektion seiner Festplatte. Wieso fiel sie ihm auf einmal wieder ein? Wurde zuvor was neu programmiert? Gar etwas formatiert? Sind da noch mehr vergessene Daten? Und wenn ja, wie soll er sie finden, wenn er nicht weiß, wonach er suchen soll?

In jener Zeit saß er oft einfach nur da. Hing seinen Gedanken nach. Nur unterbrochen von Heidi:

»Was ist denn los mit dir?«

War ihre Stimme schon immer so schrill?

»Meine Güte, da wird man ja selbst ganz trübsinnig, wenn man dich so sieht!«

Dann soll sie doch wegschauen!

»Du sitzt immer nur da. Mach doch mal was!«

Ja. Am Wochenende. Da geht's wieder in die Berge.

»Sag doch mal was!«

»Ach, Heidi!«, rief Frank ärgerlich.

»Na, hurra! Er weiß immerhin meinen Namen noch!«

»Arbeite mal an deiner Performance!«

»Bitte … was?!«

»Deine Erscheinung. Deine Figur. Nun ja … du bist ziemlich dick.«

»Unverschämt! Lass deinen Frust doch woanders aus!«

»Was denn. Ich bin nur ehrlich. Darf ich zu meiner Frau nicht mehr ehrlich sein?«

Ständig redete und redete sie von dieser oder jener Diät. Anstatt endlich einmal abzunehmen.

»Heidrun«, schickte er hinterher. Mit Absicht. Anstatt Heidi. Sie hasste das. Und er wusste das. Beleidigt verließ sie das Zimmer. Nicht ohne krachend die Tür hinter sich zuzuschlagen. Dann war er endlich wieder allein.

Frank schaltete das Fernsehgerät ein. Zappte durch die Kanäle, um sich abzulenken. Eine Soap. Ein Krimi. Nachrichten. Eine Tierdoku. Werbung. Das Ende einer Reportage. Über irgendeine ehemalige Sportlerin, die er nicht kannte. Aber den Reporter schätzte er. Der nun im Bild war. Hatte immer eine Menge interessanter Auslandsdokus gemacht. Was erzählte er da? In eigener Sache. Verabschiedete sich gerade selbst. Auszeit nehmen. Neues wagen. Abwechslung. Der hatte doch das abwechslungsreichste Leben, was man sich nur vorstellen kann. Mit Sicherheit auch privat. Frank erinnerte sich, dass er irgendwann mal gelesen hatte, er sei dreimal verheiratet gewesen und momentan mit seiner zwanzig Jahre jüngeren Assistentin liiert. Frank schaltete wieder aus.

Sex hatten er und Heidi schon länger nicht mehr. Bisher hatte er nichts vermisst. Meistens fing sie danach sofort an zu reden. Dass sie unbedingt gleich am nächsten Morgen den Käsekuchen auftauen müsse. Dass dringend der Rasen mal wieder gemäht werden sollte.

Nein, danach sehnte er sich nicht. Er dachte nur an die Jahre, die noch vor ihm lagen. Und er dachte an die Jahre, die schon hinter ihm lagen. Dabei stellte er sich vor, er stünde auf einer Symmetrieachse. Zwischen Vergangenheit und Zukunft. Und beides gleiche sich wie Bild und Spiegelbild. Dieser Gedanke war beklemmend.

An einem Sonntagabend im Spätsommer kommt Frank nach Hause. Fünf Tage Höhenwanderweg. Nette Gruppe. Viel Sonne. Gute Wege. Überfordern tut er sich nicht mehr. Am Küchentisch sitzt Heidi. Vor ihr eine Menge Zettel, ein Ordner, viele Bücher. Sie kaut nervös auf einem Bleistift.

»Was gibt das denn?«, fragt Frank ohne großes Interesse.

»Na, morgen ist doch die Prüfung.«

»Welche Prüfung?«

»Zur zertifizierten Ernährungsberaterin mit Qualitätssiegel. Dann kann ich endlich Kurse geben. Hab ich dir doch erzählt.«

Frank sieht sie an mit offenem Mund: »Ach, wie, das ist eine richtige Ausbildung?«

»Gib's zu: Du hast gedacht, das ist wieder so eine Diät, die sowieso nichts bringt.«

»Nein, ich habe das eher für eine Art Kochkurs gehalten.«

Frank öffnet den Kühlschrank. Heidi zieht die Augenbrauen hoch.

»So was ... Alternatives«, fügt Frank hinzu und nimmt sich ein Bier.

»Nein, mein lieber Wandersmann, das ist schon ein wenig komplexer. Ich mach das schließlich schon ein halbes Jahr lang.«

»Was, ein halbes Jahr?« Frank sucht in einer der Schubladen nach einem Flaschenöffner.

»Ich war dreimal an Wochenenden auf Seminaren. Sag bloß, du hast das nicht bemerkt?!«

»Doch schon. Aber ich merke mir so was eben nicht.« Mit einem Zischen biegt er den Kronkorken nach hinten. »Ich war da ja auch meistens weg.« Frank setzt sich ihr gegenüber an den Küchentisch. Und während er in langsamen Schlucken sein Bier trinkt, erzählt Heidi. Vom Verbrennen und Verwerten. Von Energieträgern und was der Körper alles braucht oder auch nicht. Lebendig erzählt sie. Anschaulich. Frank hört ihr zu. Manchmal fragt er nach. Und als sein Bier alle ist, sagt er:

»Du hast ziemlich abgenommen in letzter Zeit, oder?«

»Na, dass du das auch schon ...« Heidi beißt sich auf die Zunge.

»Was?«, fragt Frank.

»... auch schon ... ausgetrunken hast. Das Bier«, stottert Heidi und wird ein wenig rot.

»Ja. Ist alle. Stimmt«, meint Frank unbeholfen und geht zum Kühlschrank. »Magst du Kaiserschmarren?«

»Ob ich was? Äh, wie kommst du denn darauf? ... du? ... jetzt?«

»Na ja«, meint Frank vor dem geöffneten Kühlschrank, »wir haben Eier da. Milch. Butter. Ich könnte uns einen machen.«

»Puh, also, das ist natürlich ernährungstechnisch ziemlich ...« Heidi schaut auf ihre Blätter auf dem Küchentisch. Dann hebt sie den Kopf und sieht zu Frank. Blickt in das fast kindliche Leuchten in seinen Augen.

»Okay. Aber nur, wenn du morgen mit mir anderthalb Stunden Fahrrad fährst.«

»Abgemacht.« Frank nimmt eine passende Schüssel aus dem Schrank. »Haben wir Puderzucker?«

»Dann zwei Stunden«, sagt Heidi. Zieht die Tischschublade auf und reicht ihm den Schneebesen.

Der Psychologe meint

Wir kennen sie alle: die Denker. Oder auch Spaßbremsen, Erbsenzähler, Gefühlsroboter oder Emotionalautisten. So einer ist Frank. Menschen dieses Schlags reden nicht viel, und wenn, dann eher ungern. Sie lieben es, ihre Umwelt in Zahlen und Fakten einzuordnen. Das gibt ihnen Sicherheit und das Gefühl, ihre Umgebung beherrschen oder zumindest eben verstehen zu können. Denn Verstehen, so meinen sie, spielt sich ausschließlich im Kopf ab. Mit dem Herzen zu verstehen, das halten sie für den dummen Gedanken eines verwirrten Menschen. Beziehung irritiert sie eher. Da wissen sie oft nicht genau, wie das funktioniert. Die Maschinerie Liebe tickt so ganz anders als jedes andere mit Zahlen und Daten zu beherrschende Ding. Gefühle sind mit dem Kopf nicht zu beherrschen. Das erleben Menschen wie Frank sehr stark. Sie machen ihnen Angst. Und um das zu vermeiden, schotten sie sich von ihrer Umwelt emotional ab. Als Außenstehender hat man bei solchen Menschen oft den Eindruck, dass in ihnen dieselbe emotionale Leere herrscht, die sie nach außen präsentieren. Aber das Gegenteil ist der Fall. Es gibt grundsätzlich keine emotionslosen Menschen. Nur solche, die ihre Emotionen mehr oder weniger kontrollieren oder gar verdrängen. Beherrschen tun sie sie damit aber keineswegs. Im Gegenteil. Was verdrängt ist, überfällt uns wie der Dieb in der Nacht – und beherrscht uns. Und so werden Menschen wie Frank auch regelmäßig von ihren Gefühlen überfallen. Sie brüllen zum Beispiel gerne mal herum, wenn sie in die Enge geraten. Ein Verhalten, das auf den ersten Blick so gar nicht zu einem sonst so beherrschten Menschen passt. Aber psychologisch ist zu große Ruhe extrem bedenklich. Sie ist fast immer der Aufbau von Energie, die sich irgendwann entladen muss. Je aufgestauter, desto heftiger. Amokläufe werden in aller Regel von Menschen durchgeführt, die vorher »völlig unauffällig« waren. Sprich: Sie haben keine Emotionen gezeigt, die auffielen. Aber sie hatten sie. Ganz deutlich. Aber eine konstruktive Art, mit Wut, Angst und Trauer umzugehen, haben sie nie gelernt. Frank ist zwar kein Amokläufer, aber einer, der lange seine Gefühle unterdrückt hat – und viel aufstaut.

Als Helfer auf dem Weg zu größerer innerer Ausgeglichenheit entpuppte sich die Erinnerung an seinen Opa. Da geht es plötzlich um Sinnliches, um Nestwärme, um Düfte. Welche Zahl könnte das fassen? Eben weil niemand ohne Gefühle ist, kann Frank berührt werden. Durch die simple Frage nach seiner alpinen Erfahrung wird etwas in ihm aktiviert, das die Erinnerung – und die damit verbundenen Emotionen – freisetzt. So etwas hat lebensverändernde Wirkung. Und manchmal reicht ein einziges Wort.

Mit seiner Frau hat Frank über Jahre und Jahrzehnte hinweg eine Beziehung gestaltet, die sich hauptsächlich im sicheren Bereich bewegt. Sie reden immer weniger miteinander und immer mehr aufeinander ein. Zuhören können sie einander schon lange nicht mehr. Hier haben sich zwei gefunden nach dem Motto »Gegensätze ziehen sich an«. Vermutlich sind sie in jungen Jahren fasziniert gewesen vom jeweils anderen, weil sie unterbewusst gespürt haben, der Partner hat Seiten, die ich nicht habe, die ich aber auch gerne hätte. Doch alle wissenschaftlichen Studien belegen, dass das Gegenteil häufiger ist und eher richtig: »Gleich und Gleich gesellt sich gern.« Aber keiner der beiden Sprüche sagt etwas darüber aus, wie gut oder schlecht eine Beziehung mit den Jahren läuft. Gemeinsamkeiten und Unterschiede gibt es immer. Doch sie sind nicht starr und unverrückbar, sondern können sich verändern. Aus Gemeinsamkeiten werden Unterschiede. Aus Unterschieden Gemeinsamkeiten. Eine Erinnerung kann schon genügen. So beginnt Frank sich zu verändern. Was für ein schöner Zufall, dass Heidi bereit ist mitzugehen. Eine Zeitlang leben Heidi und Frank extrem nebeneinander her. Aber ohne dass sie es merken, entwickeln sie sich nicht weiter voneinander weg, sondern aufeinander zu. Vereinfacht gesagt: Heidi entdeckt ihren Kopf. Und Frank lernt, seinen Bauch zu gebrauchen.

Älter werden hilft,

… denn mit den Jahren wächst in Menschen wie Frank unbewusst der Druck, etwas versäumt zu haben. Auf unterschiedliche Art kann sich das offenbaren und zur Erkenntnis werden. Gepaart mit der Erleichterung darüber, dass es noch nicht zu spät ist. Frank hätte schon längst in die Berge gehen können. Aber er hat es nicht gewusst.

Umso heftiger und intensiver fängt er dann an, alles so schnell und effizient nachzuholen wie möglich. Frank übernimmt sich dabei, und sein Körper – den er vorher weitgehend ignoriert hat – zwingt ihn, sein eigenes Tempo zu finden.

Für eine Beziehung ist das immer eine Nagelprobe, sobald ein Partner anfängt, sich in eine andere Richtung zu entwickeln (Frank beginnt, Sinnliches zuzulassen). Und es hat etwas Ungerechtes. Denn der andere Partner ist vielleicht immer noch zufrieden mit dem, wie es ist. Und war. Schließlich hat man ja damals in den unausgesprochenen Vertrag eingewilligt zu bekannten Bedingungen. Also warum ist es jetzt auf einmal ein Problem? So fragen sich Menschen, deren Partner auf einmal beginnen, anders zu sein. Anders als ausgemacht. Und vergessen, dass es keine Garantie auf Ewigkeit gibt. In einer Beziehung nicht und auch nicht in der persönlichen Entwicklung.

Älterwerden hilft insofern dabei, dass sich jeder verändern darf. Auch Frank und Heidi haben die Chance dazu. Da sie aber von vornherein recht unterschiedlich waren, erfahren sie jetzt die Überraschung, dass sie sich aufeinander zu bewegen. Obwohl sie sich das gar nicht vorgenommen haben. Auf einmal finden sie sich in einer verkehrten Welt wieder: Heidi beschäftigt sich mit ernährungstechnischen Daten, Zahlen und Fakten. Heidi abstrahiert und erklärt. Frank hört zu. Und nicht weg, wie früher. Sie empfinden beide das Besondere in diesem Augenblick, reißen sich zusammen und schlucken unnötige, spitze Bemerkungen herunter, die sie nur aus reiner Gewohnheit austeilen würden. Denn sie erleben sich auf einmal in einem unbekannten Gleichklang. Gemeinsamkeit. Nähe. So einfach geht's. Oder so schwer. Denn oft sind die Wege des anderen einfach nicht unsere. Dann kann es sein, dass man sich arrangiert. Oder, dass Beziehungen enden. Im Fall von Frank und Heidi haben die beiden gute Karten. Einen Kaiserschmarren später werden sie schon ein gutes Stück verbundener sein.

Klaus-Dieter hat PADAM

Handelt von sieben zähen Minuten, längst vergessenen Frauen, der Pressefreiheit in der GUS und dem Klimakterium virile.

»Mann, wie öde!«, Klaus-Dieter reibt sich die Augen, schiebt den Drehstuhl zurück und steht auf. Seit fünf Stunden sitzt er jetzt in diesem muffigen Schneideraum. Monitore, Computerschränke, das Schnittpult und eine Topfpflanze hinter den vergilbten Jalousien. Das alles auf ein paar Quadratmetern. Nicht größer als eine Gefängniszelle. Und so fühlt sich Klaus-Dieter auch: weggesperrt und verknackt zum Schneiden. Hier kommt er erst wieder raus, wenn der Film fertig ist. »Was macht eigentlich … Anna T.?« Selten hat er sich mit einem Film so gequält. Sieben zähe Minuten über eine profilneurotische Exturnerin und ihre Komplexe. Fünf hat er schon. Minuten. Wenn Klaus-Dieter hier nicht bald rauskommt, dann kriegt er einen Komplex. Wenigstens ist die Cutterin nett. Und professionell geduldig.

»Soll ich noch mal im ersten Tape schauen? Da sind doch ein paar Bilder dabei, wie sie aus dem Flugzeug steigt und wieder ein.«

»Zu kurz. Das sind höchstens ein paar Sekunden.«

»Ich könnte sie verlangsamen. Die Jetset-Lady in slow-motion?«

»Anna ist keine Jetset-Lady!« Klaus-Dieter ist sauer. »Die würde gerne eine sein, ja! Aber die ist einfach nur eine Tussi. Unsicher und gleichzeitig arrogant bis dorthinaus.« Warum hat er sich nur eingelassen auf dieses Porträt? Sportler haben ihn noch nie interessiert. »Was macht eigentlich …?« Dreißig Minuten, Magazinformat. Freitags, Vorabendprogramm. Mittelmäßig erfolgreich. Und das seit acht Jahren. Klaus-Dieter hat es mit entwickelt und ist Feuer und Flamme gewesen. Anfangs. Denn grundsätzlich ist so was genau sein Ding: vergessene Themen wieder beleben, nachforschen, nah an Menschen rankommen und mitunter den Finger in Wunden legen. Er hätte Redakteur werden können. Von seiner eigenen Sendung. Im Grunde ein Traumjob. Später vielleicht sogar Redaktionsleiter. Oder noch mehr. Aber er hat nicht gewollt. Hat immer alle Angebote ausgeschlagen. Eine feste Stelle, wonach sich so viele die Finger lecken. Und Klaus-Dieter hat jedesmal abgelehnt. Das haben die meisten nicht verstanden.

Doch irgendwann haben sich die Themen und Leute wiederholt. Klaus-Dieter hat den Spaß an der Sendung verloren. Er ist ein paar Mal ins Ausland gegangen: Indonesien, Usbekistan, Aserbaidschan, Afghanistan. Klaus-Dieter immer vorne dabei. Seine wilden Jahre. Mit wilden Nächten. Tanja war 'ne Wucht. Sandra anschmiegsam. Celina mit den schweren, vollen Haaren und Melina mit dem tiefsten Nabel der Welt. Oder war es Melina mit den Haaren und Celina … ? Egal. Die Zeiten sind jetzt eh vorüber. Noch nicht sehr lange. Aber sie sind vorbei. Wenn er heute wild sein will, dann setzt er sich aufs Mountainbike. Das ist gesund. Und mittlerweile macht es ihm auch Freude. Zu spüren, was ihm guttut.

»Was macht eigentlich …?« hat er von Anfang an moderiert. Auch die Sendung heute. Weil es seine letzte sein wird. Deshalb hat er sich auch überreden lassen, selbst noch mal ein Porträt zu drehen. Das Thema hat allerdings sein Redakteur vorgegeben:

»Anna T.«

»Kenne ich nicht.«

»Macht nichts. So 'ne Exturnerin. Macht Werbung für die Zuckerschnitte.«

»Ach, die. O Gott!«

»Na, komm, Klaus-Dieter«, der Redakteur hat ihn an der Schulter gefasst. »Ich weiß, dass du aus Scheiße Gold machst.«

»Hey, das ist meine letzte Sendung. Mein Abschied.«

»Ebendarum. Zeig's uns noch mal!«

Klaus-Dieter weiß, was er kann. Weiß, dass er gut ist. Aber das Porträt über diese neurotische Exturnerin hat er lustlos produziert. Hat ihn nicht interessiert. Vielleicht ist er mit seinen Gedanken auch schon woanders gewesen. Die beste Szene, findet Klaus-Dieter, sind noch die Making-of-Bilder von den Aufnahmen des Werbeclips. Sechzehnmal haben sie den Spot gedreht. Und sechzehnmal hat Anna in eine Zuckerschnitte beißen müssen. Danach hat sie sich fast erbrochen. Klaus-Dieter zeigt das in seinem Porträt. Gnadenlos. Sein sarkastischer Kommentar dazu im Film: »Das Leben als Promi – oftmals süß bis zum Erbrechen.«

In der Moderation richtet er noch ein paar persönliche Worte an die Zuschauer.

»Ich darf mich von Ihnen verabschieden. Nicht nur für heute. Sondern für etwas länger. Das, was ich in Zukunft tue, nennt man allgemein Sabatical, eine Auszeit, Kreativpause – wie immer Sie wollen.«

Nach der Sendung dann ein Gläschen Sekt mit dem Team. Für Klaus-Dieter nur Orangensaft. Kein Alkohol mehr. Das ist sein Abschied. Nichts Großes. Ist ja auch nicht für immer. Vielleicht kommt er ja wieder. Er geht schließlich nicht in Ruhestand. Klaus-Dieter ist gerade mal achtundvierzig. Wobei er noch nicht weiß, wie lange er … pausiert. Ja, das wäre ein geeignetes Wort: Er pausiert vom Fernsehen. Von seinem Sender. Von rotweinseligen Nächten mit Kumpels und Kollegen. Vom ungesunden Leben. Vom Reisen, Drehen, Recherchieren – nein, vom Recherchieren pausiert er nicht. Das wird er mehr denn je machen. Aber nicht mehr in Krisengebieten. Nicht mehr am

Telefon und in Interviews. Sondern in Büchern, Zeitschriften, Texten.

»Klaus-Dieter, Mensch!« Ein junger Kollege stößt mit ihm an. »Was hast du denn jetzt vor?«

»Ich werde mich um mein Baby kümmern.«

Dem Jungspund klappt der Kiefer runter. Klaus-Dieter genießt den Moment. Dann grinst er: »Mein Baby heißt ›Zwischen Terror und Zensur – die Entwicklung der Presse in den Staaten der GUS‹. Ich promoviere. Tja, die jungen Leute nehmen Elternzeit. Ich nehme jetzt meine Doktorzeit.«

»Wow. In deinem Alter.« Das hätte der Kollege besser nicht gesagt. Klaus-Dieter lässt ihn stehen.

Promovieren. Die Idee hat er schon lange. Aber bis vor einem Dreivierteljahr hat er nicht gewusst, ob sie jemals wahr wird, geschweige denn, was es wird.

Es begann alles auf einem Kongress an der Universität vergangenen Frühling. Thema: »Pressefreiheit und Demokratie im ehemaligen Ostblock«. Klaus-Dieter hatte man eingeladen als prominentes Zugpferd. Er sollte dort einen Vortrag halten über seine Erfahrungen in Ländern der ehemaligen Sowjetunion, von denen er immer wieder berichtet hatte. Möglichst mit viel Bildmaterial. Hinterher sprach ihn ein älterer Herr an:

»Gratuliere. Das war eindeutig der beste Vortrag hier. Der Rest war ja zum Einschlafen.«

»Danke schön.« Klaus-Dieter packte gerade seine Papiere in die Tasche und schnaufte. Er war verschwitzt. Der Vortrag hatte ihn angestrengt. Er blickte auf. Zwei lustige, kleine Augen schauten ihn an und sahen trotzdem andauernd flink hin und her, so dass ihnen nichts entging. Weißes Haar, Strickpulli über dem Hemd, den Mantel über dem Arm.

»Professor Hannesfeld!«, rief Klaus-Dieter erstaunt.

»Sie kennen mich noch?«

»Aber selbstverständlich. Das ist ja eine Überraschung!«

Klaus-Dieters ehemaliger Politikprofessor. Er hatte ihn sofort erkannt. Trotz des weißen Haars. Und Klaus-Dieter freute sich ehrlich. Denn schon vor über zwanzig Jahren hatten sie ein herzliches Verhältnis zueinander. Aber nach seiner Zeit an der Uni war der Kontakt abgebrochen. Klaus-Dieter hatte sich sofort in die Arbeit gestürzt. Er war schon als Student immer mal wieder beim Fernsehen. Und nach dem Examen erst recht.

»Wie geht's Ihnen? Sind Sie noch aktiv? Haben Sie noch Ihren Lehrstuhl? Wir sollten uns unbedingt mal treffen«, sprudelte es aus Klaus-Dieter heraus.

»Das war jetzt aber journalistisch nicht sehr geschickt«, grinste Hannesfeld, »drei Fragen auf einmal und eine Aufforderung.«

»Na, Sie sind doch noch fit im Kopf, oder?«

»Ich schon: Prima. Ja. Nein. Gute Idee.«

»Äh, was?«, Klaus-Dieter runzelte die Stirn.

»Das waren meine Antworten. Ging's zu schnell?«, fragte der Professor süffisant. »Sie können's ja dann richtig zusammenschneiden, nachher.«

Klaus-Dieter lachte: »Also, wann haben Sie Zeit? Nächste Woche?«

Sie verabredeten sich für Dienstagnachmittag nach Hannesfelds einzigem Seminar, das er noch hielt. Obwohl er schon emeritiert war.

»Kennen Sie sich aus auf dem Campus?«

»Nicht wirklich. Ist ja alles neu hier.«

»Es gibt zwei Cafeten. Eine hat eine Terrasse. Treffen wir uns dort. Da sind auch die Studentinnen hübscher.«

»Das klingt nach einem amüsanten Nachmittag«, dachte sich Klaus-Dieter.

»Und? Auf welche haben Sie's abgesehen?« Klaus-Dieter stellte seine Tasse auf den Bistrotisch und hängte seine Lederjacke über die Stahlrohrlehne des freien Stuhls. Es war warm geworden am Nachmittag. Klaus-Dieter spürte schon wieder feuchte Flecken unter der Achsel.

»Ach, da sind Sie ja!«, rief Hannesfeld. Die Terrasse war dicht besetzt mit jungen Menschen. Der Professor ließ den Blick durch seine Sonnenbrille wandern und rührte langsam in einem Kaffee.

»Nein«, gluckste er, »ich habe es auf keine abgesehen. Ich sitze hier nur gerne und genieße das Leben.«

Klaus-Dieter grinste. Hannesfeld hatte schon zu seiner Studienzeit den Ruf eines Frauenhelden.

»Das hätten Sie auch alles haben können.«

»Wie meinen Sie das?«

»Wenn Sie an der Uni geblieben wären. Sie hätten eine glänzende Karriere gemacht. Da bin ich mir sicher. Und das«, der Professor wies auf die jungen Frauen in seinem Blickfeld, »hätte Ihnen sicher auch gefallen. Oder schätze ich Sie da falsch ein?«

Nein, das tat er nicht. Das musste Klaus-Dieter zugeben. Doch mindestens so sehr wie die Frauen hatte ihn auch stets das Abenteuer gereizt, erzählte er. Sein Examen hatte er '89 gemacht. Kurz vor der Wende. Der Ostblock bröckelte. Die Mauer fiel. Das war seine Chance. Auf eigene Faust zog er los, gemeinsam mit einem Kameramann. Nach Polen, in die Ukraine und weiter. Dabei hatte Professor Hannesfeld ihn fest vorgesehen für eine Promotion, erzählte dieser. Mit Assistentenstelle und kleinem Lehrauftrag. Das hatte Klaus-Dieter gar nicht gewusst. Promovieren – das war damals überhaupt kein Thema für ihn. Als das Gold auf der Straße lag, für mutige Journalisten wie ihn. Die Filme und Reportagen, die er mitbrachte, rissen ihm die Redaktionen förmlich aus den Händen. Er hatte sogar einige Preise bekommen.

»Und jetzt? Was machen Sie so?«, fragte Hannesfeld.

»Ach«, Klaus-Dieter verzog das Gesicht, »ist alles irgendwie festgefahren. Im Sender hörst du immer nur: sparen, sparen, sparen. Und: Wir müssen junge Zuschauer ziehen.«

»Und im Ausland sind Sie nicht mehr?«

Klaus-Dieter zögerte und meinte dann knapp: »Nee, gerade nicht. Gesundheitlich …« Er machte eine mehrdeutige Geste.

»Was Schlimmes?«

»Eigentlich nicht. Aber unangenehm. Und lästig.«

Und ein wenig peinlich, dachte sich Klaus-Dieter. Nachdenklich schaute er in seine Cappuccinotasse. Sollte er es Hannesfeld erzählen? Er hatte noch mit niemandem darüber gesprochen bisher. Mit wem auch. Er hatte ein paar wirklich gute Kumpel. Aber mit denen konnte er nicht darüber reden. Die hätten ihn nicht ernst genommen. Außerdem waren sie auch seine Kollegen. Sie arbeiteten gelegentlich zusammen. Und sponnen über gemeinsame Ideen und Projekte. Nächtelang. Bei viel Wein. Später Whiskey. Die hätten ihn doch sicher ausgelacht. Nicht mehr fit. Ausgepowert. Abgeschlafft. Schnaufte wie ein Walross bei jeder Treppenstufe. Oder hatten sie es längst bemerkt?

Und Lara? Nein, der konnte er das auch nicht sagen. So weit waren sie noch nicht. Und würden es vielleicht auch niemals sein. Wahrscheinlich sogar. Sehr wahrscheinlich. Nettes Mädchen, die Lara. Klaus-Dieter war schon dreimal mit ihr aus gewesen, aber noch nie mit ihr im Bett. Sie hielt ihn deshalb für etwas Besonderes. Ein Mann, der sich Zeit ließ bei ihr. Und für ihn war es auch etwas Besonderes. Aber aus einem ganz anderen Grund. Klaus-Dieter hatte Angst. Angst, dass es noch einmal passierte. So wie neulich bei Verena. Quatsch, Verena! So hieß die Volontärin … Svenja? Nein. Julia? Ach, egal. Auf jeden Fall war es ein wunderbarer Rotweinabend, der vielversprechend begonnen hatte. Bis sie mit geröteten Wangen verlangte: »Mach's mir, ja?« Und dann ging nichts mehr. Erektile Dysfunktion. So nennt man das. Hatte er später vom Arzt gelernt. Vom Andrologen. Ein Männerarzt. Klaus-Dieter wusste bis dahin auch nicht, dass es so etwas gibt. Aber sein Hausarzt überwies ihn dorthin. Zum Hormonscreening. Das war vor zwei Wochen. Klaus-Dieter holte tief Luft und starrte weiter in seine Tasse:

»Ich leide an PADAM.«

»PADAM«, Hannesfeld ließ sich erstaunt die Silben auf der Zunge zergehen. »Das klingt gewaltig. Nach großem Auftritt. Showtreppe. Tusch. PADAM! Und was heißt das?«

»Partielles Androgen-Defizit des Alternden Mannes.«

»Au, das klingt weniger gewaltig – alternder Mann?« Der Professor schaute über den Rand seiner Sonnenbrille zu Klaus-Dieter: »Willkommen im Club.«

»Der Arzt meint, ich habe zu wenig Testosteron. Deutlich zu wenig. Das käme durchaus vor in meinem Alter.« Worauf Klaus-Dieter leicht pampig geworden war: Was das denn bitte schön heißen solle, in seinem Alter. Das sei das Klimakterium virile, Alters-Hypogonadismus oder die Wechseljahre beim Mann, hatte der Arzt doziert. Er könne sich einen Begriff aussuchen, sie bedeuten alle in etwa das Gleiche: eine breite Hormonumstellung etwa zur Lebensmitte.

»Die berühmte Lebensmitte«, sagte Hannesfeld nachdenklich. »So, so. Klingt schöner als Alter. Finden Sie nicht?«

»Ja, das stimmt. Wobei der Arzt gesagt hat: Lebensmitte oder Alter – das komme auf meine Perspektive an.«

»Schlaue Antwort.«

»Hormonumstellung«, Klaus-Dieter schnaubte durch die Nase. »Ich dachte eigentlich, die Pubertät habe ich längst hinter mir.«

Hannesfeld lachte kurz auf. »Ach, die kommt immer wieder, glauben Sie mir.« Versonnen blickte er einer Studentin nach, die ihre braunen Locken fliegen ließ, und fragte: »Und was tun Sie jetzt?«

»Gesünder leben, Sport treiben, abnehmen.« Klaus-Dieter klatschte sich auf den Bauch, über dem das Hemd spannte. »Und vor allem kein Alkohol mehr.« Er musste an den Abend denken, nachdem er die Screening-Ergebnisse bekommen hatte. Und wie selbstverständlich er erst mal eine Flasche Rioja entkorken wollte. Auf den Schreck. Zum Trost. Oder einfach so. Darüber war er ziemlich erschrocken. Denn er hatte ja noch zum Arzt gesagt: wieso, er trinke doch nicht, als dieser gemeint hatte, er solle damit aufhören. Die Flasche blieb jedenfalls zu.

»Und wie kommen Sie zurecht?«

»Ach, die Finger vom Alkohol zu lassen ist gar nicht das Schlimmste. Hopfenblütentee statt Bier. Aber das Geregelte. Ich meine, das nervt. Immer möglichst pünktlich ins Bett, regelmäßige Mahlzeiten, dreimal pro Woche Sport.« Klaus-Dieter seufzte: »Das fällt mir schwer.«

»Es klingt ein bisschen danach, als kommen Sie endlich im Leben an«, meinte Hannesfeld.

»Ich fand es eigentlich ganz schön unterwegs, bisher.«

»Eben, bisher.«

»Sind Sie denn im Leben angekommen?«

Hannesfeld lächelte: »Es mag für Sie vielleicht nicht den Anschein haben, aber ich sitze hier nur und schaue. Mehr ist da nicht.«

Klaus-Dieter sah ihn zweifelnd an: »Väterliche Gefühle?«

»Nein, ästhetische«, meinte der Professor.

Klaus-Dieter dachte einen Augenblick schweigend nach, bevor er die Frage stellte: »Sagen Sie, wenn Sie emeritiert sind, können Sie dann trotzdem noch den einen oder anderen Doktoranden betreuen?«

Hannesfeld hob erstaunt die Augenbrauen: »Recherchieren Sie oder fragen Sie aus persönlichem Interesse?«

»Es ist … eine persönliche Recherche. Sozusagen.«

Der Professor setzte seine Sonnenbrille ab, und seine ohnehin schon flinken Augen waren noch wacher als sonst.

»Ich habe Zeit. Aber dann hole ich mir zuerst noch einen Kaffee. Sie auch?«

»Gerne«, sagte Klaus-Dieter und dachte sich: »Schnapsideen habe ich auch ganz ohne Alkohol. Nur bessere.«

Der Psychologe meint

Geduld ist etwas, das vielen Menschen wirklich schwerfällt. Vor allem jenen, die gerne ein anderes Tempo leben würden. Aus den unterschiedlichsten Gründen. Es gibt solche, die schneller denken, entscheiden und handeln als andere – und die Qualität der Entscheidungen leidet nicht immer unter der Schnelligkeit. Oder die, die das Abenteuer suchen, die schneller sein müssen als die sich einstellende Gewohnheit oder Langeweile. Und weil wir Menschen unglaublich anpassungsfähige Wesen sind, müssen solche Menschen ständig in Bewegung sein, um von der Langeweile nicht eingeholt zu werden. Wir kennen das in abgemilderter Form vielleicht selbst. Die Funktion von Abenteuer ist ja Ablenkung. Nicht mehr wahrnehmen, was in mir ist, im Moment aufgehen, das Gefühl für Raum und Zeit zu verlieren. Interessanterweise ist das genau die Definition von Glück, wie wir sie bei den großen Glückspsychologen Chikzenmahalyi und Seligman finden. Oder bei Goethe. Sein Dr. Faustus verkauft dem Teufel sogar seine Seele dafür. Für einen Moment, zu dem sich sagen ließe: »Verweile, Augenblick, du bist so schön.« Faust will Glück. Und versteht darunter die vollkommen erfüllende Gegenwart. In der ich selbst als Ich gar nicht mehr existiere. Dieser Wunsch begegnet uns dann in den östlichen Spiritualitäten wieder – beispielsweise in Form des

Nirwana, des Großen Nichts, in dem das Ich verschwindet wie ein Tropfen im Ozean. Alles Bilder von Glück. Klaus-Dieter sucht also etwas zutiefst Menschliches. Er jagt ihm förmlich nach. Voller Ungeduld. Die Ironie des Ganzen ist, dass wahre Intensität nicht in der Bewegung der Suche, sondern im Angekommensein besteht – und das hat etwas mit Ruhe zu tun und mit Bleiben. Wenn wir wie ein Hamster im Rad dem Glück hinterherhasten, kann es uns nie einholen, denn es kommt von hinten. Das Glück will uns finden. Nicht sich von uns finden lassen. Glück ist im Grunde nichts anderes als Zufriedenheit – innerer Friede. Aufregung und Abenteuer gaukeln Glück lediglich vor. Aber wie bei einer Droge verschwindet das Gefühl des Glücks, sobald sich Routine einstellt. Keine gute Basis für Dauerhaftes. Beziehungen sind mit dieser falschen Vorstellung vom Glück kaum länger aufrechtzuerhalten. Das Glück, das bleibt, das stärker ist als das Abenteuer, liegt innen. Wer innerlich zufrieden ist, wer sich gefunden hat, wer sich keine Liebe erkämpfen oder Erfolg erbringen muss, ruht in sich. Das ist Glück, das Dauer hat. Wenn auch nicht für immer. Aber das macht nichts, denn selbst, wenn Glück geht, kommt es wieder. Und wieder. Es kommt zu uns. Nicht umgekehrt. Und trotzdem suchen wir es. Zum Beispiel mit Sex. Man spricht ja neuerdings sogar von »Sexsucht«. Psychologisch eine total »unsaubere« Diagnose. Doch wohl eher Populärpsychologie – und nicht selten auch eine Entschuldigung für Leute, die eben gerne fremdgehen. Die haben aber dann keine Sexsucht, sondern ganz andere Themen: Bindungsangst vielleicht oder mangelnde Impulskontrolle, eine besondere Lebensphilosophie oder eine Persönlichkeitsstruktur wie Klaus-Dieter. Aber »Sucht« ist gar nicht so falsch. Denn wie bei einem Suchtmittel wird dann der Sex fälschlicherweise für befriedigend gehalten. Bis die Dröhnung nachlässt und man merkt, dass man das Bedürfnis, die Sehnsucht, einfach nur betäubt. Besser wäre auch hier, das

Bedürfnis zu erkennen – beispielsweise nach Liebe, Aufmerksamkeit und Angekommensein – und das dann zu befriedigen. Ohne falschen Umweg über Suchtmittel, die nur versprechen, ohne zu halten. Wer Intensität sucht, findet sie kurzfristig beim ständig wechselnden Sex – aber nur solange der Körper mitspielt. Und da ist das Alter dann wirklich eine Bedrohung. Einmal, weil die oberflächliche sexuelle Attraktion abnimmt, und dann, weil die sexuellen Funktionen unter Umständen anfälliger werden. Sexuelle Dysfunktionen sind viel weiter verbreitet, als wir gemeinhin vermuten. Zu meiner Studienzeit habe ich als Ausbildungstherapeut an der Universitätsklinik im Zentrum für sexuelle Dysfunktionen gearbeitet. Und weiß noch gut, wie erstaunt ich darüber war, was es alles gibt. Die Patienten waren zwischen zwanzig und sechzig Jahre alt. Mir begegneten alle körperlichen und seelischen sexuellen Dysfunktionen: Männer, die einen schiefen oder verformten Penis hatten. Frauen, deren Vagina ungünstig geformt war und schlecht oder gar nicht penetriert werden konnte. Da kann man chirurgisch viel tun. Es gab vierzigjährige Frauen und Männer, die noch nie einen Orgasmus hatten, oder solche, die nicht wussten, ob sie jemals einen hatten. Da half oft Aufklärung, Entspannung oder Üben von Selbstbefriedigung. Und dann der ganze Bereich der Impotenz (Männer) oder Frigidität (Frauen), also die Unfähigkeit, zum sexuellen Höhepunkt zu kommen. Die Gründe hierfür sind schier unendlich. Klaus-Dieter hat ein hormonelles Problem. Aber auch Angst, Ekel, Misstrauen oder Wut sind Orgasmuskiller. Ebenso Stress. Oder zu hohe Erwartungen. Ich erinnere mich an eine Patientin, die meinte, nie einen Orgasmus gehabt zu haben, obwohl sie in fünfzehn Ehejahren regelmäßig Sex mit ihrem Mann gehabt hatte. Im Lauf der Therapie kam heraus, dass sie unter »Orgasmus« das verstand, was Sally Harry im Film »Harry und Sally« im Café vorspielte. Lauter werdendes Stöhnen und am Ende lautes Schreien begleitet von schüttelnden Krämpfen. So was hatte sie noch nie erlebt. Und fühlte sich deshalb »krank«. Schade. Denn die wenigsten erleben Orgasmen so. In der Therapie konnte sie das erfahren durch Aufklärung und sensibel für ihren eigenen Körper werden, für ihre persönliche Form des Orgasmus. Am Ende war das Problem verflogen. Das größte Hindernis bei der Behebung sexueller Probleme ist die Scham, darüber zu sprechen. Schafft man das, erlebt man sehr schnell, dass es erstens vielen so geht, und gibt sich die Chance zum aufklärerischen Lernen sowie zur Behandlung durch Experten.

Älter werden hilft,

… weil Menschen von Klaus-Dieters Schlag ruhiger werden. Es kann ihnen mit wachsendem Alter gelingen zu entdecken, dass Intensität nicht nur in der horizontalen Bewegung, also im Strohfeuer immer neuer Liebe oder im Abenteuer zu finden ist, sondern auch in der vertikalen Richtung: in der Tiefe. Statt von Blume zu Blume zu fliegen, lernen sie dann, in die Blume einzutauchen und deren Schönheit auf tausendfältige Weise zu entdecken. Sie verstehen später im Leben mehr und mehr, dass genau darin Intensität liegt: im tiefer Hineinbewegen und nicht im Oberflächenwechsel. Eine Promotion zu schreiben passt hervorragend. Sich mit einer Materie tiefer zu beschäftigen, sie zu entfalten und ihr immer Neues abzugewinnen ist eine Fähigkeit, die im Alter Menschen wie Klaus-Dieter zum Geschenk wird.

Anna und die Zuckerschnitte

Handelt von einem Besuch beim Zahnarzt, einer Rolle Klopapier, einem Werbespot und von Erich Fromm.

»Hie hange hochch?«, Anna liegt auf dem Behandlungsstuhl. Tränen laufen ihr aus den Augenwinkeln, finden den Weg ins Ohr. Der Speichelsauger hat sich längst in den weichen Raum unter der Zunge eingefräst. Und weil sie den Mund nicht mehr offen halten will, hat ihr der Arzt irgendwas zwischen die Kiefer geklemmt. Distal, okklusal, bukkal, Anna kann es nicht mehr hören. Sie will hier nur noch weg. Weg von diesem Arzt, diesem Stuhl, dieser Praxis. Geht aber nicht. Bis auch der letzte Zahn überkront ist, das dauert. Kronen sind normal in ihrem Alter. Wenigstens am Zahn gibt's keine Falten. Anna legt Wert auf einen ästhetischen Auftritt. Perfekt von Kopf bis Fuß. Aussehen ist wichtig – Anna war mal Meisterin. Erst in der rhythmischen Sportgymnastik, dann im Turnen. Anna ist wichtig. Findet Anna. Auch wenn sie es nicht ausspricht. Das traut sie sich nicht, obwohl sie die Bewunderung so liebt. Anfangs hat die Mutter sie trainiert. Die war selbst Turnerin, damals in der DDR. Und jetzt will es Anna noch einmal wissen. Fürs Turnen ist sie zu alt, aber nicht als Zuckerschnitte. Für die soll sie Werbung machen. Mit glücklichen Kindern über die Wiese tollen und dann grinsend reinbeißen – in die Zuckerschnitte. Kürzlich hat sie einen Vertrag mit der Agentur unterschrieben. Sie ist ein Testimonial. Eine Werbefigur. Immerhin. Sie turnt ja nicht mehr. Anna war mal ganz oben. Auf dem Balken, am Barren. Die Beste beim Bodenturnen. Anna, die große Hoffnung. Niemand war so grazil wie sie, so konzentriert, so perfektioniert. Jetzt ist niemand so schwer wie sie. Anna wiegt das

Doppelte von damals. Und ihr Rücken ist kaputt. Keine Nacht ohne Schmerzen. »Hie hange hochch?«, den Mund offen, starrt sie in das weiße Licht der Zahnarztlampe. Und lässt fetzenweise Vergangenheit vorüberziehen.

Man muss nicht in der ehemaligen DDR sozialisiert sein, um eine gnadenlose Kindheit im Leistungssport zu erfahren, wie ihre Mutter. Anna hat jetzt selbst zwei Töchter. Zwillinge. Sie sind das Beste in ihrem Leben, für sie lohnt sich jeder Einsatz. Für ihre Kinder sorgen, das ist schön. Aber dass sie niemand mehr erkennt, das tut weh. »Ist das nicht …?« – das sollen die Menschen auf der Straße tuscheln, wenn sie Anna sehen. Die Menschen sollen sich erinnern, wie sie bei der Weltmeisterschaft die Olga K. aus Bulgarien ausgeschaltet hat und wie sie die USA-Turnerinnen deklassiert hat. Wertschätzung. Anerkennung. Das hat Anna verdient. Auch wenn sie es nie laut sagen würde. Anna ist sanft, dabei unbeirrbar. Sie hat sich geschunden, für den Olympiakader. Hat für die Nation geturnt. 1988, 1992. Und nun? Lächeln für die Zuckerschnitte. Niemand darf erfahren, wie lächerlich ihre Gage ist.

Anna ist C-Promi. Weit weg von der A-Klasse, das wäre die erste Promi-Liga. Sportpresseball. Anna ist noch nicht mal eingeladen. Ob man ein vorschnell gekauftes Ballkleid zurückgeben kann? Wenigstens ist eine Sponsorenreise geplant, Anna soll für ein internationales Tourismusunternehmen ein paar Regionen besuchen. Damit wieder mehr Menschen auf sie aufmerksam werden. Oder dann doch eher auf das Reiseziel? Anna vor dem Berg. Anna auf dem Berg. Anna neben dem Berg. Anna muss alles ganz toll finden und immer gut aussehen. Anna am Wasser. Anna mit Angel. Anna mit Buntbarsch. Hauptsache, der Fotograf ist gut! Ein Texter fährt auch noch mit. Der schreibt, wie Anna alles findet. Ab und zu darf Anna auch etwas sagen. Aber das will sie nicht.

Die gesponserte Reise führt durch Neu-England. New Hampshire. Vermont. Maine. Jeden Tag ein neues Ziel. Anna wirft die Haare zurück, schaut nicht links und nicht rechts, wenn sie in die VIP-Lounges der Flughäfen stolziert. Endlich ist sie wieder wer. Darum schreibt sie »Do not disturb« auf ein Papier. Pinnt es an die Tür der jeweiligen Lounge. Verschwindet in einen separaten Raum. Schließt schwungvoll die Tür – nun hat sie jeder bemerkt. Der Vorstandsvorsitzende, der Aufsichtsrat und was sonst noch hier sitzt aus der Heuschreckenwelt. Oder sind es etwa nur ganz normale Passagiere, Anzugträger auf dem Weg zu ihrem nächsten Geschäftstermin? »Do not disturb.« Wehe, es halten sich alle dran! Anna will ungnädig sein, wenn jemand klopft. Hoffentlich klopft jemand. Sonst kann sie ja gar nicht ungnädig sein. Wichtige Menschen haben keine Zeit, und Anna ist wichtig, das haben ihre Leistungen gezeigt. Zum Glück stört wenigstens der Fotograf. Anna muss los. Zum Flieger, wie sie für alle hörbar in ihr Handy haucht. Obwohl niemand angerufen hat. Keine Zeit, keine Zeit. Die hat niemand hier. Wären die wichtigen Menschen weg, die Welt stünde still. Anna fliegt Business-Class. Fotograf und Texter dürfen das nicht, die sitzen hinten. Holzklasse.

Nach der Ankunft tänzelt Anna am Kofferband vorbei. Sollen doch andere ihr Gepäck nehmen. Praktische Dinge liegen ihr nicht. Und außerdem geht da immer was schief. Wie neulich, als sie ihr Auto saugen wollte. Schlimm genug, das selbst zu tun. Das Au-pair hat wieder mal frei gehabt. Und Anna ist selbst an die Tankstelle gefahren. Hat gerade die Fußmatten ausgeschüttelt, als dieser Mann in blauen Latzhosen ihr auf die Schulter getippt hat: »Was steht denn da?«, hat er gefragt. »Reinigung an Sonn- und Feiertagen nicht gestattet.« »Oh«, hat Anna gesagt. »›Oh‹, steht da nicht Frollein«, hat der Mann in Blau geantwortet. Anna ist tief beschämt gewesen. Hätte er mal lieber nach einem Autogramm gefragt! Wenigstens hat er Frollein gesagt und nicht Fregatte.

Annas Koffer fahren noch immer auf dem Band herum – niemand hat sie genommen. Alles muss man selber tun! Die Kofferschilder mit »priority check in« will sie aufheben – die gibt's nur in der Business Class. Dahinten! An der elektronischen Schiebetür zur Ankunftshalle – da guckt doch einer! Anna spitzt den Mund. Bloß keine Blöße geben. Anna ist cool. Blinzelt unter ihrem breitkrempigen Hut. »Guckt der noch mal, der Typ von eben? (Wehe, nicht!) Huch, er guckt!« Anna dreht energisch den Kopf weg. Hat sie doch nicht nötig, so was von lästigen Fans. Schade. Das war gar kein Fan. Nur einer, der bass erstaunt ist. Über eine vollschlanke, attraktive Rothaarige mit einem langen Stück Toilettenpapier unter einem der hohen Absätze. Lautlos ist es hinter ihr her geschlängelt, den ganzen Weg vom Waschraum im Flugzeug bis zum Kofferband. Feuchter Boden in der Klozelle, Ersatzrollen stapelweise. Und davon hängt nun eine Viertelrolle an Annas schickem Schuh.

Anna wird blass, als sie den Fauxpas bemerkt. Kein Loch im Boden, in dem sie versinken kann. Wo ist die Anna, die immer so erfolgreich gewesen ist? Die perfekte Anna: Damals, da ist sie etwas wert gewesen. Wenn sie ihre Übungen mit straff gestrecktem Körper geturnt hatte, bis in die Fingerspitzen konzentriert, die roten Haare zu einem strengen Knoten gesteckt. Tizianrot. Was für eine Farbe! Und jetzt? Klopapier am Stiefel. Und diese Unsicherheit, die nur dann verschwindet, wenn sie bewundert wird.

»Erfolg ist nicht das, was du hast, sondern das, was du als solchen ansiehst«, bedächtig dreht Stephan ein Weinglas in den Händen. Stephan, Annas ehemaliger Trainer, dem sie gerade von ihrem peinlichen Auftritt am Flughafen erzählt hat. Wütend starrt Anna ihren ehemaligen Trainer an. So ein Klugscheißer. »Erfolg ist messbar, hast du immer gesagt. In Punkten«, grummelt Anna.

Stephan, weit über sechzig, er kennt seine kleine energische Rothaarige. Anna, die Erfolgsverwöhnte, die ihr Leben stets als einen Film erlebt hat. So, wie sie es in den amerikanischen Weihnachtsmovies gesehen hat. Dort schneit es immer im richtigen Augenblick, während die große Schar sich liebender Familienmitglieder wahlweise um den Truthahn oder den Tannenbaum herumsitzt. Feucht glänzende Augen bei der rüstigen Großmutter, zu ihren Füßen ein munterer, kleiner Terrier.

Alle erfolgreich, auch der Schwiegersohn. Keine Anzeichen, dass der jeweilige Ernährer der Familie schon hundert Riesen gezahlt hat, bevor er morgens zum ersten Mal ins Brötchen gebissen hat. Kein Platz für schwere Gedanken in der heilen Welt. Kein Platz für Sorgen darüber, dass das Haus auf Hypotheken gebaut ist, ein wackeliges Fundament, eine einzige Fehlkalkulation, eine unerwartete Sonderausgabe, und schon würde alles zusammenbrechen, bevor das Frühstück fertig ist. Alles Fassade, nur Anna hält sie für echt.

Stephan, der Trainer, hat Anna entdeckt. Sie gefördert, gemeinsam mit ihrer Mutter. Sein eigener Sohn, Harald, ist viel zu schnell gewachsen, zu schnell zu lang zum Turnen – schlechte Hebel. Trotz seines immensen Leistungswillens hat er am Reck gehangen wie ein Sack. Dann ist er beim Zehnkampf, später beim Triathlon gelandet, der Harald. Er hat kaum noch Kontakt zu seinem Vater. Schade. Aber Anna ist da, sie ist »sein Mädchen«, schon immer gewesen. Die Tochter, die er sich gewünscht hat. Trotz ihrer impulsiven Art. Oder gerade deshalb? Bedächtig nickt Stephan mit dem Kopf. Wie ein Wackeldackel, findet Anna.

»Mein Leben liegt nicht mehr vor mir wie eine endlos weite Fläche, auf der ich herumspringen kann, wie ich will«, sagt Stephan gerade. »Wenn ich einem hübschen jungen Mädchen hinterherschaue, bin ich ein Lustmolch, eine Frau in meinem Alter interessiert mich nicht – also bleibe ich lieber allein und passe ein bisschen auf dich auf – kleine Anna.«

Annas Augenbrauen sehen aus wie zwei Bögen eines Kirchenfensters. Die grüne Iris, ihr silbriger Lidschatten: Annas Blick erinnert Stephan an die Buntglasfenster im Dom. Volle Punktzahl für diesen Augenblick – ohne Abzug. Obwohl sie nur die perfekt gezupften Augenbrauen hebt. Dicke Tränen rollen über Annas Gesicht. Inszeniert – aber passend, findet Stephan.

»Du hast gut reden«, schluchzt Anna. »Du bist ein Kerl. Männer werden nicht hässlich. Aber ich. Darum guckt mich keiner mehr an. Wie auch, wenn ich keine Taille mehr habe. Und fang mir nicht mit inneren Werten an. Daran glaubst du selbst nicht, sonst hättest du eine Frau, die ebenso alt ist wie du.«

Annas Augen schweben über dem Rand ihres Weinglases, große runde körperlose Augen mit hohen Brauen. Die Tränen sind getrocknet. Bestimmt hat sie einen roten Oberlippenbart vom Wein. Aber das kann Stephan nicht sehen hinter dem Glas, das sie nicht absetzen will. Seit zwei Stunden hocken sie in dem Café, das an diesem Nachmittag überwiegend Mütter beherbergt, die sich mit anderen Mamis treffen bei einer Latte. Den Nachwuchs lässt man im Kinderwagen, man tauscht sich aus. Eine neue Art von Müttern, auch ganz anders angezogen, stellt Stephan fest. Jedes Mal, wenn sich eine von ihnen über ihren Buggy beugt, blitzt der Tanga aus den knappen Jeans heraus. Stephan lächelt.

»Was hast du als Nächstes vor?« Stephan schaut seine Anna an. Sie ist immer noch eingeschnappt. Sie antwortet nicht, legt die Serviette ordentlich auf den Tisch, reckt das Kinn nach vorn und stolziert aus dem Café. Natürlich ohne zu zahlen. Wenn irgendwo das pralle Leben wartet, wer gibt sich denn mit solchen Kleinigkeiten wie Rechnungen ab. Stephan natürlich. Und er tut es lächelnd. Anna hat dieses Rotweinbärtchen gehabt, das hat er noch gesehen, bevor sie gegangen ist.

Als Anna zu Hause ist, schaut sie das kurze Drehbuch an, das sie für diesen Zuckerschnitten-Werbespot erhalten hat. Warum gab es für ihr Leben nicht auch so eine Art Drehbuch? Anna würde gern wissen, welches Leben gelebt werden soll. Am besten eines wie in der Werbung.

Anna ruft ihre Mutter an. »Mutti.« Nur ein Wort sagt Anna am Telefon. Es ist mitten in der Nacht. »Kind.« Kommt es verschlafen zurück. Mutti, so hat man die Mama in der DDR gerufen. Mutti hat immer auf Anna geachtet, dass sie genug isst – auch wenn sie so viel turnt. Die Mutter hat multiple Sklerose. Die Medikamente scheinen anzuschlagen. Oder auch nicht. Die Forschung läuft auf Hochtouren, aber heilbar ist die Krankheit nicht. »Eines Morgens wachst du auf und kannst den Arm nicht bewegen. Oder das Bein«, so hat die Mutter die Krankheitsschübe erklärt. Schon jetzt ist Mutti oft müde, das Gehen fällt schwer. Eine Horrorvorstellung. Für Anna. Ihr hat ihr Körper immer gehorcht. Es geht der Mutter den Umständen entsprechend gut. »Komm vorbei«, sagt Mutti. Und legt auf.

»Es gibt keinen Gradmesser für Kummer, jeder fühlt sich gleich beschissen an«, sagt Mutti am nächsten Morgen, als Anna bei ihr beim Frühstück sitzt. Es ist nicht richtig, dass du mich tröstest«, sagt Anna. »Immer, wer gerade kann, ist dran. Dran mit dem Trösten«, sagt Mutti. Und drückt ihre Tochter, so fest sie noch kann.

»Ich habe angefangen zu malen«, sagt Mutti. »Das Leben könnte doch ein Bild sein, auf dem es schon ein paar Kleckse gibt. Die habe ich bislang wahllos draufgeklatscht. Einfach so – wer weiß, wozu die mal gut sind, dann hast du geturnt und damit eine gerade Linie durch meine Kleckse gezogen. Die Niederlagen, das sind die schwarzen Flecken auf der Leinwand. Dein undankbarer vierter Platz in Barcelona – ein schwarzes Loch in dem Bild. Und jetzt gibt es noch ein paar weiße Stellen. Die kann ich alle anmalen, so wie ich es will. Wie findest du die Idee?« Die Mutter schaut Anna an. Kirchenfensteraugen. Sie hat dieselben Brauen wie ihr Kind.

Am nächsten Tag kommt das Kamerateam. Das Drehbuch kennt Anna ja schon. Zuckerschnitte, die erste. Die Filmklappe fällt. Im Hintergrund steht noch ein Typ, der eine Reportage über Anna machen will. Auch fürs Fernsehen. »Was macht eigentlich …« – eine Sendung über Menschen, die mal wichtig gewesen sind. Anna. Wichtig. Wenigstens an diesem Tag.

Der Psychologe meint

Prominente haben es leicht. Könnte man meinen. Ihnen fliegt alles zu, sie sind reich, werden bewundert, müssen nirgends anstehen und kommen überall hinein. Umsonst. Das ist ungerecht. Und deswegen mögen wir Prominente nicht unbedingt. Nur wenige kennen einen Promi wirklich. Auch das ist ein Definitionsmerkmal für Promis. Diejenigen, die einen kennen, bemerken schnell, dass es den Menschentypus »Promi« gar nicht gibt. Da tritt die Funktion schnell hinter der Person zurück, und man begegnet einem Menschen, der in einer besonderen Situation lebt und arbeitet, aber ansonsten völlig unspektakulär ist. Mit Stärken und Schwächen, mit Verletzungen und Ängsten, mit Geschichten und Träumen. Ganz normal. Bis auf die Lebenssituation. Bis auf die Aufmerksamkeit. Ein Prominenter sagte einmal zu mir: »Früher wollte ich immer reich und berühmt werden. Heute wäre ich froh, wenn ich ›berühmt‹ zurückgeben könnte.« Man könnte sagen, das sei Jammern auf hohem Niveau, aber was ist das nicht, sobald man gesund ist, genug zu essen und ein Dach über dem Kopf hat? Wir jammern fast alle auf hohem Niveau. Und es ist wahrlich nicht einfach, mit einer Aufmerksamkeit umzugehen, die gleichermaßen verführerisch und abstoßend ist. Wir kennen das alle. Wir wissen, wie gut Beachtung tut. Wie schön es ist, wenn nach einer Präsentation etwa die Zuhörer klatschen. Wenn man sich nach uns umdreht in der Kneipe und anerkennend lächelt. Wenn auf einer Party Menschen das Gespräch mit uns suchen. Aufmerksamkeit tut so gut. Und dann auch wieder nicht. Wenn der Nachbar uns wieder eine Notiz an die Tür geheftet hat, weil wir den Müll in die falsche Tonne geworfen haben. Wenn wir Erfolg hatten und andere uns mit Neid begegnen. Wenn sie nur darauf warten, dass wir straucheln, dass wir Fehltritte begehen, dass etwas schiefgeht. Wer berühmt ist, hat meist Angst. Davor, dass die Leichen im Keller, die man so in seinem Leben angesammelt hat, in die Öffentlichkeit gezerrt und zerfleddert werden. Mit Genuss. Wie viele Menschen hatten schon in Besenkammern außerehelichen Geschlechtsverkehr – und wie viele wurden wochenlang durch die Presse gehetzt? Wer hat nicht schon mal bei der Steuer geschummelt, mehr Kilometer angegeben, als er wirklich gefahren ist? Wer hat nicht schon einmal gelogen, gestohlen oder sonst irgendwie seinen eigenen Vorteil gesucht? Wer berühmt ist, ist nicht besser. Aber öffentlicher. Und wir lieben den Pranger. Auch heute noch. Prominente haben es nicht leicht. Sie werden beobachtet. Ständig. Und sie werden bewundert. Es ist schwer zu unterscheiden, ob ein Lob ehrlich ist oder nur Honig um den berühmten Mund gestrichen wird. Prominente flüchten sich oft in generelles Misstrauen und haben ungeheure Angst vor Verletzung. Beziehungen fallen ihnen auch deshalb schwerer als Nicht-Prominenten. Viel stärker als bei ihnen schwingt die Frage mit: Bin ich es, der geliebt wird, oder mein Promistatus, mein Geld, mein Ruhm? Und irgendwann lässt dann noch die Popularität nach. Es genügen schon ein paar Monate Schaffenspause, damit man weg vom Fenster ist. Und weil Aufmerksamkeit wie eine Droge wirkt, die wir inhalieren, sobald wir ihrer habhaft werden können, erleben wir bei ihrem Entzug die schlimmsten Symptome. So wie Anna.

Aufmerksamkeit ist durchaus lebenswichtig. Der Psychologe Maslow zählte sie als Bestandteil »sozialer Bedürfnisse« zu den Grundbedürfnissen des Menschen. Ohne die kein Wachstum stattfindet. Ohne Aufmerksamkeit gedeihen wir nicht oder nur schlecht. Das gilt allerdings nur für die positive Seite der Aufmerksamkeit – auch Liebe, Zuneigung oder Wohlwollen genannt. Die negative Seite (Big Brother is watching you) macht klein und krank. So fühlt sich Anna logischerweise nach ihrem Entzug weniger wert. Und sie hat mit einem weiteren Phänomen zu kämpfen: Offenbar hat ihr irgendein Blödmann beigebracht, dass sie nur dann wertvoll ist, wenn sie gewinnt. Ihr Selbstwertgefühl ist eng verbunden mit Leistung. Solche Blödmänner oder -frauen haben viele Menschen im Leben. Oft die eigenen Eltern. Die es auch nicht besser wussten und einfach nur ein Lebensrezept weitergeben wollten, das sie ja auch schon von anderen gelernt hatten. Im besten Wissen und Gewissen. Aber manchmal ist »gut gemeint« das Gegenteil von »gut«. Das Problem bei der Sache ist, dass man nicht immer gewinnen kann, dass man nicht immer leistungsfähig ist. Menschen, die wie Anna ihren Selbstwert über Aufmerksamkeit und Leistung beziehen, haben in solchen Situationen gelitten. Und sie leiden stark unter ihren eigenen Grenzen. Der einzige Ausweg ist, eine neue Botschaft zu verinnerlichen. Eine, die Selbstwert von Leistung entkoppelt. Eine Botschaft, die heißen kann: »Ich bin geliebt und wertvoll *vor* aller Leistung und *trotz* aller Schwäche.« Aber das kann man nicht in einem Buch lesen. Das muss man glaubwürdig versichert bekommen. Deshalb kann man Anna nur raten, sich mit Menschen zu umgeben, die aus dieser Überzeugung heraus leben und sie genauso annehmen. Und die sie lehren, sich so zu lieben, wie sie ist.

Vielleicht muss Anna aber auch nur deshalb so besonders sein, damit sie da sein darf. Es gibt Menschen, die haben das Gefühl, dass sie verschwinden, wenn sie nicht auffallen. Sie kleiden sich ausgefallen und oft bunt, eigenen sich Verhaltensweisen an, die ungewöhnlich sind, treten oft laut und Raum nehmend auf oder lassen immer gerne ins Gespräch einfließen, wen sie alles kennen und was sie alles können. Über ihnen blinkt ein imaginäres Neonschild mit der Aufschrift: »Ich bin anders.« Im Grunde ist das aber auch nur die Verlängerung des Leistungs- und Aufmerksamkeitsthemas. Für solche Menschen gibt es nichts Erleichternderes, als endlich aufhören zu dürfen, sich ihre Existenzberechtigung verdienen zu müssen. Noch weiß Anna nicht, welche Auswege es gibt aus ihrer Sackgasse. Sie steht noch ganz am Anfang. Sie spürt das Leid des Entzugs. Sie sucht Hilfe beim Trainer. Bei der Mutter. Und sie beginnt, sich zu fragen, wohin es gehen soll. Die nächste Phase ist Unsicherheit und Orientierungslosigkeit, dann langsame Lichtung. So funktioniert die Seele, wenn vertraute Muster ausgedient haben. Das tut oft weh und ist unangenehm, aber am Ende öffnet sich eine neue Richtung. Unser jetziges Leiden ist Vorbote des neuen Weges. Wenn alles gut läuft. Aber davon wollen wir immer ausgehen.

Älter werden hilft,

… wenn Annas Perfektionismus nicht in starrsinniges und unnachgiebiges Verhalten führt, sondern sie weicher werden lässt, so dass sie nicht nur sanft auftreten, sondern auch sanfter mit sich selbst werden kann, besonders in Fragen der Moral. Die Welt geht nicht unter, nur weil man Klopapier am Absatz kleben hat. Anna macht oft die Erfahrung, dass es ihr hilft, ihre Fehler einzusehen und eine realistischere Sichtweise zu gewinnen, wenn sie ihre Vision mit jemandem teilt, dem sie vertraut. So wie es ihre Mutter vormacht. Sie beginnt zu malen und entwickelt damit ein visionäres Element einer Zukunftsgestaltung.

Menschen wie Anna sind mit ihrer Konzentrationsfähigkeit und ihrer festen Entschlossenheit oft außerordentlich produktiv. Schön, wenn sich das im Alter fortsetzt. Sie setzen sich gern Ziele und arbeiten unermüdlich, um sie zu erreichen. Aber manchmal haben sie vor lauter Ungeduld und Hast, zu einem Abschluss zu kommen, keine rechte Freude an ihrer Arbeit und verlieren vor lauter Besorgtheit über die Realisierung ihrer Vision die Fähigkeit, spontan zu handeln. Die Entdeckung der Langsamkeit ist für Menschen wie Anna im Alter besonders wichtig – gut wenn sie ihr Körper darauf hinweist, dass der Spagat nicht mehr geht und auch gar nicht nötig ist, um es sich und anderen zu beweisen. Vielleicht kommt Anna auf die Idee, ihren Sport zu unterstützen, Fundraising zu betreiben, oder sie entschließt sich, adipöse Kinder an Sport und Bewegung heranzuführen. Warum nicht? Sie kennt den Zusammenhang zwischen Leistung und Selbstwertgefühl, weiß um die fatale Wirkung, wenn man sich nur dem Prinzip Leistung verschreibt. Ihre fürsorgliche Art in den Dienst einer guten Sache zu stellen bringt ihr auch die Aufmerksamkeit, die sie so belebt, und hat in diesem Fall eine reifere Form der Außendarstellung erreicht. Nicht ihr perfektes Zahnpasta-Lächeln verdient den Applaus, sondern sie selbst. Anna wird wichtig – für die anderen, für sich. Und das kann in ihrem Fall heißen, sie wird gebraucht, weil man sie liebt. Statt sie zu lieben, weil man sie braucht (nach Erich Fromm).

Harald auf dem Jakobsweg

Handelt von Funktionswäsche, Oliven im Mund, einem Pilgerweg im Elferschnitt und von dem Drachen, den Siegfried getötet hat.

Es muss so manche Tage im Leben von Harald gegeben haben, die fingen an, als sei das Leben ein Werbespot: Die Sonne geht auf über dem grauen Asphaltband, eine Straße, die in die hügelige Mittelgebirgslandschaft führt. Seine Frau lässt das Seitenfenster des Begleitfahrzeugs nach unten gleiten, reicht ihm eine streng isotonische Apfelschorle an. Harald sitzt auf dem aerodynamisch geformten Rennrad mit Doppelschlupf-Muffen. Sie fragt: »Du, Harald was machst du heute?« Und Harald, auf dessen geschwungener Oberlippe malerisch ein paar Schweißtröpfchen glitzern, antwortet: »Oh, ich gehe einen Wettkampf gewinnen.«

Und so läuft der Spot weiter. Niemand kann ihn stoppen, den Siegertypen. Widerstände sind Herausforderungen. Kurze Verzögerungen auf dem Weg zum Ziel. »Alles ist trainierbar«, denkt Harald. »Das Leben erst recht.«

Wirklich? Harald ist frustriert. Natürlich hat er eine Frau. 1,7 Kinder. Eine Affäre. 2,3 pro Jahr. Im Schnitt. Die Haare sind raspelkurz, das ist praktisch. Wenn man so oft duschen muss. Nach dem Sport ist vor dem Sport. Das Leben ist eine Erfolgsspur, die Harald selbst gezogen hat. Leistung zählt. Und Müdigkeit? Ist eine Haltungsschwäche. Findet Harald.

Er geht immer ein bisschen O-beinig, weil das besonders kraftvoll wirkt. Und seine Potenz braucht so viel Platz, dass er die muskulösen Beine kaum zusammenbekommt. Bisher war er gut. Weil er Entschlusskraft besitzt, Energie und Durchhaltevermögen. Er ist innovativ, er ist der Erste, der Stützstrümpfe trägt, wenn er glaubt, dass er damit schneller läuft. Er kann sich auf Details aus dem Training konzentrieren und dann die richtigen Schlüsse ziehen für den Wettkampf. Doch Harald gewinnt schon lange nicht mehr. Auch wenn er trainiert wie ein Ochse und eigentlich alles richtig macht. In seiner Altersklasse, M 40, klappt es noch, aber die jungen Hüpfer, die schwimmen, radeln, laufen ihm davon. Einfach so.

Harald sitzt immer noch auf dem Rad. Achtzig Kilometer hat er schon. Fehlen noch einhundertzwanzig für heute. Bis zu dem kleinen Dorf. Seine Frau fährt mit. Im Auto. Ersatzschlauch, High-Performance-Calcium-Präparat im Anschlag, Funktionswäsche mit Rippslip-Bündchen und doppelt atmungsaktiver Faserzone im Achselbereich zum Wechseln. Wie ein gehetzter Hase saust Harald hinter dem Begleitfahrzeug her. Sie hätte auch eine Karotte aus dem Fenster hängen können.

Harald denkt an Tina. Nein, nicht seine Frau. Die heißt Susi. Sie, die Tina, hat ihn gestern nach dem Sex und vor der Sauna gefragt: »Ist das alles gewesen?« Harald ist verwirrt. Wie, was alles? »Na, vom Leben«, sagte Tina, »du gewinnst nicht mehr. Und du weißt es auch. Sportler sein geht nicht ewig.« Harald weiß nicht, was er mit der zweiten Lebenshälfte beginnen will. Abtrainieren? Sein Sportlerherz auf Normalmaß reduzieren und nur noch zugucken, wie die Jüngeren an ihm vorbeiziehen? Während er nur noch in der Altersklasse M 50, M 60, M 70 gelegentlich gewinnt? Und dann? Geht der Deckel zu. Harald liegt vielleicht als Erster drin. So nicht! Nicht mit Harald. Er hebt sich aus dem ultraleichten Rennsattel mit Potenzpolster, tritt fest in die Pedale, geht in den Wiegetritt und bolzt den

Berg hoch, als ginge es um sein Leben. Und genau darum geht es auch. Schluss mit lustig. Was nun?

Harald denkt an Markus, seinen Schulfreund, etwas älter als er. »Der ist jetzt noch mal Vater geworden, der alte Sack.« Obwohl seine Tochter schon Mitte zwanzig ist. Und selbst schon Mutter. Das neue Baby habe sein Leben umgekrempelt, sagt Markus. Vielleicht hält es Markus nur vom Nachdenken darüber ab, was bisher auf den nun nach innen gekrempelten Seiten des Lebens stattgefunden hat. »Nichts für ungut, Markus«, grummelt Harald in seine Funktionswäsche. »Aber dass du mal so ein Spießer wirst, wenn du schon nie Sportler warst …«

Harald sagt nie, dass er etwas nicht schafft, weil er es eben doch schafft. Harald sagt auch nie Nein. Nein sagen heißt: etwas nicht schaffen. Ein Loser sein, findet Harald. Und der ultimative Kick – der kommt auch nur, wenn man an seine Grenzen geht. Ja sagen zur Leistung, Ja sagen zur extremen Anstrengung, die man schafft, weil man besser ist. Besser als alle anderen! Unverletzbar, wie Siegfried. Der hat es doch auch gegen so einen ollen Drachen geschafft. Anderen Menschen ist der Harald manchmal unheimlich. »Wie der sich anstrengt«, sagen die Leute. »Das könnte ich nie!« Neben Harald spüren manche ihr eigenes Ungenügen. Das gefällt Harald. Was hat seine Tina neulich gesagt? »Schwache Männer wollen starke Frauen, weil sie damit ihre eigene Stärke aufbauen. Später, wenn sie sich stark genug fühlen, muss die starke Frau weg. Weil sie zu einer Bedrohung wird. Für den Mann.« Das ist Harald zu kompliziert gewesen. Da hat er Tina einfach mal auflaufen lassen. Eine Woche gar nichts mehr gesagt. Damit sie weiß, wie stark er ist.

Gedankenverloren fährt Harald seine Trainingsrunde zu Ende. Duscht. Heute Abend gibt's Hartweizennudeln. Wie so oft.

»Essen muss kein Genuss sein«, findet Harald. Carbo loading – das Nachladen von Kohlenhydraten ist angesagt. Harald und seine Frau ziehen ihre Vliesjacken über, schlurfen zum Spanier um die Ecke. Es ist wie immer. Kurzes Schulterklopfen mit Kai, Jens, Uwe – man kennt sich. Lautes »Hahaha«, kraftvolles Abschlagen der Handinnenflächen: »Gimme five! Hoho.« Kurzes Verkeilen der überdimensionalen Sportleruhren, der Chronometer, die man auch außerhalb des Trainings trägt, weil sie einem auch bei null Meter über N.N. zuverlässig anzeigen, in welchem Verhältnis Atemzugvolumen, Sauerstoffaufnahme und respiratorisches Verhalten unter Abgabe von Kohlendioxid stehen, was wiederum Rückschlüsse auf den nanosekundengenauen Trainingszustand zulässt. Verglichen mit dem Zustand fünf Sekunden zuvor.

Dann ein alkoholfreies Weizen beim Spanier unter diesem komischen Heiligenbildchen mit den Muscheln, das die Maria, die Wirtin, da hingehängt hat. Komische Frau. Aber irgendwie interessant. Langeweile gibt es nicht für Maria, sie strahlt Ruhe aus. Harald versucht das auch, gibt sich irre entspannt. In Wahrheit sind seine Pausen zwischen den Trainingseinheiten nicht mehr als aktive Regeneration. Harald starrt ins Leere. Um ihn herum Gesprächsfetzen: »Kraichgau Mitteldistanz, voll gelost … muss unbedingt die Umfänge erhöhen. Kannste übrigens knicken, das neue Powergel … Cola mit Aspirin – immer noch das Beste.« Harald will das alles nicht mehr. Er will was anderes tun. Sein Blick fällt schon wieder auf das Heiligenbild. Die Muschel, den Pilgerstab.

Und dann macht es plötzlich klick. Harald ist ganz aufgeregt. Ruft Maria. Fragt sie: »Kann man bei diesem Pilgern auch der Beste sein? Und wie lange braucht man für so einen Weg?«

Maria kennt sich aus. Empfiehlt Harald, sich einer Gruppe anzuschließen: Start egal. Ziel Santiago de Compostela. Harald ist verwirrt. Start: egal? Ziel: definiert? Wie soll man sich mit der Konkurrenz vergleichen? Und wie lange braucht man für die Aktion? »Sechs Wochen sind gut«, sagt Maria, »damit du zu dir selbst findest.« »Hä?« Harald versteht es nicht, aber es klingt gut. Nur mit den sechs Wochen kommt er nicht klar. Die Pilger gehen zwanzig Kilometer in der Gruppe am Tag. Das läuft er, Harald, in weit weniger als zwei Stunden. Locker! Aber dann ist er doch viel zu früh da.

Am nächsten Tag sitzt Harald im Reisebüro. Wenn er was will, dann gleich. »Dem Leben einen Sinn geben«, steht auf der Agenda. »Gute Idee«, findet auch seine Frau. »Sechs Wochen Ruhe, statt sein Begleitfahrzeug, Flaschenhalter oder Ufermäuschen zu sein. Genial!«

Und dann ist es so weit. Harald hat einen knorrigen Stock in der Hand. Pilgerstäbe, verteilt vom Gruppenleiter. Ein Carbon-light-weight-Stock aus der Power-Walking-Szene wäre besser. Findet Harald. Am ersten Tag regnet es. Wie Vogelscheuchen stehen sie herum, seine Mitreisenden – in billigen, bunten Ponchos, mit merkwürdigen Hüten auf dem Kopf. Einer hat einen Südwester auf dem Kopf. Harald hatte gedacht, die seien ausgestorben. Samt Friesennerz. Muss man so aussehen? Wanderschuhe statt HPCRS, also High-Performance-Cross-Running-Schuhe mit double shock absorber.

»Kein Wunder, dass die nix schaffen am Tag!«, denkt Harald. »Mit dem Outfit ist so was Sport unter erschwerten Bedingungen.« Egal. Er macht jetzt mit. Das hat er sich vorgenommen, das zieht er durch.

Die Frauen sehen unförmig aus. Keine Gazellen dabei, wie im letzten Laufcamp. Na ja. »Man ist ja nicht zum Vergnügen hier.« Denkt Harald. Oder doch? Anfangs spricht Harald kein Wort. Mit niemandem. Mal ehrlich, worüber soll er denn mit denen auch reden. Die wissen doch noch nicht mal, was der Unterschied von Puls und Herzschlag ist. Und stellen sich das Herz als einsame Gegend vor.

Als sie ihr erstes Nachtlager aufschlagen, in so einer französischen Bude, hat Harald sein erstes peinliches Erlebnis schon hinter sich. Er hat im »Hotel de Ville« einchecken wollen, bis ihn dieser Mitwanderer und Unsympath, Typ Oberstudienrat, aufgeklärt hat.

»Hotel de Ville heißt Rathaus, junger Mann.«

»Ich bin fast vierzig!«, hat Harald geknurrt. Und gedacht: »Nimm erst mal die Pelzmütze aus dem Gesicht, bevor du mit mir sprichst!« Harald hatte Lehrer noch nie gemocht. Und Bärte schon gar nicht. Jedenfalls ist er dann noch eine große Runde gejoggt. Sonst lohnt das Duschen ja nicht.

Am nächsten Tag quatscht ihn Herr Oberstudienrat a.D. tatsächlich wieder an. Erzählt ihm was von inneren Zwängen. »Hast du die?«, fragt er Harald. Und faselt einfach weiter: Von eigenen Soll- und Muss- und Ideal-Vorstellungen. Harald ist irritiert. Aber am Ende interessiert. »Ist dein Kopf nur ein Knopf, an den du die Medaillen hängst?«, fragt ihn der Dr. Oberschlau. Harald muss nachdenken. Und kommt dann selbst auf die Idee: »Ein Kopf ist dazu da, dass man ihn in verschiedene Richtungen drehen kann.« Das hat er irgendwann mal so ähnlich gelesen, und jetzt macht es Sinn.

»Gute Idee!« Ruft ihm dieser Oberschlau noch zu und macht sich dann über Oliven und Ziegenkäse her. »Nicht genügend Kohlenhydrate«, denkt Harald noch. Aber dann langt er auch mit Freude zu. Harald hat seinen Körper immer als gut geölte Maschine betrachtet, nun spürt er den weichen Ziegenkäse auf der Zunge, das Kratzen des Baguettes an den Lippen, die feuchte Kühle der Olive im Mund. »Die muss ich zu Hause auch mal essen«, nimmt sich Harald vor und weiß schon jetzt,

dass sie wahrscheinlich nur hier so schmecken: so prall und kühl und rund.

Harald lernt jeden Tag Neues. Auch wenn ihm das Gezockel in der Gruppe, gelinde gesagt, auf die Eier geht. Er hat im Kopf schon die Trainingsvariablen erfasst, Steigungen in Promille ausgedrückt und passende Lauftechniken überlegt. Den letzten kleinen Berg, den hätte man auch im Kniehebelauf geschafft. Aber das macht Harald hier nicht. Harald entdeckt die Landschaft. Tag für Tag. Teilt sie nicht zwangsläufig in Trainingsetappen ein. Es geht ihm gut. Er ist zufrieden mit sich. Gestern hat er sogar gesummt. Okay, es war die Nationalhymne, die kennt er vom Sport. Und er ist verliebt. Ausgerechnet in eine katholische Pastoralreferentin, eine Französin, die in Köln studiert hat. Sie pilgert so schön. Ungeschminkt. Fast unsportlich sieht sie aus. Und Sex – das darf die nicht. Oder doch? Aber sie hat ihn »Arald« genannt. Und so süß die kirschroten Lippen gespitzt. Nein, das ist überhaupt nicht kitschig. Und Harald hat sich bestimmt nicht verrannt.

Der Psychologe meint

Es gibt Kriegerseelen. Die tiefenpsychologische Analyse kennt den »Archetypen des Helden«. Der Held Siegfried steht als Sinnbild für das in uns, was kämpfen will. Oder muss. Nur, was weh tut, ist gut. Menschen, die vor allem Krieger sind, brauchen das Gefühl des Schmerzes. Sonst meinen sie nichts geleistet zu haben. Sie müssen sich beweisen, dass sie sich selbst überwinden können, mindestens Marathon laufen, Krankheiten ignorieren, auf Narkose verzichten oder morgens als Erster im Büro sein und abends als Letzter gehen. Hängematten sind für Krieger Folterwerkzeug. Genuss fällt ihnen schwer. Besser gesagt: Sie definieren ihn anders. Er hat selten mit Ruhe oder Entspannung zu tun. Eher mit Intensität und Grenzerfahrung. Genossen wird nur, was eine Funktion hat: Essen ist Aufnahme von Kohlenhydraten. Der Körper ist eine Maschine, die geölt werden muss. Etwas um des reinen Genusses willen zu tun, ist völlig außer Frage. Helden verachten jeden, der »sich hängen lässt«, alles was nach Schwäche riecht oder Faulheit. Harald verachtet Markus, weil er einen vermeintlich entspannteren Lebensweg geht, sich nicht selbst so knechtet, »wie es sein muss«. Er nennt das »spießig«. Krieger müssen viel und wollen wenig. Wie Siegfried können solche Persönlichkeiten die Rüstung nie ablegen. Sie weigern sich, ihre verwundbare Stelle anzuerkennen. Ein gefährlicher Fehler, denn so schützen sie sich auch nicht. Und sie werden nicht selten von hinten gefällt. Wie Siegfried. Das persönliche Mantra des Helden ist: »Wo ein Wille ist, ist auch ein Weg.« Oder, wie Harald es ausdrückt: »Alles ist trainierbar.« Eine fatale Illusion, der sich ein Krieger nur zu gerne hingibt. Und plötzlich kommt – wie Hagens Speer – von hinten und ohne Vorwarnung: das Alter. Der Frust. Die Depression. Die Angst. Und zum ersten Mal erlebt der Held, dass da kein Weg ist, wo ein Wille ist. Alles Wollen hilft nicht. Alles Zusammenreißen, alles Trainieren. Das Loch hat sich aufgetan, und trotz aller Anstrengung fällt man tiefer und tiefer. Der Held ist machtlos. Eine furchtbare Situation für Krieger.

Eine erste Gegenreaktion wird die Verstärkung des Problems sein: Es wird noch willensstärker agiert. Harald trainiert noch härter. Nun ist das aber nichts Neues. Es wird lediglich das bisherige Erfolgsrezept verstärkt. Das Pferd geritten, bis es tot ist. Mausetot. Und der Held sitzt immer noch darauf und gibt ihm die Sporen. Er wird zwanghaft und verbissen. Das ist der Moment kurz vor dem Zusammenbruch. Kurz vor der Realisierung, dass durch Perfektionismus und Kampf nicht alle

Probleme im Leben zu lösen sind. Und wenn der Kämpfer ganz am Ende nicht mehr den Schwertarm heben, auf dem Meer des Lebens nicht mehr navigieren kann und kurz vor dem Versinken im Ozean der Ohnmacht ist, dann hat er die größte Chance seines Lebens: Er kann aufhören. Zu kämpfen. Der Krieger muss an einen Punkt kommen, an dem er einfach keine Kraft mehr hat. Freiwillig hört er niemals auf. Das kann keine rationale Entscheidung sein, sondern nur eine emotionale. Wenn alles gut läuft, erlebt der vollkommen erschöpfte und kraftlose Kämpfer an diesem Punkt der Aufgabe, dass er nicht – wie angenommen – verschwindet, sondern immer noch da ist. Ohne kämpfen zu müssen. Und dass er vielleicht für sein Umfeld auf einmal sehr viel sympathischer und emotional verfügbarer ist. Und er erkennt, dass es das ist, was er immer meinte sich erkämpfen zu müssen: Anerkennung und Liebe. Und er kann es sein lassen. Mehr und mehr. Der Anfangspunkt zum Seinlassen ist zunächst immer ein undefiniertes Gefühl. Vielleicht Unzufriedenheit, Orientierungslosigkeit. Ohne zu erkennen, warum, entdeckt Harald das Pilgern. Aus psychologischer Sicht heißt das: »Die Seele sucht sich, was ihr guttut. Und zwar schon lange bevor das Bewusstsein verstanden hat, was überhaupt abläuft.« Die Pilger sind Haralds Gegenentwurf. Eine unbewusste innere Sehnsucht ist entstanden, sein Warum bleibt noch ohne Antwort. So ist das, wenn sich Wendungen vollziehen.

Älter werden hilft,

… wenn man zu der Einsicht kommt, dass die Gegner, die man bekämpft, eigentlich in einem selbst sind. Es wundert nicht, dass Harald an Siegfried denkt – möglicherweise die einzige literarische Figur, die ihm zwischen all den Trainingsplänen und -zielen in seinem Kopf im Gedächtnis bleibt. Wie der Held der Nibelungen hat auch Harald einen Schwachpunkt. Seine abnehmende Leistungsfähigkeit. Sie wird spürbar, mit jedem verpassten Sieg. Er, der Größte, muss sich immer öfter geschlagen geben. Der Beste in seiner Altersklasse, aber nicht mehr der Beste vor sich selbst. Er muss sich den eigenen Ansprüchen geschlagen geben, die sich durch seine Erfolge zu ungeheurer Größe aufgeblasen haben. Einmal hineingestochen, fallen sie in sich zusammen: der Drache wird zum Wurm. Harald erkennt, dass er sich selbst den größten Stress macht. Und damit erscheint der Silberstreif am Horizont: zuerst nur eine Idee, die er – ein Mann, ein Wort – schnellstens umsetzt. Pilgern! Auf den ersten Blick verrückt für einen Mann wie Harald. Doch seine Seele zeigt ihm den Weg. Und langsam dämmert es dem Bewusstsein. Dr. Oberschlau hilft ebenso bei der Erleuchtung wie die geistliche Pastoralreferentin. Symbolisch: Soldat trifft auf Priesterin. Der Zwang ist auf seine Lösung getroffen. Es hat sich etwas bereitgemacht und wird sich Bahn brechen – denn eine Seele kann sich nicht zurückentwickeln. Gott sei Dank.

Markus wird Opapa

Handelt von einer Sandkastenliebe, einer Tante, die nicht mit ihrem Neffen spielen will, und dem Untergang von Leonardo DiCaprio.

»Leo! Leeeo! Nicht die Lena hauen, Leo!« Markus wirft mahnende Blicke von der Bank in den Sandkasten zu den beiden Zweijährigen. »Meins«, sagt Lena und zerrt an dem gelben Sandkipper. »NEEIIIN!« brüllt Leo, umklammert ebenfalls den Laster. In der anderen Hand hält er seine blaue Schaufel und drischt damit auf Lena ein. Trifft sie erst nicht, dann aber doch. Mitten auf den Kopf. Lenas Augen weiten sich erschrocken. Ihr kleiner, dreckiger Mund klappt auf. Ihre Schultern heben sich unter den Trägern der Matsch-und-Buddel-Hose. Und da ist er: der Schrei. Langgezogen, klagend und vor allem laut. »PAPAAAAAAA ... !« Markus stöhnt, legt die Zeitung beiseite und steht ächzend auf. »Ist gut, Lena, ich komme ja schon.« Markus geht vor den Kindern mühsam in die Hocke. Mit einer Hand bändigt er Leo, der nun an seinem ausgestreckten Arm zappelt. Mit der anderen streicht er Lena über den Kopf. Markus beißt die Zähne zusammen. Er weiß nicht, was im Moment mehr weh tut: die Arthrose im rechten Knie oder Leos Sandschaufel an der linken Schläfe. Markus murmelt zu Lena ein »Nichts passiert«. Pustet dreimal auf die Stelle, wo Leo sie getroffen hat. Sich selbst reibt er die Schläfe und fegt den Sand vom Kragen.

»Leo, sage bitte Entschuldigung zu Lena.« Leo schmollt. »Leo!« Markus droht mit dem Finger. Wie er das hasst. Aber es wirkt.

»Tschugulung«, grummelt Leo und lässt sich beleidigt in den Sand plumpsen.

»Kommt, ihr zwei, wir machen einen Kompromiss«, schlägt Markus vor. »Leo lädt den Laster voll und fährt ihn zu Lena rüber.« Markus nimmt eine Schaufel voll Sand und macht es vor. Dann lockert er seine Lippen. Imitiert das Geräusch eines Verbrennungsmotors. Den Kipper lässt er leicht an Lenas Knie stoßen. Die Kleine kichert: »Hihi, auts.«

»Und jetzt bist du dran.« Lena kippt den Sand aus und lädt neuen auf. Na also, geht doch – denkt sich Markus. Kipperfahren in Teilzeitschichten. Wie in seiner Baufirma. Hat er ausgehandelt als Betriebsrat. Ächzend stemmt er sich hoch und setzt sich an den Rand.

»Sind das Zwillinge?«

Markus wendet den Kopf. Noch etwas benommen. Doch da geht urplötzlich und wundersam die Sonne für Markus auf. Alle Mühsal ist augenblicklich vergessen. Denn zwei schwarze Kulleraugen blicken ihn an. Umrahmt von schweren, braunen Locken. Dazwischen eine gerade, elegante Nase. Und darunter ein Paar volle Lippen, die ihn anlächeln. Ganz der Typ Frau, bei dem Markus schwach wird.

»Was? Äh, nein, nein«, stammelt er, »keine Zwillinge.«

»Aber verwandt, oder? Die sehen sich ja schon irgendwie ähnlich.«

»Jaja … genau. Die verstehen sich auch prima.«

Leo wirft Lena eine Handvoll Sand ins Gesicht.

»Meistens«, fügt Markus hinzu.

Lena steht auf und backt einen niedlichen Sandkuchen. Auf Leos Kopf. Aber Markus sieht das nicht. Der definiert gerade den Begriff »Sandkastenliebe« neu.

»Ist schon praktisch, so ein Opa«, meint diese.

Markus hat kurz erwogen die Verwandtschaftsbeziehungen von Leo und Lena näher zu erläutern. Da gellt ein kurzer, scharfer Schrei herüber vom anderen Ufer des Sandkastens.

»LEO!« Eine Frau, Mitte zwanzig, hechtet über eine Bank

mit wehenden Haaren und Rucksack. Springt mit drei großen Sätzen heran. Hinterlässt tiefe Krater, wo sie hintritt. Knallt den Rucksack meteoritengleich neben die Kinder und packt in allerletzter Sekunde Leos Arm, der gerade weit ausholt. In der Hand den gelben Kipper.

»Mensch, Papa! Wo hast du wieder deine Augen!«

»'tschuldige, Anja. Die sind so schnell, die Kleinen.«

»Außerdem könntest du deiner Tochter mal die Nase putzen.«

Anja wartet aber nicht, bis Markus das tut, sondern wischt selbst das gelb-braune Gemisch aus Rotz und Sand von Lenas Wange.

»Ach, die Kleine ist Ihre Tochter?« Das junge Lockengesicht neben Markus hat jetzt eine steile Falte auf der Stirn. Außerdem steht der Mund offen. Zusammen sieht das etwas dämlich aus. Zumindest überfordert. Und dafür hat Markus Verständnis. Ihn überfordert die Situation auch immer wieder.

»Nein, nein. Ja«, stammelt er. »Die kleine Lena ist meine Tochter. Und das … ist meine große Tochter.« Er deutet auf Anja. Die gerade versucht, Leo den Sandkuchen aus den Haaren zu schütteln.

»Und der Dreckspatz hier ist meiner«, ruft Anja herüber. Und zu Leo mit einem Singsang, der Ironie erkennen lässt: »Schön mit Tante Lena spielen! Sonst enterbt sie dich.«

Markus weiß nicht, wo er hinschauen soll. Verlegen lächelt er die Gelockte neben sich an. Die nickt irritiert und ist offensichtlich noch dabei, eins und eins zusammenzuzählen. Warum muss Anja aber auch solche Spitzen austeilen? Vor allen Leuten. Jetzt setzt sie sich auch noch auf die andere Seite neben ihm. Täschelt seine Schulter. Gespielt wohlmeinend. Und grinst über ihn hinweg die fremde, junge Frau süffisant an: »Tja, manchmal bringt ein zweiter Frühling Früchte. Nicht wahr, Paps?«

Ein paar peinliche Minuten später ist die Frau verschwunden. Markus sieht Anja vorwurfsvoll an.

»Was?«, fragt sie. »Weil ich dir die Kulleraugen-Tussi vergrault habe? Hey, Papa! Die braucht keinen Opi. Allerhöchstens einen Babysitter.«

»Du weißt doch gar nicht, ob die ein Kind hat?«

»Nee, ist klar, Papa.« Anja wühlt in ihrem Rucksack. »Die kommt nur auf den Spielplatz, weil sie auf angegraute Herren steht wie dich.«

»Darf ich jetzt keine Frau mehr anschauen, nur weil ich ein kleines Kind habe?«

»Ach, Papa. Wie oft haben wir das schon diskutiert?« Anja zieht eine riesige Plastikdose aus dem Rucksack und schaut ihren Vater an. Halb tadelnd, halb mitleidig. »Was willst du? Den Rekord im Patchworken aufstellen?«

Markus runzelt die Stirn. Er versteht nicht.

»Mir ist das völlig gleich, mit wie vielen Frauen du flirtest. Aber wie wär's denn mal mit einer Gleichaltrigen? Oder wenigstens einer, die das gebärfähige Alter hinter sich hat? Magst du eine?«

»Was?! Eine Gebärfähige?«, Markus bemerkt die Banane, die Anja ihm hinhält. Er nimmt sie dankbar. Mit vollem Mund muss er wenigstens nicht antworten.

»Hey, ihr Zwerge! Es gibt Bananen!« Lena und Leo wälzen sich aus dem Sand und laufen mit strahlenden Gesichtern auf Anja zu. Zwei Hände grapschen nach den Früchten und stopfen so viel in die Münder, dass die beiden sie beinahe nicht mehr zubekommen. Da zeigt Lena mit der freien Hand auf Markus und quetscht aus ihrem vollen Mund hervor:

»Papa auch Nane.«

»Ja, Papa isst auch eine Banane.«

»Alle essen wir eine Banane«, ruft Anja.

Familie Banane, denkt sich Markus. Alle sehen sie gleich aus. Aber irgendwie krumm.

Den Tag, als Markus von Sabine erfahren hatte, dass sie schwanger war, wird er nie vergessen. Damals war er neunundvierzig. Sie fünfunddreißig. Seit drei Jahren waren sie zusammen, wohnten aber getrennt. Markus gefiel dieser Zustand recht gut. Und Sabine auch. Jedenfalls war es bislang nie ein Thema gewesen, zusammenzuwohnen. Wobei Markus oft bei Sabine war. Und Sabine oft bei Markus. Jeder hatte vom anderen sogar einen Schlüssel. Montags bis freitags besuchten sie sich sporadisch. Da genoss jeder seine Privatsphäre nach einem langen Arbeitstag. Aber an den Wochenenden kauften sie gemeinsam ein, kochten zusammen und machten gemeinsam ein wenig Sport. Jogging, Rad fahren. Gingen aus. Markus war gerne mit Sabine zusammen. Es war unkompliziert, ehrlich, herzlich, lustig. Und sie hatten Spaß im Bett.

An jenem Abend war es spät, als er in ihre Wohnung kam. Er weiß es noch genau. Sie hatten den ganzen Tag verhandelt. Der Betriebsrat mit der Geschäftsleitung. Lohnerhöhungen waren das eine, was sie durchsetzen wollten. Aber auch bessere Arbeitsbedingungen. Vor allem für Frauen. Dafür setzte sich besonders Markus ein. Jeder Job ist teilbar – das war sein Motto damals. Unzählige Gespräche hatte er geführt. Mit der Frauenbeauftragten. Mit der Personalabteilung. Abteilungsleitern. Geschäftsführern. Sogar mit Strober hatte er gesprochen. Dem Unangenehmsten von allen. Gleichermaßen knallhart wie realitätsfern. Und alle anderen hielt er für unfähig. Grundsätzlich. Einzelgespräche hatte Markus gesucht. In Kleingruppen verhandelt.

Bald bockte der eine, dann zickte der andere. Zugeständnisse hier. Kompromisse da. Es war schwieriger als mit einer Horde Zweijähriger im Sandkasten, denkt er sich heute manchmal.

Aber mit viel Geduld, sanftem Druck und immer noch einem Plan B in der Tasche hatte es Markus geschafft.

In ihrer Wohnung war es dunkel, als er die Tür aufschloss. Im Wohnzimmer lief der Fernseher. Er zog nur schnell Jacke und Schuhe aus und eilte zu ihr.

»Wir haben es geschafft!«, rief er. Erleichtert, glücklich. Aber auch erschöpft. Sabine zog die Beine unter der Decke an. Machte Platz auf dem Sofa. Drückte auf die Fernbedienung des DVD-Players. Die Figuren erstarrten in der Bewegung. Aus dem Augenwinkel erkannte er Leonardo DiCaprio, wie er sich im Wasser an ein Stück Holz klammerte. Titanic – diagnostizierte Markus. Sabines Verständnis von Romantik. Und für einen kurzen Moment stutzte er noch: Wieso heute? Aber er war viel zu aufgekratzt, um weiter darüber nachzudenken.

»Stell dir vor, wir haben alle wesentlichen Punkte durchgesetzt: Prinzipielle Möglichkeit zur Teilzeit auf allen Ebenen und in allen Bereichen«, zählte Markus auf, »Schaffung eines Betriebskindergartens. Flexible Teilzeitmodelle koppelbar mit Arbeitszeitkonten und …«

Sabine unterbrach ihn. »Na, dann kannst du das ja gleich mal ausprobieren. Ich bin nämlich schwanger.« Sie sah ihn erwartungsvoll an.

Markus erstarrte wie DiCaprio auf dem Bildschirm. Der Mund halb geöffnet. Die Lungen gefüllt. Die Stimmbänder im Anschlag. Er wollte gerade erzählen, wie Strober immer versteinerter wurde. Und wie Markus diesen Anblick regelrecht genossen hatte während der Verhandlungen. Aber Sabine hatte offenbar auch ihn gestoppt. Oder zumindest extrem verlangsamt. Markus meinte seine Synapsen zu spüren, wie sie schalteten. Sie ruckten wie Einzelbilder eines Films in Zeitlupe. Noch heute ist ihm dieser Moment äußerst präsent. Wie eins nach dem anderen ablief: Was muss als Erstes getan werden? Welche Informationen braucht er? Und wie viel Zeit hat er noch? – Das waren seine ersten Gedanken. Das waren immer seine ersten Gedanken, wenn es ein Problem zu lösen gab. Und »Sabine ist schwanger« war ein Problem. Für ihn. Aber es gab da nichts zu lösen. Doch das wusste Markus damals noch nicht.

In dem Gefühl der Zeitlupe wendete er den Kopf. Sein Blick fiel auf den Beistelltisch neben Sabine. Genauer auf den Teller mit den Keksen. Neben dem Pappstreifen des Schwangerschaftstests, den er bislang gar nicht bemerkt hatte. Dann schweifte sein Blick über die Fernbedienung auf dem Sofa zu einigen Kekskrümeln, die von Sabines Decke auf sein Hosenbein gerollt waren. Und schließlich sah er in den Fernseher mit dem eingefrorenen Leonardo DiCaprio im Eismeer. Wenige Filmminuten später wird er wirklich erfroren sein. Markus wusste das. Er kennt kaum einen Film genauer als diesen. Was tut man nicht alles für eine intakte Beziehung.

Markus spürte eine weitere Synapase klicken: Flucht! Denkt er. Weg! Alle Taue kappen. Ablegen. Sich absetzen. Aber wohin? Sein Hirn arbeitete wieder schneller. Deswegen aber nicht sonderlich rational. – Südsee? Suff? Swingerclub? Der Sandkasten kam in seiner Vorstellung nicht vor. Bis jetzt hatte er jede Beziehung beendet, sobald sie ihm zu eng geworden war. Seit er sich von Anjas Mutter getrennt hatte, war er bei keiner Frau länger als ein paar Jahre geblieben.

Aber, Moment! Ist Sabines Schwangerschaft nicht ein Beweis für seine ungebrochene Virilität? Ein Kind. Hallo, das bedeutet ewige Jugend oder Kraft seiner Lenden. Er hat noch genauso viel in der Hose wie so mancher junge Hüpfer. Mindestens.

Die Lobpreisung seiner Potenz wurde jedoch abrupt beendet durch eine Erinnerung, die sein Gehirn ihm zeigte. Seine Tochter Anja als Baby. Ein Schreibaby. Jede Nacht dreimal das Kind auf dem Arm. Brüllend. Stundenlang. Markus völlig fertig. So was könnte er nicht mehr. Wenn das Kind zur

Welt kommt, wird er fünfzig sein. Achtundsechzig, wenn es volljährig ist. Achtundsechzig! Markus hatte die Vision eines Reihenmittelhauses. Er im Vorgarten als Tattergreis. Gebückt und ausgemergelt durch die Last der Schulden bis ins Rentenalter.

»Was denkst du?« Sabine legte den Kopf schief.

»Opi wird Papi«, antwortete Markus.

»Na, komm«, sie fasste seine Hand, die schweißnass und kalt war. »So alt bist du doch auch nicht.«

»Aber ich werde tatsächlich Opa.«

»Wie, du meinst … Anja?« Sabine beugte sich vor. Halb zweifelnd, halb belustigt.

»Ja, Anja. Ich hab's dir noch gar nicht sagen können. Vorgestern hat sie mich angerufen: ›Stell dir vor, Papa, du wirst Opa!‹ Ich habe mich so gefreut für sie, verstehst du. Klar, sie ist noch ein bisschen jung. Vierundzwanzig. Fünfundzwanzig, wenn das Kind kommt. Aber so alt war ich bei ihr damals auch.« Markus redete und redete. Als wollte sein Sprachzentrum das Schweigen während der Schockstarre vergessen machen. Dabei merkte er gar nicht, wie Sabine sich auf dem Sofa immer weiter zurückzog.

»Du freust dich über dein Enkelkind mehr als über dein Kind. Stimmt's?«, fragte sie. Und in ihrer Stimme klang ein leichtes Kieksen mit.

»Nein. Nein, Sabine, nein!« Markus klang erschrocken. Und er war es auch. »Es … es … es sind Kinder. Beides sind Kinder. Kinder sind toll … Ein Wunder.« Markus gestikulierte aufgeregt, um jeden Zweifel zu zerstreuen. Vor allem seine eigenen. »Es … Ich … weißt du, es ist so viel auf einmal. So eine … Freude … und …« Markus stammelte. Es fehlten ihm die Worte. Das kam selten vor. Und das beunruhigte ihn. Noch Wochen und Monate später, wenn er an diesen Abend dachte. Aber in dem Augenblick überspielte er das. Kniete sich umständlich auf

das Sofa. Beugte sich über Sabine. Umarmte sie. Drückte sie samt Kuscheldecke an sich.

Dabei musste er jedoch auch die Fernbedienung gedrückt haben. Denn auf einmal rauschte das Eismeer durchs Wohnzimmer. Drangen aus weiter Ferne die Hilferufe Ertrinkender an sein Ohr. Und Leonardo DiCaprio erfror. Oder ging unter. Oder beides.

Der Psychologe meint

So was hätte es früher nicht gegeben. Könnte man meinen. Und läge falsch. Das hat es gegeben. Denn auch schon »früher« hatten Männer Beziehungen zu Frauen, die mehrere Jahrzehnte jünger waren als sie. Auch schon »früher« hatten diese Paare Kinder. Und auch schon »früher« gab es Familien, in denen Kinder mit ihren Tanten oder Onkels im Sandkasten spielten. Ich selbst kenne einige Beispiele. Alleine aus den letzten fünfzig Jahren. Was also ist so neu und verwunderlich an dieser Szene? Man fragt sich, warum die unbekannte Schöne auf dem Spielplatz derartige Verständnisprobleme hat. Das ist eine sehr vielschichtige Angelegenheit, die eng verbunden ist mit einer weiteren Frage: Was ist eigentlich normal? Die verdattert abdampfende Dame auf dem Spielplatz reagiert so, weil sie unvorbereitet auf etwas stößt, das für sie den Rahmen des Normalen, des Vertrauten sprengt. Und damit geht uns diese Geschichte alle an. Nicht alle von uns finden zwar Markus' Lebenssituation anomal, dafür aber dann irgendetwas anderes. Wir alle haben Dinge, Handlungen, Verhältnisse, die wir für »nicht normal« halten. Und von Zeit zu Zeit tut es gut für die innere Hygiene, sich diese Dinge einmal vor Augen zu führen, durchaus auch aufzuschreiben, und zu schauen, ob sie wirklich so anomal sind.

Oder ob das nicht vielmehr an unserem fehlenden Verständnis für Leben und Charakter anderer Menschen liegt. Letztlich sind wir es, die Normalität definieren. Und manchmal tun wir das vorschnell oder zu eng. Dann schadet das *uns*, denn es ist einer Fähigkeit abträglich, die uns zutiefst zu Menschen macht, unserer Toleranz. Und ohne die können wir alle nicht gut leben. Würde Markus mehr Toleranz erfahren, wäre ihm seine kleine Tochter nicht peinlich. Toleranz ist das beste Mittel gegen unnötige Scham, die uns verbiegt, statt uns groß werden zu lassen.

Markus ist ehrlich. Wir dürfen ihm hier in den Kopf und ins Herz schauen. Verständnis kommt von Verstehen. Wie bei der Toleranz. Es ist der Vorteil beschreibender Schriftstellerei, dass wir lesen können, was die Charaktere denken. Im richtigen Leben können wir das allerdings auch ganz gut lernen. Wir machen uns nur meist nicht die Mühe oder sind einfach mit unseren eigenen Themen zu beschäftigt. Wären wir Sabine gewesen, hätte uns die Reaktion von Markus womöglich verletzt. Oft ist eine erste ablehnende oder geschockte Reaktion auf Schwangerschaftsbotschaften noch jahrelang danach ein großes Thema in Beziehungen, das erst einmal aufgearbeitet werden will. Viele Männer wünschen, sie hätten sich damals besser im Griff gehabt, etwas Nettes sagen können, wie »wunderbar« oder »Was für eine Freude!« – was man eben gerne hört in solch einer Situation. Stattdessen passiert oft das, was Markus erfährt: Schock. Dass er das zeigt, ist zumindest ehrlich. Dass es nicht bedeutet, dass ein Mann trotz solch einer Reaktion nicht ein toller Vater sein wird, verdeutlicht die weitere Geschichte. Schocks können überwunden, Probleme gelöst werden. Wichtig ist, eine erschrockene Erstreaktion nicht größer zu interpretieren, als sie ist. Sie muss nicht bedeuten, dass die Beziehung, das Kind oder die Partnerin in Frage gestellt wird. Es heißt nur, dass »Mann« von der Nachricht geschockt ist. Und Menschen im Schock bringt man in eine stabile Seitenlage und lässt sie ruhen. Wenn sich dann der Schockzustand langsam auflöst, kann man auch wieder reden. Und wenn dann wieder der Atem frei fließt, kann man beginnen, Lösungen zu finden. Erst in der vierten Phase kommt die Freude. Das ist manchmal beruhigend zu wissen, wenn man in vom Horror geweitete Augen blickt. Sabine weiß das offenbar. Sie reagiert hervorragend. Überbringt die Botschaft. Lässt Zeit. Und fragt dann behutsam nach seinen Gedanken, um ihn zu beruhigen. Lehrbuchhaft. So geht man mit Menschen im Schock angemessen um. Aber es handelt sich in dieser Geschichte ja nicht um einen Noteinsatz der Rettungssanitäter. Es ist nicht Markus der zu Versorgende und Sabine die Ärztin. Auch sie muss mit der Situation fertig werden. Dass auch Sabine berechtigte Bedürfnisse hat, zeigt sie durch ihren Rückzug, als Markus nur von seinem neuen Enkelchen redet. Und wieder eine Reaktion wie aus dem Lehrbuch: Markus kommt ihr nach. Er sucht sie, nimmt sie in den Arm, erklärt sich und beruhigt sie. Das ist es, was Beziehungen aufrechterhält und intensiviert. Nicht dass es keine Schockzustände gibt, keine Konflikte, keine Verletzungen. Das gehört alles zu einer Beziehung dazu; das darf alles seinen Platz haben. Wichtig aber ist, dass Bedürfnisse aufgefangen, wahrgenommen und geäußert werden.

Älter werden hilft,

… denn Menschen wie Markus lernen Realismus. Sie werden misstrauischer – und in diesem Fall ist das eine positive Entwicklung. Sie tendieren erst im Alter mehr dazu, bei Entscheidungen den Kopf zu gebrauchen und sich nicht nur auf die reine Bauchentscheidung zu verlassen. Mit wachsendem Alter können diese Menschen ihren Kopf schätzen lernen als Instrument zur Analyse und Orientierung. Damit gewinnen sie größere Kontrolle über die Auswirkungen ihrer Handlungen. Weisheit im Alter bedeutet für sie: mehr kritisches Hinterfragen, Planen, Nach- und Vorausdenken. Bisher haben sich Menschen wie Markus besonders wohl gefühlt in der Gegenwart. Sie können den Augenblick genießen, voll und ganz und mit all ihren Sinnen. Stellt sich ein Problem, dann lösen sie es: jetzt, ohne Umschweife und gerne unkonventionell.

Dadurch gewinnen sie einen reichen Schatz an Erfahrungen. Indem sie älter werden, lernen sie diesen als Kompetenz zu begreifen. Jemand wie Markus ist nicht schon immer Betriebsrat. Seine Erfahrung hat ihn erst dazu befähigt. Diese gepaart mit seiner Gabe zu reden, zu vermitteln und zu verhandeln, bringt ihn zu seinem Erfolg in dieser Tätigkeit.

Doch die wesentlichste Veränderung mit dem Alter wird sein, dass Menschen wie Markus lernen durchzuhalten. Allzu gern lässt er sich ablenken von Vergnügungen und dem Greifbaren, was ihm gefällt. Dieses Unstete wird allmählich abgelöst durch Richtung, ja Sinn im Leben. Die Geburt eines Kindes zwingt einen dazu, egal in welchem Alter. Ein Kind zwingt einen Menschen zu einer Entscheidung, zu einer Haltung, zu einem Verhalten und einem Platz im Leben. Markus' Platz ist der am Sandkasten neben seiner späten Tochter. Und im Grunde fühlt er sich da wohl.

Eines ist Markus aber noch nicht klar: die Lebendigkeit, die er sich mit seiner jüngeren Partnerin und vor allem durch die Kinder holt, ist nicht seine. Es ist eine scheinbare Lebendigkeit, und jünger wird er dadurch nicht. Kinder halten nicht jung, sie strengen nur noch mehr an. Und irgendwann ist Markus auch für sie ein alter Sack. Sobald er erkennt, dass auch seine jüngere Partnerin nicht in jeder Beziehung diejenige sein kann, die ihn im Alter begleitet, weil sie mit ihrer eigenen Autonomie beschäftigt sein wird, hat Markus die Wahl: als Don Juan immer neuen jungen Frauen entgegenreiten, bis ihn die Potenz verlässt, oder sich weiterentwickeln und ein echtes Gegenüber finden. Eine Partnerschaft mit gegenseitiger Orientierung und kreativen Lösungen. Für eine Balance zwischen Bindung und Autonomie. Statt steckenzubleiben in dem ewigen Verschmelzenwollen mit immer neuen Partnerinnen, um dann festzustellen, dass das auf Dauer nicht geht.

Christian ist Monsieur Sac-Sac

Handelt von einem unaussprechlichen Ort in der Savanne, mangelhaftem Französisch und einer Niederlage beim Betriebsrat.

»Hallo! Einchecken! Zack, zack!« Ungeduldiges Wedeln mit Ticket und Pass. Keine Reaktion. Starrer Blick aus einem Airline-Kostüm hinter dem Counter.

»Hinten Riesenschlange und vorne Blackout.« Christian wird ungehalten. Nervöses Tippen mit Pass und Ticket auf Ablage.

»Hallo! Geht's noch?«

»Ja, ja, geht wieder. Es war nur kurz … entschuldigen Sie«, stammelt die Frau hinterm Schalter und nimmt endlich sein Ticket und den Pass. Rote Flecken am Hals. Atmet schwer. Schweißnasse Kreise unter den Achseln. Abstoßend, was die hier für Leute hinsetzen. Abstoßend und ineffizient. Kann man da keine Einlagen einziehen? Folie unter die Achsel. Fertig!

»Guten Flug.«

»Ja, kann nur besser werden.« Christian nimmt seinen Aktenkoffer. Schwungvolle, aber exakte Drehung um neunzig Grad. Flattern des grauen Businessanzugs. Abmarsch zum Boarding. Zack, zack. Acht Stunden noch. Acht Stunden! Ein ganzer Arbeitstag. Na ja. Geht wohl nicht schneller. Wenigstens Zeit zum Aktenstudium. Zwanzig Uhr fünfundvierzig Ankunft Ouagadougou. Übernachtung im Hotel. Am nächsten Morgen weiter. Zack, zack. Mit einem Fahrer in die Provinz. Nach Ougagakirchen. Wie ist der Name von dem Wüstenkaff noch mal? Christian setzt sich auf einen freien Platz im Warteraum. Aktenkoffer auf die Knie. Aufschnappen der Schlösser. Im Koffer: Laptop, daneben Quartalszahlen zum Prüfen, die

Verträge mit der Regierung von Burkina Faso, Genehmigungen der Provinzverwaltung von Yatenga, Verträge mit den örtlichen Subunternehmen in der Provinzhauptstadt O-u-a-h-i-g-o-u-y-a. Richtig. Das ist der Name. Da steht er auf dem Vertrag. Ouahigouya. Kann kein Mensch aussprechen, aber kriegt jetzt zweihundert Kilometer Staubpiste asphaltiert mit Geldern aus der Entwicklungshilfe. Dicker Auftrag. Zweifellos. Aber es geht nicht voran. Deshalb soll Christian da mal ein bisschen Dampf machen vor Ort. Ausgerechnet Christian. Mit seinem Schulfranzösisch. Aber Max und Erik, seine Partner in der Geschäftsführung, die können nicht. Keine Zeit. Tarifverhandlungen mit dem Betriebsrat. Da hat Christian eine klare Präferenz: Lieber ein paar faulen Afrikanern Pfeffer in den Arsch streuen, als sich vom Betriebsrat kostbare Lebenszeit stehlen lassen. Außerdem gilt er als der Problemsolver unter den dreien. Soll da mal nachforschen, wo es klemmt. Und Zug in die Sache bringen. Zack, zack. Da unten in Afrika.

Falls Zeit ist, trifft er noch Julian. Seinen Sohn. Zwei Fliegen mit einer Klappe. Mal nachsehen, was der so treibt in seinem Praktikum. Soll ja ganz in der Nähe sein von diesem Ouahi… kurzer Blick auf die Unterlagen …gouya. Ouahigouya. Richtig.

Überall Staub. Roter Staub von den Lateritstraßen. In der Nase. Im Rachen. In den Augen. In den Ohren. Unter den Fingernägeln. Alles verschwitzt: Hemd, Hose sogar die Schuhe. Der Fahrtwind ist so heiß, dass er nicht kühlt. Vierzig Grad? Fünfundvierzig Grad? Christian stützt den Ellenbogen ins offene Fenster, den Kopf in die Hand. Wischt sich den Schweiß samt Staub von der Glatze. Die Hand ist feucht und verklebt. Abwischen an der Hose. Rotbraune Schlieren auf dem teuren Garn. Egal. Die Hose ist ruiniert. Vier Tage Baustelle in Westafrika – das hält kein Anzug aus.

»Attention!«, ruft der Fahrer kurz. Christian reagiert zu spät. Nimmt den Arm nicht rechtzeitig aus dem Fenster des Geländewagens und knallt sich seine eigene Hand an die rechte Schläfe, als sie durch ein Schlagloch brettern. Christian wirft dem jungen Burkiner hinterm Steuer einen vorwurfsvollen Blick zu. Der grinst nur und meint: »Monsieur Sac-Sac. Vite, vite, hein.« Christian versteht nicht.

Fünfzehn Kilometer. Ein Katzensprung. Hat er sich gedacht. Von Ouahidingens bis zu dem Kaff, wo Julian für seine Hilfsorganisation steckt. Aber es sind fünfzehn Kilometer, die Christians Baufirma noch nicht asphaltiert hat. Selten hat es ihn so durchgerüttelt wie in der vergangenen Dreiviertelstunde.

Noch einmal ruft der Fahrer: »Attention!« Der Wagen macht einen Satz. Die Stoßdämpfer knallen hart auf die Piste. Diesmal hat Christian aufgepasst. Eine Kurve, dann die ersten Hütten in Sichtweite. Das muss es sein. Der Fahrer drückt wild auf die Hupe. Bald schon sind sie umringt von Kindern, Frauen, Männern. Alles rennt neben dem Wagen her, winkt, schreit durcheinander. »Il est arrivé. Il est arrivé. Monsieur Sac-Sac! Bienvenue!«

Vor einem Hoftor aus rostigen Eisenstangen halten sie. Julian steht schon da. Winkt.

»Wie war die Fahrt?«, fragt der Sohn.

»Grässlich. Dieser Wüstenstaub!«

»Nicht Wüstenstaub. Das ist die Savanne.«

»Wüste, Savanne – wo ist der Unterschied?!«

»In der Wüste wächst gar nichts. Hier schon.«

»Wie hältst du das nur aus? Dieser Dreck. Die Hitze.«

»Man gewöhnt sich daran.«

»Ach ja? Ich habe da ja meine eigene Theorie.«

»Komm doch erst einmal herein.« Julian lotst seinen Vater in den Hof, nachdem sie den Fahrer bezahlt haben. Im Schatten von ein paar dürren Bäumen ist es merklich angenehmer. Julian zeigt ihm das Haus der Hilfsorganisation, die Räume, stellt seine Kollegen vor. International, die Truppe hier.

Mit einem afrikanischen Tee setzen sie sich in den Hof an einen klapprigen Tisch. Julian erklärt seinem Vater, was sie hier machen. Kurz, knapp, präzise. Christian weiß das zu schätzen. So, so, Wirtschaftshilfe vor Ort: Kleinstkredite vermitteln, bei Anträgen helfen, Handelsbeziehungen aufbauen. Projekte. Na ja.

»Zu Hause wartet ein Studienplatz für Medizin auf dich, und du füllst hier für andere Leute Formulare aus.«

»Die meisten können nicht lesen und schreiben, Vater.«

»Aha. Und warum lernen sie es nicht? Zu faul, was?«

»Nein, weil es keine Schule gibt.«

»Dann sollen sie sich eben eine bauen.«

»Wie denn?!«

Christian schaut seinen Sohn an, als sei er begriffsstutzig: »Na, mit Ziegeln, Beton, Holz, was man eben so braucht zum Bauen. Da krempelt man die Ärmel hoch, und alle helfen zusammen. Zack, zack.«

Julian lächelt in sein Teeglas.

»Vater, das kostet alles Geld. Die meisten Menschen hier sind arme Erdnussbauern. Die haben nicht mal Ärmel, die sie hochkrempeln könnten.«

Christian verschränkt die Arme vor der Brust. Er spürt, wie sein Hemd klebt. »Wer sich nicht selbst hilft, dem hilft keiner«, sagt er trotzig.

»Doch, ich«, antwortet Julian. »Wir unterstützen Tausende von Menschen hier.«

»Wo hast du nur dieses Helfersyndrom her?!« Christian schüttelt den Kopf.

»Na, von dir bestimmt nicht, Monsieur Sac-Sac.«

Christian holt Luft, um etwas zu erwidern, stutzt dann aber und fragt zögerlich: »Wie … soll das heißen, die meinen mich damit?«

»Sag bloß, du hast das nicht kapiert.« Julian sieht dem Vater ungläubig in die Augen. Dann platzt es aus ihm heraus. Hemmungslos fängt Julian an zu lachen. Immer mehr. Immer lauter. Schallend lacht er, schlägt sich auf die Schenkel, die Tränen laufen ihm über die Wangen. Christian bleibt nichts anderes übrig, als zu warten, bis sein Sohn wieder in der Lage ist zu sprechen.

»Monsieur Sac-Sac!«, keucht Julian atemlos und wischt sich mit dem Handrücken eine letzte Lachträne aus dem Auge. »Du hast das echt nicht kapiert? Im Französischen gibt es kein Z, nur ein S. Na, dämmert's?«

Natürlich dämmert's. Ganz blöd ist er ja auch nicht. Christian ist sauer. Auf Julian, weil der ihn auslacht. Auf sich, weil er es nicht gemerkt hat. Und auf die Afrikaner, weil die sich über ihn lustig machen, statt zu arbeiten. Wie schnell das die Runde gemacht hat? Sogar die Kinder im Dorf haben das vorhin gerufen. Muss ja eine Sensation sein.

Als Julian sich beruhigt hat, berichtet ihm Christian von den letzten Tagen. Auf der Baustelle hakt es an zu vielen Stellen gleichzeitig. Das Geld scheint buchstäblich im Steppensand zu versickern. Geld von europäischen Steuerzahlern, wohlgemerkt. Christian mit erhobenem Zeigefinger. Alle seine Vorurteile haben sich bestätigt. Auf der Baustelle fehlt überall etwas. Material. Ersatzteile für die Maschinen. Die Arbeiter sind nicht pünktlich. Wenn sie überhaupt kommen.

»Da hängt doch alles dran. Jede Verzögerung hat Folgen. Verursacht immense Kosten. So ein Bauprojekt muss doch Priorität haben.«

»Nein, Vater, hier hat das Überleben Vorrang. Wenn ein bestimmter Baustoff fehlt, kann man eben nicht weiterbauen. Wenn ein Kind geboren wird, wird ein Kind geboren. Und wenn die Erdnüsse reif sind, sind die Erdnüsse reif. Die meisten Menschen hier leben von der Hand in den Mund. Was sie anbauen, essen sie selbst.«

»Die verkaufen das nicht? Auf einem Markt? An eine Fabrik? Export! Das bringt Devisen.«

»Sie könnten es ja nicht transportieren.«

»Also, das kann ja wohl nicht so schwer sein. Da nimmst du einen Lkw …«

»Hier gibt es keinen Lkw.«

»Julian, ich habe doch selbst welche gesehen in Ouahidingens.«

»Ouahigouya. Die Laster sind alle von den großen Baumwollplantagen.«

»Da kann man sich doch bestimmt mal einen leihen.«

»Vergiss es. Export geht vor. Das bringt Devisen.«

»Und ihr hier? Habt ihr keinen Lkw?«

»Wir? Einen Lastwagen?! Vater, wo denkst du hin. Wir sind eine kleine Nichtregierungsorganisation.«

Schweigen. Julian sieht seinen Vater an. Dem fällt nichts mehr ein. Nachdenklich rührt Christian in seinem Teeglas. Dann trinkt er es leer. Der letzte Schluck schmeckt bitter.

Christian sticht durchs Vorzimmer an seiner Sekretärin vorbei. Grußlos. Wie immer. Sie kennt das schon, wirft ihm nur einen mitleidigen Blick hinterher. Christian ignoriert das. Schlips und Jackett flattern im Laufschritt. Tür auf, Tür zu. Zack, zack. Christian wirft den Aktenordner unterm Arm auf den Schreibtisch und sich in den Drehstuhl. Auf dem Ordnerrücken steht groß »Betriebsrat«. Ein Schlag mit der Handkante. Der Ordner dreht sich auf der Glasplatte. Jetzt muss er die Aufschrift nicht mehr sehen.

Was für ein Kasperltheater! Er hat ja gehofft, Max und Erik, seine Partner, seien durch mit dem Betriebsrat, wenn er aus Ouahikirchen zurückkommt. Aber was ist? Treten auf der Stelle. Und lassen sich gnadenlos über den Tisch ziehen von diesem Leuser. Volltrottel. Teilzeit, Teilzeit, Teilzeit! Gibt's überhaupt noch jemanden, der Vollzeit arbeitet? Vor ein paar Tagen hat er noch Frauen gesehen, die sind kilometerweit gelaufen, nur um Wasser zu holen. Männer, die arbeiten, um zu überleben. Wenn es sein muss, Tag und Nacht. Zack, zack. Und hier? Markus Leuser, der Frauenversteher. Dabei gibt es kaum Mädels im Betrieb. Gemessen an der Größe. Sollen sie doch gehen, wenn's ihnen nicht passt. Aber das sagen Max und Erik natürlich nicht. Lassen sich lieber von Leuser einen Vortrag halten über soziale Verantwortung und Betriebsklima. – Betriebsklima! Der sollte mal nach Afrika. Da klebt ihm das Betriebsklima auf der Haut!

Als Leuser dann noch mit seiner Idee angefangen hat, einen Betriebskindergarten zu gründen für die Kinder von Mitarbeitern, da hat sich Christian zurückgelehnt. Er ist wie gelähmt gewesen. Äußerlich versteinert. Spontan hat er den Vorschlag für absurd gehalten. Vollkommen absurd. Aber so unkonventionell, dass er in Christians Augen fast schon wieder etwas Charmantes bekommen hat. Erik, sein Geschäftspartner, ist neben ihm explodiert. Max hat zu beschwichtigen versucht. Leuser hat immer weiter geredet. Christian hat nur zugesehen. Er weiß, Max und Erik, seine Partner, haben von ihm ein Machtwort erwartet. So wie es immer seine Art gewesen ist. Messerscharf formuliert. Aber Christian hat sich nur gedacht: Betriebskindergarten? Seht euch mal an! Wir haben doch schon einen. Dann ist er hinaus. Wahrscheinlich haben es die anderen erst gar nicht bemerkt, so sehr in Rage sind sie gewesen.

Er hat es so satt. Dieser Kinderkram. Wie lange macht er das jetzt schon mit? Zwei-, nein drei- … fünfundzwanzig Jahre in der Firma und seit zehn Jahren Geschäftsführer! Ist das schon immer so zermürbend gewesen? Oder fällt es ihm jetzt erst auf? Vielleicht ist er einfach zu alt dafür.

Christian steht auf und geht zum Fenster. Aus dem vierten Stock kann er das ganze Gelände der Baufirma überblicken. Die Nebengebäude, die Materiallager, Werkstätten, Hallen und den Fuhrpark. – Richtig, der Fuhrpark. Er dreht sich auf dem Absatz um und eilt Richtung Vorzimmer. Reißt die Tür auf und streckt nur kurz seinen Kopf hindurch: »Schicken Sie mir mal den Schmidt vom Fuhrpark! Soll den aktuellen Bestand mitbringen.« Ehe die Sekretärin etwas erwidern kann, ist die Tür wieder zu.

Wenig später sitzt er bei ihm. Schmidt, der Verwalter des Fuhrparks. Ärmel hochgekrempelt, Schlips gelockert. Der schafft was weg.

»Ja, sicher, wir tauschen turnusmäßig aus. Die ältesten Fahrzeuge werden verkauft oder verschrottet. Demnächst steht eine ganze Reihe an. Warten Sie«, er blättert in seinen Unterlagen, »fünf Achttonner.«

»Wieso gleich fünf?«, fragt Christian.

»Die haben keine Klimaanlage. Und nachrüsten rentiert sich nicht.«

»Na und?«

»Wir dürfen ab nächstem Jahr nur noch Fahrzeuge mit Klimaanlage haben.«

»Wie bitte?!« Christian lehnt sich nach vorne, als hätte er nicht richtig gehört. Doch er ahnt es schon.

»Na ja«, Schmidt räuspert sich und zerrt an seinem Krawattenknoten.

»Leuser?«, fragt Christian tonlos. Schmidt nickt und macht eine entschuldigende Geste.

»Ich fasse es nicht.« Christian atmet tief ein und wieder aus. Aber er will sich nicht schon wieder aufregen. Wozu auch? Sollen sie doch machen.

»Kann ich einen haben?«

»Äh, was haben?« Schmidt ist überrumpelt.

»Einen von den Lkw, die Sie ausmustern.«

»Ja, klar … und wozu? Wollen Sie sich selbständig machen?« Schmidt lacht herzlich über seinen eigenen Witz.

»Nein, der ist für meinen Sohn.«

»Ah ja«, Schmidt lacht noch mehr. »Verstehe: kleiner Junge, kleiner Laster. Großer Junge, großer Laster.«

»So ähnlich«, meint Christian, steht auf und begleitet Schmidt zur Tür. »Aber das Gute ist«, Christian tippt ihm zufrieden auf die Brust, »Sie können ihn als Spende deklarieren.«

»Hallo? ... Julian! Wo bist du? ... Abidjan. Sehr schön. Ist er gut angekommen? Alles dran? Keine Macken von der Seereise? ... Gut. Und der Zoll? ... na ja ... das war zu befürchten. Die halten ihre Hand auf. ... Sag schon, wie viel? ... Ich überweise es dir gleich nachher ... Nein, haha, das zahle ich, nicht die Firma. Von der ist nur der Lkw ... Wann geht's jetzt weiter? ... Ach was! Steht schon auf dem Zug. Na, das ging ja Zack, zack ... Und wie lange bis du jetzt noch unterwegs bis Ouahidingsbums? ... Ouahigouya, genau ... ach, das geht ja ... was ich? Wieso? Was soll ich denn da? ... mh hm ... aber ... was denn bewirkt? Julian, das ist ein alter Karren, den wir hier verschrottet hätten ... ein Fest? Ihr feiert den Laster?! ... einweihen ... fünfundzwanzig Familien! Das ist das ganze Dorf, oder? ... wie, Lebensunterhalt gesichert ... von fünfundzwanzig? Du übertreibst ... nur weil die jetzt mit dem ollen Lkw ihre Erdnüsse ... hm, unglaublich ... haben nach mir gefragt? ... Monsieur Sac-Sac, haha, sehr witzig ... nein? ... glaubst du, ja ... Sag noch mal: Wann bist du in Ouahigouya? ... okay ... mh hm ... dann komm gut an, Julian! Gute Fahrt! ... Tschüs.«

Ein paar Tage später wartet Christian in der Schlange am Check-in-Schalter. In der einen Hand Pass und Flugticket, mit der anderen seinen Lederrucksack geschultert. Vor ihm steht ein Mann im Businessanzug und wippt ungeduldig mit dem Fuß. Gerade ist er fertig, schnappt sich Aktenköfferchen und Boarding-Karte und zischt ab. Wieder sieht Christian die Frau hinterm Schalter in der schrecklichen Uniform der Fluglinie. Dieselbe. Ausgerechnet. Feucht-dunkle Kreise unter den Achseln auf der zu engen Kostümjacke. Sie atmet schwer, nestelt an dem albernen Halstüchlein herum, hat rote Flecken im Gesicht. Christian schiebt mit dem Fuß seinen Koffer nach vorne. »Geht's Ihnen nicht gut?«

»Doch, doch, danke, geht schon.« Ihre Stimme wirkt tonlos. Mühsam beherrscht.

»Der Kreislauf?«

Die Frau lächelt verkrampft, schwitzt und wird gleichzeitig bleich im Gesicht.

»Sie brauchen eine Pause«, meint Christian.

Sie schnaubt kurz durch die Nase: »Erzählen Sie das mal meinem Chef! Schauen Sie doch, was hier los ist!« Und sie deutet mit dem Kinn auf die Schlange hinter ihm und die volle Abflughalle. Christian öffnet seinen Rucksack und zieht eine Flasche Wasser hervor.

»Hier, nehmen Sie einen Schluck.«

»Das ist nett, danke.« Sie trinkt ein wenig, tupft sich das Gesicht mit einem Taschentuch und liest die Gepäckwaage ab.

»Guten Flug.« Sie kann schon wieder lächeln. »Und danke noch mal.« Christian nimmt seinen Rucksack auf und schlendert durch den Flughafen. Er hat noch Zeit. Viel Zeit. Bis zum Aufruf des Fluges von Monsieur Sac-Sac.

Der Psychologe meint

Manche Menschen stehen permanent unter Druck. Das verursacht dem Körper erheblichen Stress. Es gibt dann kaum einen Moment, in dem Entspannung herrscht. Kopf, Herz und Seele sind ständig am Arbeiten. Selbst in den Pausen. Warten wird zum angespannten Warten. Schneller wird dadurch allerdings gar nichts. Im Gegenteil: Das Warten fühlt sich nur länger an – weil die Körperspannung jeden Moment verstärkt und damit in die Länge zieht. Und weil das so unangenehm ist, will man umso mehr, dass es vorbei ist. Und zwar zack, zack! So entsteht eine Spirale des inneren Drucks. Aus der steigen viele erst aus, wenn sie es müssen. Durch Migräne, Bronchitis, Magen-Darm-Probleme, Hörsturz, völlige Erschöpfung (Burnout), Bandscheibenvorfall, Bluthochdruck oder gar Schlaganfall und Herzinfarkt. Die Liste der durch Stress begünstigten Erkrankungen ist lang. Und das eine oder andere kennt man ja. Sicher, ganz ohne Stress geht es oft nicht in unserer Welt. Und das ist auch gar nicht so schlimm. Aber es gibt ein Zuviel. Es gibt eine unsichtbare Grenze, die man nicht überschreiten sollte. Sonst wird es schlimm. Dabei hat jeder eine Sollbruchstelle. Beim einen ist es der Rücken, beim anderen das Herz, der Kopf oder die Lunge. Durch sie schickt einem die Seele die ersten Signale, langsamer zu machen.

Man unterscheidet übrigens nicht mehr zwischen gutem Stress (Eustress) und schlechtem Stress (Distress). Studien haben ergeben, dass Stress generell dem Organismus auf Dauer nicht guttut. Ab und zu ist er in Ordnung und kann sogar anregen. Aber zu viel ist eben zu viel. Egal wie viel Spaß das Ganze macht.

Außerdem führt jede Form von Stress zu Verengung. Das ist im Grunde nur die logische geistige Verlängerung der körperlichen Anspannung. Wenn der Körper sich anspannt, verengen sich die Gefäße. Wenn der Geist sich anspannt, »verengt« sich das Hirn, die Wahrnehmung wird eingeschränkt. Und wenn sich die Psyche anspannt, »verengt« sich die Liebe. Die Empathie verschwindet, und es beginnt der eigene Überlebenskampf. Ganz deutlich sehen wir das bei Christian zu Beginn seiner Geschichte. Wenn wir gestresst sind, ist es uns ziemlich egal, welche Probleme andere haben. Wir haben selbst welche. Man könnte sagen, die Psyche scheint so sehr mit der Verarbeitung des eigenen Stresses beschäftigt zu sein, dass es kaum noch Raum gibt für die Wahrnehmung von anderen. So ist auch Christians unwirsche Art am Schalter der Fluglinie symptomatisch für den Stress, in dem er sich befindet. Oder den er sich selbst macht. Nicht jeder gerät in derselben Situation unter Stress. Das hat damit zu tun, wie gut wir innerlich »die Tür zumachen« können. Ob wir uns von Ansprüchen, Erwartungen anderer, eigenen Ängsten und Befürchtungen distanzieren können. Ob wir Nein sagen können und uns dabei gut fühlen. Ob es uns egal ist, was andere von uns denken – und sei es der Chef, der Partner, die Eltern oder Kinder. Auch hier gibt es sicherlich ein Zuviel, das folglich zu Ignoranz und Gleichgültigkeit führt. Darin hat übrigens Christian einiges gemeinsam mit Jürgen aus dem fünften Kapitel. Nur gehen sie unterschiedlich damit um.

Irgendwo in der Mitte befindet sich das rechte Maß – meist ein schmaler Grat. Christian hat einen interessanten Weg zurück auf diesen Grat gefunden: den »Sinnweg«. Dabei musste er noch nicht einmal seine Persönlichkeit ändern oder gar den Leistungslevel senken. Er macht einfach zackig weiter wie bisher. Aber mit größerer innerer Befriedigung. Anders ausgedrückt: Er hat den Sinn seiner Arbeit erhöht. Das tun wir immer dann, wenn wir unsere inneren Werte verwirklichen und das tun, was uns wirklich wichtig ist im Leben. Wie eben helfen. Auf einmal spürt Christian, wie sein Leben an Sinn gewinnt. Die Konflikte mit dem Betriebsrat über Kipperfahren in Teilzeit und Klimaanlagen in Lkw sind zwar vielleicht nicht ganz sinnlos, aber sie haben doch gegenüber der Not, die ihm in Afrika begegnete, kaum Bedeutung. Am Ende hat er durch sein Geschenk den Sinn seines Schaffens und Seins erhöht. Nicht weniger als das. Und was passiert? Der innere Druck nimmt ab. Ein wirksamer Mechanismus, der uns ermöglicht, praktisch von hinten durch die Brust ins Auge unseres Seelendrucks zu treffen. Mit mehr Sinn im Leben werden wir ruhiger. Ich kann also entweder den Stress minimieren oder den Sinn erhöhen. Beides führt zum gewünschten Ergebnis.

Älter werden hilft,

… denn Menschen wie Christian erkennen dann zunehmend: Alles ist relativ. Was hier ein Riesenproblem ist, erscheint woanders als geradezu lachhaft. Was der eine als langsam empfindet, ist für jemand anderen schon ziemlich schnell. Was für mich gut, logisch und sinnvoll ist, muss es nicht zwangsläufig für alle sein. Menschen, die so unter Druck stehen wie Christian und diesen auch noch weitergeben an ihre Umwelt, beispielsweise, weil sie Chef sind, werden häufig als unangenehm empfunden. Sie selbst sehen das nicht so. Weil sie generell nicht viel wahrnehmen von ihren Mitmenschen. Aber solche »Stresser« werden zwangsläufig ruhiger, weil der Körper ihnen mit der Zeit ein anderes Tempo diktiert. Ob sie wollen oder nicht. Sie werden dann mehr Zeit haben, weil sie mehr Zeit brauchen. Analytisch, vorausdenkende Menschen wie Christian können, je älter sie sind, toleranter gegenüber anderen Menschen werden. Sie können sich öffnen, indem sie mehr wahrnehmen, statt »nur« zu denken. Christian ist jemand, der, sobald er ein Problem sieht, meint, er müsse es lösen. Es habe quasi nur auf ihn gewartet. Und dann verschreibt er sich dieser Aufgabe, bis er sie gelöst hat. Und das tut er wahrscheinlich sogar mit Bravour. Doch dabei vergisst er gerne alles andere um sich herum, sieht nicht links und nicht rechts. Und will am Ende vor allem nicht akzeptieren, dass es vielleicht auch andere Lösungsmöglichkeiten gegeben hätte. Nicht unbedingt bessere. Aber eben andere, genauso gute.

Über seinen Sohn hat Christian bisher nur in den Kategorien

Ausbildung und Karriere nachgedacht. Aber kaum über ihn selbst. Das hat sich geändert. Christian hat einen Kulturschock erlebt, der heilsam gewesen ist. Denn er hat begonnen zu lernen, andere zu verstehen. Dass er damit bei seinem Sohn anfängt, ist buchstäblich naheliegend. Indem Menschen wie Christian loslassen, mehr zulassen und sich öffnen, sehen sie sich nicht mehr ständig im Mittelpunkt ihrer Welt. Sie erkennen andere Perspektiven, erkennen sie an, und es verschiebt sich ihre eigene. Im Grunde werden Menschen wie Christian bescheidener und zurückhaltender, je älter sie werden.

Sonja schwitzt

Handelt von einem zerstörten Duschkopf, einem Märchenprinzen, der nicht kommt, einem Mops und dem Wert, den jeder selbst bestimmt.

Staubkörnchen tanzen in den Sonnenstrahlen, die durch das Rollo fallen. Sonja könnte sie sehen, wenn sie die Augen öffnete. Aber Sonja schläft. Träumt. Ein muskulöser Oberarm – millimeterdünn mit einem Schweißfilm überzogen. Sie pickt den feuchten Film mit der Zungenspitze auf. Fährt die Halsbeuge entlang, bleibt zwischen den Schlüsselbeinen hängen. Nebenan poltert ein Duschkopf in die Wanne. Rumms. Sonja zieht scharf die Luft ein, kneift die Augen zusammen, tastet über das Laken, nach dem Liebhaber. Keiner da. Kein erotischer Hotspot in der Schlüsselbeinregion. Kein muskulöser Arm, der sie umschlungen hält. Und erst recht kein Kerl in Sonjas Bett. Stattdessen ein Schweißfilm auf ihrem Rücken. Zwischen ihren Brüsten. Überall.

Diese verdammten Hitzewallungen. Beinahe jede Nacht wacht Sonja schweißgebadet auf, muss sich umziehen, weil ihr T-Shirt nass ist wie nach einem Zehntausend-Meter-Lauf. Diesmal hat sie die Attacke in den frühen Morgenstunden erwischt. Oder kommt so was jetzt mehrmals pro Nacht? Missmutig schwingt Sonja die Beine aus dem Bett. Ihr Sohn rumort im Bad, hat vermutlich soeben den Duschkopf zerstört. Wer würde ihn reparieren? Er sicher nicht. Sonja ist zuständig. Für das Essen. Die Wäsche. Die Miete. Reparaturen aller Art. Fehlt nur noch die Aufschrift auf ihrem Auto: »Sonjas Superservice. Schnell. Rund um die Uhr. Und vor allem: Kostenlos.«

Ihr Sohn wird im nächsten Jahr seine Ausbildung anfangen, wenn er nicht noch zum Bund muss. »Zivildienst? Das ist für Bekloppte.« Das ist seine Antwort an seine pazifistisch bewegte Mutter gewesen. Auch eine Art, eine Diskussion zu beenden, bevor sie überhaupt begonnen hat. Völlig unpolitisch, der Junge. Sonja, in den Nachbeben der 68er-Generation erwachsen geworden, ist erschüttert über so viel Desinteresse. Ihre Brüder haben den Kriegsdienst verweigert, ihren ersten Freund hatte Sonja heiraten wollen, um ihn vor dem Wehrdienst zu retten. Kriegsdienst – Wehrdienst: Allein die Wahl der Worte hatte damals für heiße Diskussionen gesorgt. Und die Welt in zwei Lager geteilt. Die Guten, das waren die Verweigerer, politisch Gebildeten – die Dummen gingen zum Bund. Sonjas Sohn macht sich diese Gedanken nicht. Er will dahin, wo es am bequemsten ist. Und das ist mit Sicherheit nicht der Job im Altenheim. Hotelmanagement. Das war sein Berufsziel. Selbstverständlich will er nicht als »Depp« beim Bettenmachen anfangen, das machte er ja zu Hause auch nicht, sondern gleich im oberen Segment – sonnenklar.

»Hoffentlich geht er ganz weit weg«, murmelt Sonja. Er nimmt einfach zu viel Platz weg, ihr Joel – ihr großer Sohn. Sonja schämt sich für ihre Gedanken. Darf eine Mutter das, ihren Sohn weit weg wünschen? Endlich verlässt Joel das Bad, bis in die Haarspitzen gestylt mit »Igellook extreme«, in eine Wolke Parfum gehüllt. So riecht Erfolg. Sonja schämt sich für ihren Neid.

Als Thomas ausgezogen war, ihr Mann, hat sich Sonja auch geschämt. Dass ihr Mann sie verließ, hatte sie als ihr Versagen angesehen. Thomas ging, als Joel drei Jahre alt war. Thomas hatte eine andere. Seine Affäre erfüllte jedes Klischee. Sonja war nach der Geburt des Kindes für ihn zu einem Neutrum geworden. Unantastbar. Hure oder Heilige: »Ich habe es nicht geschafft, ihn zu halten«, wirft Sonja sich heute noch vor. Dabei hat sie sich doch auch nach wenigstens kleinen Abenteuern gesehnt. Von wegen heilig. Ihren kleinen Sohn erzog sie allein. Schob Schichtdienst, um ihn rechtzeitig aus der Kita zu holen. Manchmal schlief sie auf dem Spielplatz ein, neben den Vollzeitmüttern. Ärgerte sich, dass die ihre Soll- und Ist-Vorstellungen auf sie übertrugen. Sie tat es doch im umgekehrten Fall auch nicht. Jeder nach seinem Geschmack, das wäre eine bessere Lebenseinstellung, fand sie. Und Sonja schämte sich, dass sie einschlief – mit dem Spielzeugbagger in der Hand, den sie hüten sollte für ihren Sohn. Viel zu selten ist sie stolz, auf sich, ihr Leben und ihren Sohn. Sie wird gebraucht, sie trifft die Entscheidungen. Aber ob alles so richtig war? Und jetzt? Ist sie nur noch gut genug, den Kühlschrank zu füllen, das Portemonnaie zu öffnen. »Haste ma zehn Euro?«, ist der häufigste Satz von Joel. Dicht gefolgt von: »Was gibt's zu essen?« Was für eine aufregende Konversation zwischen Mutter und Sohn. Konversation? Ihr Sohn wird ein ebensolcher Chauvi werden wie ihr Ex.

Seine neue Freundin sieht jedenfalls genauso aus wie die Sekretärin von damals. Wie sie beim Sprechen den Kopf neigt, als hätte sie ein HWS-Syndrom. Ein Problem mit den Halswirbeln. Es soll reizend aussehen. Dieses dumme Blondchen, das sich die Ärmel halb über die Hände zieht, wenn sie den Kopf schief genug gelegt hat. Gott, wie süß! Träumen vom Märchenprinzen. Küssen einen gutaussehenden Mann, und was kommt heraus? Ein verwarzter Frosch! Das ist nämlich die wahre Version vom Froschkönig, findet Sonja. Der Frosch wird fett und faul und liegt am Ende nur noch auf dem Sofa herum. Ein echtes Happy End. Für den Frosch. Sonja schämt sich. Schon wieder. Wie kann sie nur so hässlich sein und solche Gedanken haben?

Sonja tappt ins Bad. Schluss mit schlechten Gedanken! Ihr Sohn ist doch fleißig, hat einen Plan und säuft nur in Maßen. Und sie hat ihren Job. Und darin ist sie gut. Meistens jedenfalls. Einmal hat Sonja ein Seminar besucht. Irgendwas zur Schulung der Freundlichkeit. Aufmerksamkeit gegenüber dem Kunden, dem Fluggast. Damit man sich nicht aus der Ruhe bringen lässt. Egal, was passiert. Dazu hat man sich selbst in Stimmungen versetzen müssen. Sich in Wut einfühlen. In Gelassenheit. In unangenehme Situationen. Und wie man sie rettet. Damit jeder sein Gesicht behält. »Und jetzt erinnern Sie sich bitte an eine peinliche Situation!« Der Seminarleiter hat aufmunternd in die Hände geklatscht und dann Sonja intensiv angeguckt. »Versetzen Sie sich ganz in ein Gefühl der Peinlichkeit! Wann haben Sie sich zuletzt richtig geschämt?!« Sonja hat keine Probleme mit der Situation. Spontan fällt ihr die peinlichste Geschichte von allen ein. Die mit Marc. O weh!

»Ich will dich zu meiner Frau nehmen!«, flüsterte ihr ein flüchtiger Liebhaber ins Ohr in diesem einen, sehr verschwitzten, extrem ekstatischen Moment. »Was soll ich denn bei deiner Frau?«, fragte Sonja spontan. Und hat ihn in null Komma nix auf den Nullpunkt gebracht. Coitus interruptus. Sonja war noch tagelang schlecht, weil alles einfach so peinlich war. Gut, sie wusste nicht, ob er verheiratet war oder nicht. Sie hatte überhaupt sehr wenig gewusst über ihn. Er hatte sie abgeschleppt. Ein paar Mal im Hotel. Sonja, die Stewardess. Er war Pilot. Marc. Ein netter Typ, wohnte in Kelsterbach, nicht weit vom Frankfurter Flughafen. Er hatte einen Bruder, der sah genauso gut aus wie Marc. War wohl schwul. Mehr wusste sie nicht von ihm. Marc war nur eine Episode. Das war, bevor das mit Thomas passierte. Vor der Blitzhochzeit, die stattfand, weil Sonja schwanger war mit Joel.

Stolz sein: Sonja ist es nicht. »Du hast dich doch gut gehalten!«, hatte ihr gestern eine Kollegin gesagt. Und damit Glück gehabt, dass Sonja ihr nicht gleich den Kaffee ins Gesicht gekippt hat. Sonja will nicht für ihr Alter gut aussehen, sie will generell gut aussehen. Ohne Wenn und Aber. Nicht in »Relation zu … im Verhältnis von … verglichen mit.« Natürlich sieht sie besser aus als Gesine Schwan, aber – verdammt – sie sieht schlechter aus als Paris Hilton! Sonja ist irgendwas zwischen Gesine und Paris. Aber was?

Endlich ist Sonja fertig im Bad, halbwegs restauriert. Der neue Faltenfiller taugt nichts. Nach wenigen Stunden schlafft die Haut in die Urform zurück. Schweineteuer das Zeug. Madonna benutzt es angeblich auch. Sonja setzt sich mit ihrem Kaffee an den Küchentisch. Joschka winselt, will hoch auf ihren Schoß. Joschka, der Mops, der so heißt, weil er klein und knubbelig ist und dennoch eine Hündin nach der anderen abschleppt. Ein Womanizer, so sagt man doch. Herrgott, sind Hundedamen blöd. »Genauso blöd wie ich«, denkt Sonja. »Kaum macht mir einer den Hof, fange ich an, ihm die Hand zu lecken.« Schnell blättert sie die Zeitung durch. Von hinten. Das ist wenigstens originell, findet sie – und bleibt an einer Todesanzeige hängen. »Unsere Sonja ist tot«, steht da. Mehr nicht. Kein Nachname. Geboren am 6. 2. 1965. »Die heißt wie ich und ist so alt wie ich.« Sonjas Gänsehaut ist körpergroß. Gestorben »nach kurzer schwerer Krankheit«. So alt wie sie – derselbe Jahrgang. So ist das mit dem Vornamen, man kann die Altersklasse erkennen. In Sonjas Schulzeit gab es in jeder Klasse mindestens zweimal Susanne und einmal Sabine. Keine Nele, keine Jule, keine Sarah und erst recht keine Sophie – so wie heute. Die würden erst in einem halben Jahrhundert ihre Namen in den Todesanzeigen lesen. Oder viel später, wenn es stimmt, dass die jetzigen Neugeborenen an die hundert Jahre alt würden. Rein statistisch gesehen. Wären die Todesanzeigen bis dahin digital? Als pdf zum download. Für alle, die es interessiert. Gibt es bis dahin noch sms? Falls er überhaupt noch angezeigt würde, der Tod. Mit Druckerschwärze auf dem Küchentisch. Bis dahin super out – bestimmt. »Die Zahl der Lebenden weltweit hat vor wenigen Wochen die Zahl sämtlicher bislang Gestorbener überholt.« Das hat Sonja irgendwo gelesen. Und es hat sie geschockt. Sie war irgendwie sicher gewesen, dass bei so viel toten Römern, Griechen und Ägyptern des Altertums – und den ganzen Neandertalern davor – die Toten immer viel mehr sind als die Lebenden.

Sonja fühlt sich alt. Bald tot. Gibt es ein Leben nach dem Tod? Immerhin gibt es ja nun eine große Auswahl an Menschen, in deren Haut man schlüpfen könnte. Falls man wiedergeboren würde. »Im nächsten Leben werde ich ein Mann«, murmelt Sonja, »allein, um zu erleben, wie das ist – so zu sein.« Anders als sie. Vielleicht würde sie sogar ein Frauenversteher sein! Jedenfalls irgendwann alt. Wenigstens dieses Problem geht auch Männer an.

Sonja schubst Joschka vom Schoß. Was steht da sonst noch in der Todesanzeige? Kein Nachname. Aber der übrige Text: Altmodisch, diese Zeilen. Wie aus einer anderen Welt. Altmodisch, diese Zeilen – von dem Verfasser hat sie nie gehört. »Trinken will ich dein Gold, schöner Oktobertag. Alles, was ich einst gewollt, klingt in der Seele nach …« Erreicht hat sie es jedenfalls nicht, was sie alles gewollt hat, diese Sonja, die nun tot ist. Plötzlich strömen die Tränen über Sonjas Gesicht. Der Traum heute Morgen, die Sehnsucht heute Nacht. Ihr Sohn wird in die Schweiz gehen oder nach Österreich: die richtige Wahl, wenn man ins Hotelfach will. Dann ist Sonja allein. Mit ihren heftigen Gefühlsausbrüchen.

»Stimmungsschwankungen sind ganz normal in den Wechseljahren«, hat ihr Gynäkologe gesagt. Was für ein unsensibler Sack! Wechseljahre! So etwas hat doch Sonja nicht. Wütend ist sie aus der Praxis gestapft. So ein Quatsch! Nur weil sie nachts mal ein bisschen schwitzt.

Sie würde sich gerne einen Lover nehmen. Das tun, was früher so einfach gewesen ist. Mit den Piloten, den Pursern. Lebenskunst nennt man das. Einen Kontrapunkt schaffen zu ihrem Job. Es darf einfach nicht mehr passieren, dass sie spontan in Tränen ausbricht. Wie neulich am Counter. Nur weil dieser Depp einen Schalter weiter sie süffisant gemustert hat, während sie einen Fluggast eingecheckt hat. Sonja, die ehemals smarte Stewardess. Später dann der Job am Schalter. Den hat sie nun schon seit sechs Jahren. Und genau da hat sie neulich diese Schwitzattacke erwischt. Einfach so – aus dem Nichts. Kurzer Schwindel, dann die Hitze. Der Fluggast, der ihr gerade seine Buchung und den Ausweis entgegengestreckt hat, ist vor ihren Augen verschwommen. Sein Gesicht ein Schwamm, in dem sich ein Mund bewegt, unverständliche Laute formend. Uff. Sonja hatte jahrelang Schichten geschoben. Um früh genug zu Hause zu sein. Bei ihrem süßen Sohn. Joel – ihre Freude.

Woran wohl diese andere Sonja gestorben ist? »Nach kurzer schwerer Krankheit«, das ist doch Krebs! Sonja würde das nicht kriegen, das hat sie so beschlossen. »Alles eine Frage des Bewusstseins«, versucht Sonja sich einzureden. Und Krebs gehört da nicht hin. Banal diese Betrachtungsweise, aber Sonja will sich nicht auf anderes einlassen. Sonja denkt spontan an Shania – uups – die heißt ja Susanne. Eine der vielen Susannes aus ihrer Welt. Diese war in der Parallelklasse. Macht jetzt auf Esoterik. Verkauft indianisches Zeug. Made in China, vermutlich. Susanne nennt sich jetzt Shania. Daran erinnert sich Sonja noch. Verrückt irgendwie. Aber sie scheint glücklich zu sein, das war auf dem letzten Klassentreffen zu sehen. Groß gesprochen hat Sonja nicht mit ihr, aber vergessen hat sie ihn nicht, den entspannten Ausdruck auf Shanias Gesicht.

Entschlossen geht Sonja zur Tür. Noch heute wird sie Hoyer ansprechen – den gutaussehenden großen Typen mit dem merkwürdigen Namen. Man erkennt sie an ihren Namen, wenigstens die Generation. Aber Hoyer? Das klingt nach tiefstem Mittelalter. Na ja, immer noch besser als Jaden. Oder Lourdes. Madonnas Tochter heißt so. Hoyer klingt auch nach Märchenprinz. Hoyer, mit den muskulösen Oberarmen – er war der neue am Schalter, der so dumm gegrinst hat, als ihr der Schweiß ausbrach. »Er ist zwar mindestens fünfzehn Jahre jünger als ich. Aber damit ist er genau der Richtige. Eine dumme kleine Gans, die von Pool und Personal träumt, kann er ja später noch finden. Jetzt zählt doch eine erfahrene Frau, wie ich«, denkt Sonja und spricht sich selbst Mut zu. Scham will aufsteigen. Aber sie lässt es nicht zu. Eine Frau Mitte vierzig. Eine Frau, die weiß, was Spaß macht. Den Faltenfiller im Gepäck. Ein paar Stunden straffe Haut, das muss reichen, findet Sonja und streicht die Krümel von ihrem Bleistiftrock. »Ab heute keine Mandelkekse mehr zum Frühstück«, beschließt sie, wirft die Haare zurück und die Haustür ins Schloss. Ihr Sohn würde heute zur Dönerbude gehen – Geld liegt auf dem Küchentisch.

Hoyer wird heute ihr Flirtopfer werden müssen, auch wenn Sonja keine Ahnung hat, wie sie das anstellen soll. »Learning by Doing.« Hoyer, ihre persönliche Mutprobe. »Männer können und wollen doch immer.« Heißt es in Sonjas Generation. Mal sehen, ob Hoyer will. Kaum angekommen im Personalparkhaus vom Flughafen, ist ihre Bluse durchgeschwitzt. Im Aufzug, den sie eigentlich nie wieder nehmen wollte, weil Treppenlaufen viel gesünder ist, begegnet ihr Wolfgang, der Widerliche. Den sie insgeheim so nennt, weil er einen Seehund-Schnauzbart trägt. Hat ihm noch niemand gesagt, wie bescheuert das aussieht? Mega-out, der Typ. Abfällig mustert Sonja Wolfgang. Lieber keinen als so einen. Wenn er spricht, wackelt seine glatt rasierte, grundsätzlich leicht entzündete Haut am Hals. Schlabberig, wie bei einem Truthahn. Sonja wendet den Blick, zählt die Stockwerke mit. Leider klappt ihr souverän geplanter Ausstieg nicht, sie bleibt mit dem Absatz hängen, als sie lässig aus dem Aufzug rauschen will. Wolfgang, der Widerliche, fängt sie gerade noch auf. Schnell und geschickt, wie sie zugeben muss. »Immer langsam, in unserem Alter«, sagt er lachend. Die Haut am Hals vibriert. Sonja schämt sich. Schwitzt. Abgesehen von zwei weiteren überraschenden Schweißausbrüchen verläuft der Tag unspektakulär. Hoyer hat sie eine Nachricht geschickt. Ob er einen Kaffee mit ihr trinkt? »Wieso?«, fragt er zurück. »Nicht fragen, kommen«, denkt Sonja. So ein Depp. Dann wird dieser Tag eben ohne diesen Hoyer stattfinden. Wenn der so blöd fragt. Verdammt. Sie hat zu nah am Wasser gebaut.

Am Abend ist ein Fest bei Susanne. Ihr Jahrgang, aber nicht aus ihrer Klasse. Diese Susanne hat sie erst später kennengelernt. Es müssen an die zwanzig Susannes sein, die sie in ihrem Leben getroffen hat. Oder mehr? Die hier ist jedenfalls nett, feiert ihren Fünfundvierzigsten. Es kommen nur Frauen. Alle bringen was mit. Salate. Aber keinen Mann. Dafür Spezialitäten, die sie auf ihren diversen Urlaubsreisen kennengelernt haben. Es gibt Fleisch in Weinblättern (Griechenland), neben Fleisch in Blätterteig (Türkei), neben Fleisch in Nudelteig (Italien), neben Fleisch in Brot (Bayern). Reisen bildet. Sonja isst Salat. Wer wahrgenommen werden will, muss schlank sein! So pummelig wie Petra? Niemals! Petras gibt's garantiert noch mehr als Susannes auf dieser Welt. Gut, dass niemand ihre Gedanken lesen kann. Denn eigentlich mag sie ja die Frauen hier. Sie stehen in Grüppchen zusammen und tauschen sich aus. Über pickelige Söhne und zickige Töchter. Schrecklich, dass es auch immer öfter um Krankheiten geht. »Marleen hat Osteoporose«, erzählt Waltraud gerade, »ist im Supermarkt an der Kasse eingeknickt. Zack, mir nichts, dir nichts, ist der Mittelfuß gebrochen. So dünn war der Knochen geworden, dass er das eigene Körpergewicht nicht mehr stützen kann.« Marleen fährt trotzdem Auto, gibt mit der Krücke Gas. Sonja will das nicht hören, das klingt zu sehr nach Verfall. Sonja will leben. Jetzt! Solange sie noch halbwegs hübsch ist. Wenn Hoyer sie nicht will, dann eben ein anderer. Sie muss nur noch ein bisschen Flirten üben. Sie hat schlicht vergessen, wie das geht. Nach der Geburt ihres Sohnes war es deutlich: Männer schauten nicht mehr nach ihr. Ein Kind bei sich zu haben ist wie ein Stempel vom Fleischbeschauer. Und bedeutet: Diese Frau ist weg. Vergeben. Tabu. Keine »Sie«. Sondern ein »Es«. Das Mütterliche. Das Mama. Grammatikalisch falsch. Ansonsten Realität. Keine Basis für einen heißen Flirt. Aber jetzt ... würde es noch mal richtig losgehen. Sonja hat ein paar Ratgeber bestellt: »Zwanzig Tipps für den perfekten Flirt.« Im Taschenbuch. Neun Euro fünfundneunzig. Außerdem: »Entdecke den Vamp in dir! So wird jeder Mann schwach!«

Warum kann man das Altern nicht verschieben? Das Leben ist eine Reihe guter Augenblicke. Und davon will Sonja noch welche sammeln, bevor es zu spät ist. Nicht jetzt, sondern frühestens Anfang sechzig die Wechseljahre akzeptieren. Bis dahin wäre dann die Lust vielleicht weg. Die Lust auf einen Mann. Und sie könnte in Ruhe alt werden.

Klonk! Die beiden Typen stoßen die Bierflaschen zusammen, prosten sich zu und versinken in Schweigen. Sonja schaut in

ihre Richtung. Scannt sie kurz. Dann schaut sie schnell wieder weg. Auf dem Rückweg von Susannes Party hat sie noch mal angehalten. Weil da dieses große gelbe Plakat gewesen ist. »Ü-30-Party. Eintritt frei für Frauen.« Das war doch genau das Richtige für sie! Neugierig betritt sie den »Börsenkeller«. Er ist gerammelt voll. Musik der Siebziger und Achtziger. Erinnerungen steigen auf. Auf der Tanzfläche: viele Männer, noch mehr Frauen. Ü 30? Ü 50 passt schon eher. Alte Knacker. Nichts Knackiges dabei.

Und dann sieht sie Wolfgang, den Widerlichen. Er tanzt. Gar nicht mal so schlecht.

Trotzdem verlässt Sonja den Raum. Landet an der Bar. Klonk. Die Typen neben ihr stoßen erneut mit den Bierflaschen an. Prosten sich zu und starren geradeaus. Bis die sich trauen, eine Frau anzusprechen, ist die schon seit Stunden weg. Klonk.

Kaum ist Sonja zu Hause, setzt sie sich an den Küchentisch. Es ist mitten in der Nacht, Joel ist mit seiner neuen Freundin weg. Sämtliche Freundinnen, auch die Sabines, Susannes und Petras, schreibt Sonja jetzt auf. Die sie am liebsten hat, kreuzt sie an. Die tun ihr gut, die will sie zu einem großen Fest einladen. Mit Männern. Das Leben ist eine Reihe guter Augenblicke. Klonk.

Der Psychologe meint

Darf sich eine Mutter wünschen, ihr Kind wäre weit weg? Die Antwort: Sie tut es, ob sie es darf oder nicht. Gute Elternschaft entscheidet sich nicht daran, ob man dem eigenen Kind gegenüber nicht auch mal Abneigung empfindet. Sie entscheidet sich daran, was man mit dem Gefühl macht. In jeglicher Art von

Beziehung gibt es Situationen, in denen man den anderen auf den Mars wünscht. Die »Tatsache, dass« sagt nichts über die Qualität der Beziehung aus. Das »Wie« ist entscheidend. Zwei Elemente sind wichtig: die Intensität des Wunsches und seine Häufigkeit. Die Grenzen sind fließend. Wenn man sich wochenlang vorstellt, dass das eigene Kind möglichst verschwindet, sollte man ernsthaft hinschauen und gegebenenfalls Hilfe suchen, denn dann lebt man sehr wahrscheinlich in Situationen, die weder einem selbst noch dem Kind guttun. Hat man solche Gefühle eher in Form spontaner und relativ kurz aufflackernder Impulse, gehört das zu den Dingen, die wir vielleicht gerne abstellen würden, die aber nicht abzustellen sind. Die müssen wir akzeptieren. Wenn zwei Personen aufeinandertreffen, ergeben sich Diskrepanzen. Temporäre Aversionen sind ein Zeichen für bestehende Beziehung. Das heißt: Solange man sich noch auf den Keks geht, hat man zumindest noch eine Beziehung miteinander. So wie Sonja mit Joel, ihrem Sohn, der dem Vater sehr ähnlich ist – für Sonja eine erschreckende Tatsache. Sie ist eifersüchtig auf ihren Sohn. Auf seine Jugend.

Das Problem, alt zu werden, ist eigentlich mehr als nur eins. Es sind mindestens zwei. Erstens werde ich auf einmal damit konfrontiert, nicht mehr attraktiv gefunden zu werden. Zweitens muss ich erleben, dass sich Körper und Gesundheit auf eine Weise verändern, die mir zusetzt. Das Erste mag ein Luxusproblem sein. Das Zweite ist ein universelles. Menschen, die auch im jungen Leben ihrer äußeren Attraktivität wenig Aufmerksamkeit entgegenbrachten, denen sie eher unwichtig ist, werden mit dem ersten Punkt kaum Probleme haben. Die innere Attraktivität kann nämlich mit dem Alter durchaus mehr strahlen und nimmt mitnichten zwangsläufig ab. Es gibt charismatische, lebhafte, beeindruckende und in diesem Sinne attraktive Persönlichkeiten, die die jungen Jahre weit hinter sich gelassen haben. Wer den Luxus äußerer Attraktivität aber besaß und im Leben darauf setzte, wird bei dessen Verlust durch das Alter natürlich alles versuchen, um ihn so lange zu bewahren wie möglich. Je enger die Bindung daran, desto grotesker oft die Resultate. Und wenn es dann gar nicht mehr geht, wenn das Loslassen keine Option, sondern Notwendigkeit ist, tut es extrem weh. Verständlich. Mit der Verabschiedung des Körpers von Jugend und Gesundheit muss jeder Mensch, der alt wird, umgehen. Zunehmende Gebrechlichkeiten, Krankheiten, kurz: der normale Verschleiß, an dessen Ende der Tod steht. Langsam oder plötzlich, ganz egal. Ars moriri, »Kunst zu sterben«, nannten die alten Römer die Fähigkeit, Abschied zu nehmen. In dieser bedenkenswerten Philosophie wären Falten, Hautlappen, Krankheiten, Verluste, Trennungen und andere Arten von Abschieden nichts anderes als Trainingseinheiten, die uns fit machen, in Würde loszulassen. Uns in kleinen Dosen auf die große Nummer am Ende vorzubereiten. Wir haben die Kunst zu sterben verlernt. Sie wird uns schwergemacht. Denn kaum einer sieht Abschiede – auch die vom eigenen Körper – heute noch als Wert. Sie sind nur noch negativ und zu vermeiden. Dass wir uns dadurch einer Lernform entledigen, die uns das Leben langfristig erleichtern kann, nehmen wir oft nicht mehr wahr. Und so verlernen wir mehr und mehr, dass Leiden und Verlust ebenso zum Leben gehören wie Freude und Gewinn. Schade, denn unsere Vergänglichkeit muss uns nicht schrecken.

Älter werden hilft,

… wenn Menschen wie Sonja ihre Gabe nutzen, weiterhin neugierig zu bleiben. Trägheit steht ihnen nicht. Aber sie sollten lernen zu antizipieren. Statt weiterhin »Learning by Doing« zu praktizieren, sollten sie versuchen, Konsequenzen zu ahnen. Vorauszudenken, ohne im Voraus zu grübeln. Sonja tut das, denn sie setzt sich mit ihrer Vergänglichkeit auseinander. Und sie findet ihre Lösung. Sie enthält nach wie vor die Äußerlichkeit. Und addiert das Innere. Sonja beginnt, sich auf Werte zu besinnen, die altersunabhängig sind. Sie überlegt, welche Menschen ihr guttun – und nicht, wer gut aussieht. In den Gesprächen mit ihren Freundinnen geht es zwar durchaus um Äußerlichkeiten, aber die Werte Freundschaft, Zuneigung, Loyalität, Akzeptanz und Freude sind zutiefst innerlich. Und die können im Alter noch zunehmen. Sonja nimmt ihre psychische Altersvorsorge auf. Sie bereitet sich gut vor, indem sie beginnt auf das zu bauen, was sie in Zukunft tragen wird, wenn bekannte Stützen langsam schwächer werden. Dabei handelt sie nicht vorschnell, sondern sehr geschickt. Noch hängt sie zwar an ihrem Sohn, lässt ihm aber die Freiheit. Und sie erkennt, dass sie die Wahl hat: sich klein oder groß zu fühlen, stark oder schwach. Sie entscheidet. Und nicht der Spiegel, in den sie schaut.

Susanne und der Ruf des Schamanen

Handelt von einer langmähnigen Auszubildenden, von Strumpfhosen bei dreißig Grad, einer Begegnung am Grab, etwas Treibholz und der individuellen Entdeckung der Langsamkeit.

Murphy. Susanne kennt ihn. Gut sogar. Murphy ist da. Genauer gesagt: sein Gesetz. Das »Gesetz nach Murphy« bedeutet, dass falls etwas schieflaufen kann, es auch zwangsläufig schiefläuft, früher oder später. Susanne trifft Murphy oft. Besonders gern an den Tagen, an denen man nur rückwärtsgeht und dann noch jemand hinter einem steht, dem man auf die Füße trampelt. An Tagen, an denen man einfach nur was sagen will, und man bringt keinen geraden Satz heraus. Und den Pin-Code für den Geldautomaten hat man auch vergessen. Obwohl er seit sechs Jahren derselbe ist. Oder man sagt »Vera« zu der Kollegin, die »Eva« heißt. Seit ihrer Geburt. Du kennst sie lange genug, um das zu wissen. Du musst kein Marmeladenbrot vom Tisch werfen, das auf der klebrigen Seite landet, nur um Murphy zu beweisen. Murphy existiert. Susanne hat Murphy. Und wie. Sie verheddert sich mit den Schnüren an ihrem Sweater im Gitter des Einkaufswagens, für den sie keine passende Münze hat. Und als sie niest, macht sie sich ein winziges kleines bisschen das Höschen nass. Um Himmels willen! Inkontinenz! Da ist sich Susanne sicher. Schließlich hat sie alles gelesen über das Älterwerden. Gesprochen hat sie mit niemandem darüber. Dazu ist sie viel zu vorsichtig. Aber sie hatte sich ihre Meinung gebildet. Fazit: Susanne will nicht alt werden. Sie kennt alle Fakten. Der Tatbestand der Blasenschwäche ist offensichtlich. Das ist wie dreimal Murphy am Stück. Und: Susanne kennt keine Gnade – vor allem nicht für sich selbst. Alt! Nur ein Tröpfchen war es, weil sie nicht auf der Toilette war. Keine gefunden hatte. Aber: Es ist Inkontinenz. Einhundert Prozent. Und kein bisschen Hysterie!

Je älter man wird, umso schlimmer wird Murphy. Weil man die Gelassenheit verliert, dass es nur mal ein kurzer Murphy ist. Susanne checkt die Lage. Äußerlich völlig ruhig, fragt sie die Auszubildende in der Agentur: Ob sie auch schon mal ihre Pin-Nummer am Bankautomaten vergessen hat? Oder: jemanden mit dem falschen Namen angeredet hat, obwohl sie doch den richtigen kennt? »Nö, nie«, nuschelt die Auszubildende und wirft mit einem Schwung ihre lange, blonde, glänzende Mähne zurück. »Bäh!«, denkt Susanne, holt tief Luft, bleibt, wie gewohnt, völlig ruhig, drückt den Rücken durch und fragt direkt: »Und beim Niesen, haben Sie da schon mal …« Die Auszubildende schaut sie fragend an. Um Gottes willen, jetzt nicht weiterreden, befiehlt sie sich. »Ach nichts«, Susanne lächelt kühl, dreht sich um, geht. Den Kopf hoch oben.

Susanne ist eigentlich freundlich, sympathisch, taktvoll und an anderen Menschen aufrichtig interessiert. Doch jetzt ist Schluss mit lustig. Sosehr sie ihren Job in der Werbeagentur liebt, so wenig wird sie ihn derart würdelos weiterführen. Den Kontakt mit Menschen, mit den Kreativen, die sich von ihrer detailgenauen Präsentation von Fakten immer wieder auf Kurs bringen lassen, kann sie nur so lange genießen, solange sie ihrer selbst sicher ist. Und das – Pardon – ist nicht möglich mit solchen Unzulänglichkeiten. Ja, Susanne fühlt sich wohl in der Werbebranche, ist beliebt und will es bleiben. Aber alt darf man hier nicht wirklich sein. Und Murphy geht gar nicht. Susanne ist fünfundvierzig. Der Wendepunkt ist da!, findet sie. Rein rechnerisch, müsste sie neunzig werden, minus der letzten fünfzehn Jahre von fünfundsiebzig bis neunzig, weil sie da ohnehin nur noch die Hälfte bringt. So, wie sie dann auch nur noch die Hälfte ihrer Muskelkraft besitzen wird, wenn überhaupt. Und diese widerlich wabbeligen Oberarme bekommt. Susanne nennt sie »Schwarzwälder Kirsch«, seit sie eine Gruppe alter Damen im Café beobachtet hat, alle aßen, schnatterten und alle mit Hut. Und jedes Mal, wenn eine von ihnen die Torte zum Mund führte, wackelte der Oberarm. Allein vom Halten der Gabel, wabbelte die Haut. Heutzutage geht man ja zu irgendeiner angesagten Kaffeekette. Und da gibt's keine Schwarzwälder. Keine Omas. Und erst recht keine Schwabbelarme. Und was passiert mit der Runzelhaut? Wegoperieren!

Wenn die Sonne scheint, ist Susanne unerträglich. Sie mag sich nur bei Kerzenlicht. Da sieht man die Falten und Fältchen nicht so, die hat sie mittlerweile sogar am Knie! Sieht aus wie Risse in der Oberfläche Äthiopiens nach jahrelanger Trockenheit, findet Susanne. Ab sofort also nur noch Feinstrumpfhosen; auch bei dreißig Grad. Zumal die Haut ja auch nicht mehr gleichmäßig braun wird, sondern fleckig. Altersflecken.

Susanne guckt nicht mehr in den Spiegel, wenn das Licht ungünstig ist. Die Kosmetikspiegel in guten Hotels sind die schlimmsten: X-fache Vergrößerung jeder Falte. Deutlich sichtbar: die erweiterten Äderchen. Couperose. Sogar am Hals hat sie die jetzt. Dazu noch diese Besenreiser an den Beinen. »Für Ihr Alter sehen Sie doch noch sehr gut aus«, wer so was zu ihr sagt, ist untendurch. Irreversibel. »Für Ihr Alter!« Genau das ist es ja: Sie hasst es, alt zu werden, sie ist definitiv zu feige dazu. Sie ist immer eine schöne Frau gewesen, und jetzt? Die Hälfte aller Männer kommt überhaupt nicht mehr in Frage. Und die gleich alten Säcke – was soll sie mit einem künftigen Pflegefall? Sie hat es im Leben zu etwas gebracht, ist eine erfolgreiche Werbekauffrau. Sie weiß, wie man Ideen so präsentiert, dass ihre Agentur gebucht wird. Platte »Kauf mich«-Botschaften der Branche sind ihr zuwider. Susanne überzeugt durch ihr gesundes Urteilsvermögen und den Sinn für das, was funktioniert. Entscheidungen für Kampagnen kann sie mit nötigen Fakten unterfüttern. Und sie lacht gern. Nicht so gern über sich selbst. Und jetzt ist ihr das Lachen ganz vergangen – angesichts des eigenen Alterns. »Wie gelingt es hässlichen Menschen, fröhlich zu sein?«, fragt sich Susanne.

Susanne ist sportlich. Wie lange noch? Müde Muskeln. Welke Haut. Und sie will doch noch so viel machen! Die Bilanz ihres Lebens: Fünfzig Prozent Pech. Mindestens. Fünfzig Prozent Glück höchstens, wenn man es positiv sieht. Susanne musste immer hart arbeiten – nichts wurde ihr geschenkt. Zwar fährt ihr nicht jeder Bus vor der Nase weg, aber warten will auch keiner. Auf sie. Außer Murphy.

»Würde ich mir die Brust operieren lassen, würde eine gut aussehen und die andere würde zehn Zentimeter weiter unten hängen. Oder die Brustwarze würde am falschen Fleck wieder angenäht.« Davon ist Susanne überzeugt, und sie entscheidet sich dagegen. Keine Experimente. Denn auch bei nur fünfzig Prozent Pech kann das Gesamtergebnis negativ sein.

Apropos negativ: Ihre Freundin, Panja, sie war der fröhlichste Mensch, den Susanne kannte. Und ausgerechnet er ist tot. Über die Ampel gefahren. Bei Rot. Am 2. Februar. Ein sonniger Tag. Susanne merkt sich jedes Datum genau. Panja war auf dem Weg zu einem Meeting. Wie blöd muss man sein? Panja war nicht blöd. Eine kluge Geschäftsfrau. Wie konnte ihr so ein Fehler passieren? Panja war umsichtig, klar strukturiert, dabei charmant und witzig. Keine Kinder, aber glücklich mit ihrem Lebensabschnittspartner. So hießen die Typen bei ihr. Du bist schneller tot, als du bis drei zählen kannst, hat Panja immer gesagt und daraus ihre ungeheure Lebenslust geschöpft. Und nun war es genauso gekommen. Sie hatte nicht mehr bis drei gezählt. Für Susanne war der Unfall ein Schock. So massiv, dass sie sich noch am Sarg ihrer Freundin schwor, keine Sekunde mehr ihres Lebens zu verschwenden. Schluss mit immer neuen Marketingstrategien und Kaufbotschaften. Stattdessen endlich einen Schritt in die richtige Richtung. Richtig abbiegen, statt immer weiter geradeaus zu laufen. Auf einer Spur, die nicht mehr ihre ist. Damit am Ende die Bilanz positiv gezogen werden kann. Vielleicht war Panjas Tod geplant, weil sie immer so viel Angst vor dem Alter hatte. »Sie ist vielleicht mit Absicht über die rote Ampel gefahren«, murmelte so ein Typ, der bei der Beerdigung in der ersten Reihe stand. Susanne schaute immer wieder hin, erkannte ihn zuerst nicht. Das war doch Andreas, irgendeiner von Panjas Ex-Typen. Der war sogar ziemlich lange mit ihr liiert gewesen. Rote Hennahaare! Und er hat das Hosenbein oben! Ist mit dem Fahrrad gekommen und vergisst komplett, das Hosenbein wieder runterzukrempeln. Dazu schlammfarbene Outdoorjacke, mit eingeknöpftem Futter. Null Performance. Null Punkte. Susanne schämte sich, am Grab ihrer Freundin solche Details zu bemerken.

»Ich habe gelebt. Und das war gut!« Das will Susanne am Ende ihres Weges sagen. In einem Ohrensessel im Kreise ihrer Lieben am prasselnden Kamin sitzen. Da war sie jetzt wohl doch in einen der Werbespots ihrer Agentur abgerutscht. Also, im Kreise ihrer Lieben … aber welche? In einem Ohrensessel … wenn es nicht der ganze Tag sein muss … am prasselnden Kamin … wer holt das Holz, und wer räumt die Asche weg? Susanne kommt so nicht weiter. Nicht allein durch die Bestimmung von Soll- und Ist-Zuständen.

Statt weiter in Gedanken Feuerholz zu suchen, meldet sich Susanne bei einem Seminar an. »Entschleunigung« ist das Thema. »Vermutlich muss man da wallenden Schrittes barfuß im Kreis herumgehen und einander ganz nah sein. In sich gehen und was spüren«, murmelt Susanne vor sich hin. Sie freut sich aus unerfindlichen Gründen trotzdem darauf.

Wenn jemand ihr vor ein paar Jahren etwas von »Krafttieren« erzählt hätte oder von »heilenden Steinen«, hätte sie sich kopfschüttelnd abgewendet. Jetzt trägt sie einen Rosenquarz um ihren Hals. Kauft ihre Kleider aus recycelter Baumwolle, diskutiert über Chakren und Channeling und hat sich obendrein für ein schamanistisches Seminar eingeschrieben. In Arizona. Trommeln, tanzen, in Sandhöhlen schlafen. In der Wüste. Kein Wasser. Aber ein anderer Geisteszustand.

Morgens dankt sie »mother earth« und bastelt Traumfänger aus Vogelfedern. Darin sollen die bösen Träume hängen bleiben oder diejenigen, die sie senden. Das Seminar vor ein paar Jahren, das mit dem harmlosen Titel »Entschleunigung«, hat eine Seite in Susanne geweckt, die sie bisher nie entdeckt hatte. Die meisten Menschen in ihrer Umgebung und sämtliche ehemaligen Kollegen haben gedacht, sie hätte einen Sprung in der Schüssel. Sie wären entsetzt gewesen, hätten sie gewusst, dass Susanne nicht an alles glaubt, worüber sie diskutiert. Ihr ist es auch egal, ob jemand trommelnd nach seinem Inneren sucht und sicher ist, es auf diesem Weg zu finden. Soll er doch! Es gibt viele Wege zum Ziel. Und darum heißt Susanne jetzt Shania – der indianische Name für Weg. Der gibt ihr die Freiheit, anders zu sein. Anders als vorher! Ein neuer Name – als eine Erlaubnis, die Seite zu leben, die sie bisher verdrängt hat. Ohne die ursprüngliche Susanne aus dem Boot zu kippen. Innerlich darf sie bleiben, die Susanne. Die besonnene, die ruhige, nachdenkliche und einfühlsame Frau. Als Shania darf sie laut sein, muss sich nicht immer beherrschen, kann einfach tanzen mit sich allein oder andere auffordern. Das hätte sie früher nie getan. Sie darf jetzt auch im Chaos frühstücken. Susanne hatte immer erst die Wohnung

aufgeräumt, bevor es etwas zu essen gegeben hat. Shania singt laut – und falsch. Auch so etwas hätte sie zuvor niemals getan. Sie ist eben ein bisschen verrückt. Und damit lässt es sich gut leben. Sie ist einzigartig, und sie ist sich dessen bewusst. Sie kennt ihre Schwächen. Und Stärken. Sympathisch, beliebt und offen, das war sie, und sie ist es immer noch. Offiziell verdient sie ihr Geld mit Traumfängern, die immer bunter und größer werden. Mit dem Auflegen von Heilsteinen und Zuhören. Dem aufrichtigen Zuhören. Dass sie noch eine Lebensversicherung hat, die ihr das nötige Kleingeld sichert, weiß niemand. Warum auch? Susanne hat schon immer gewusst, wann es sich zu schweigen lohnt. Shania weiß es auch. Und wird in Frieden alt. Ihr Ohrensessel ist nicht aus rotem Plüsch, sondern aus Treibholz gebaut, angeschwemmt vom Meer. Knorrig, uralt, silbernes Holz. Risse stören nicht. Im Gegenteil. Treibholz ist ihr neues Symbol. Erfahrung ist der Weg. Und den geht Shania gern – übrigens ohne Blasenschwäche. Es war eben doch auch Hysterie. Und die ist mit autogenem Training verschwunden. Oder ob es am Ende doch ein Heilstein gewesen ist?

Der Psychologe meint

Susanne passiert Murphy. Freud'sche Versprecher, Unkonzentriertheiten. Der Psychologe fragt natürlich sofort: Warum? Das ist doch auffällig. Es war ja nicht immer so. Was bedeuten Susannes Tollpatschigkeiten? Vielleicht ist sie nicht am richtigen Ort oder am richtigen Ort zur falschen Zeit? Dinge, die unbewusst schiefgehen, sind oft Hinweise darauf, dass man nicht das Richtige macht, sich nicht in einem Umfeld bewegt, das einem guttut – auch, wenn man das glaubt. Hinweise darauf, dass zu viel Energie gebraucht wird, um sich krampfhaft aufrecht zu halten. In einer Situation, die man eigentlich nicht aushalten will oder sollte. Hinweise darauf, dass keine Energie zur Konzentration mehr da ist. Das ist einem oft gar nicht bewusst.

Und das erlebt Susanne. Ihr Job und ihr damit verbundenes Leben tun ihr nicht mehr gut. Es ist Zeit für Veränderung. Ihre Psyche hat das lange vor ihr erkannt und versucht nun, ihr buchstäblich Knüppel zwischen die Beine zu werfen. Da wird man unweigerlich tollpatschig. Susanne meint zwar, sie habe Angst vor dem Altern, aber in Wahrheit hat sie mindestens ebenso viel Angst vor der Veränderung, deren Notwendigkeit, die sich immer weniger ignorieren lässt.

So eine Ausnahmesituation entsteht immer bei Angst. Vor Liebesverlust, vor mangelnder Anerkennung, vor Arbeitsplatzverlust, vor Gesichtsverlust – oder vor dem Altern. Susanne hat eigentlich kein Murphy, sondern einfach eine Riesenangst. Vor dem, was sie mit »älter werden« assoziiert, vor der Tatsache, dass die alten Rezepte und Muster nicht mehr funktionieren und neue noch nicht in Sicht sind. Sie hängt im Niemandsland zwischen Vergangenheit und Zukunft.

Tollpatschigkeit kann »auf psychologisch« Angst bedeuten. Aber nur dann, wenn man nicht sowieso schon immer tollpatschig war. Dann haben Sie ein anderes Problem. Nimmt Tollpatschigkeit plötzlich zu, kommt sie ganz unvorhergesehen, dann gibt es einen Grund. Wenn der – wie im Fall von Susanne – Angst ist, ist Folgendes zu tun:

Werden Sie wütend. Wie Susanne, die ab einem gewissen Punkt die Nase voll hat. Wut ist eine Waffe gegen die Angst. Wut vermag uns zu helfen, unsere Ängste zu besiegen. Dabei ist Angst nicht immer schlimm – im Gegenteil. Wenn Sie nachts in einer Großstadt die falsche Straße nehmen und es auf einmal dunkel, eng und wie eine Sackgasse erscheint, ist die Angst ein guter Ratgeber. Sie bringt uns dazu, umzukehren und in eine andere Richtung weiterzulaufen. Das ungute Gefühl kann ein

Indikator dafür sein, dass wir in tatsächlicher Gefahr sind. Zum Glück haben wir die Angst. Aber sie ist eben nicht überall der Weisheit letzter Schluss. Ein Gefühl kann zu groß werden und andere überstrahlen. Dann ist das rechte Maß überschritten, und dann wird es problematisch. Dann ist unsere Wut ein gutes Gegenmittel gegen unangebrachte oder übergroße Angst.

Wut ist das Gegenteil von Depression. Sie bedeutet Energie, Lebendigkeit, Wirkkraft. Sicherlich kann auch sie wie die Angst das rechte Maß verlieren – und heißt dann Zerstörung, Brutalität oder Unterdrückung. Aber wir reden hier vom rechten Maß. Susanne hat in dem Moment ihre Angst im Griff, in dem sie sauer wird. Sie hat die »Faxen dick«. Schluss mit freundlich und taktvoll. Geht's eigentlich noch? Das ist Wut. Und die ist gut. Wenn wir Angst haben, gibt es zwei Möglichkeiten: Depression oder Aggression. Das eine bedeutet Lähmung, das andere Leben. Dabei sind Wut und Aggression keine schlimmen Dinge. Wir sehen das an Susanne. Sie schlägt niemanden, zerstört nichts. Sie hat die Nase nur voll und *tut* etwas, das ihre Lage positiv verändert. Das ist gesunde Aggression. Und das lateinische *aggredere* heißt ja einfach nur: »etwas angehen«. Endlich!

Dabei spielt auch die Freundin Panja eine Rolle. Sie war ein Mensch, der mit einer Realität – wir können tatsächlich jederzeit sterben – erfrischend positiv umgegangen ist. Das Beste aus dem herauszuholen, was wir haben, ist psychische Gesundheit. »Carpe diem« nannten es die alten Römer, »nutze den Tag«. So eine Haltung macht aus dem Niemandsland des Übergangs schnell eine blühende Oase. Dann erst können wir sagen: »Ich habe gelebt, und es war gut.« Das sollten wir uns jederzeit fragen können: Hier und heute – kann ich diesen Satz sagen?

Susanne kann es am Ende wieder. Sie zeigt uns einen Weg von vielen. Einen anderen Geisteszustand gewinnen, das ist es dann auch, was wir brauchen, wenn uns die Angst zu überwältigen scheint. Am besten einen, der innerlich ist, reflektiert, sich seiner selbst bewusst. Denn auf dieser Ebene sitzt die Angst. Um sie zu besiegen, muss man ihr deshalb auch auf derselben begegnen. Susanne findet Verinnerlichung im »Entschleunigungsworkshop«. Wenn wir langsamer werden, hören wir automatisch unsere innere Welt lauter. Das muss nicht heißen, dass wir zur Esoterikerin werden müssen, um unsere Ängste zu beherrschen. Nur, dass wir langsamer werden müssen, wenn unsere Angst überhandnimmt. Langsamer und innerlicher. Wir müssen beginnen, uns selbst zu spüren. In solch banalen Dingen wie Atmung, Bewegung und Berührung. Auf den Boden legen und bewusst tief atmen kann helfen. Still sitzen und meditieren kann helfen. Massage kann helfen. Joggen kann helfen. All das macht Angst kleiner.

Sind wir innen, merken wir unweigerlich das, was Susanne erlebt: Wir sind einzigartig und unendlich wertvoll. Vor aller Leistung und trotz aller Schuld. Wir haben Stärken und Schwächen, und das ist gut so.

Älter werden hilft,

... denn im fortgeschrittenen Alter werden Menschen diesen Schlags gelassener und immer fähiger, kalkulierbare Risiken einzugehen. Sie schaffen es, mit ihren Ängsten zu leben und sich nicht von ihnen kleinmachen zu lassen. Wie Susanne. Sie entwickelt einen unglaublichen Mut – der viel mit Aggression zu tun hat. Die Erlaubnis dazu können sich viele Menschen, die so sind wie Susanne, erst später im Leben zugestehen. Der Wunsch, um jeden Preis dazuzugehören, nimmt ab. Die Fähigkeit, auch mit Distanz und sogar Abneigung anderer umzugehen, nimmt zu. So werden Menschen wie Susanne im Alter oft zu Vorbildern für eine gute Balance zwischen qualitativ hochwertigen und engen Beziehungen auf der einen und souveräner Unabhängigkeit auf der anderen Seite.

Leben für Fortgeschrittene – der Test

Als wir diesen Test entwickelten, wurden wir immer wieder gefragt, warum ausgerechnet wir so ein Buch schreiben und dann auch noch mit Psychotest. Wir finden die Frage charmant, und legen sie ab in der Kategorie: gelungene Komplimente zum Thema Alter. Immerhin gehört Ulla zur Babyboomer Generation. Unvergessen Ullas Erstaunen, als eine Freundin sie beim Joggen zu ihrem Fünfzigsten einlud, ihrem nächsten runden Geburtstag eben. Vor Ullas innerem Auge entstand eine in Silberpapier geprägte, ornamental ausgestanzte, überdimensionale **50**, die überdies in einer fetten, weißen Sahnetorte steckte. Drum herum saßen ältere Damen mit blaustichiger Dauerwelle, die eine cremige Tortenmasse auf überladenen Gäbelchen zum ständig plappernden, plissierten Mund führten. Ein kurzes Verharren der Hand vor den geschminkten Lippen, Lavendelduft hing in der Luft. Wogende Busen. Die Freundin rannte unbekümmert weiter, mit langen Schritten, leichtfüßig wie ein Rennpferd; Knackpopo. Und alles ohne Dauerwelle. Und Ulla?

Fünfzig ist uralt. Sechzig ist scheintot. Von dieser frühkindlich angelegten Wahrnehmung ist sie erst jetzt abgerückt. Trotzdem fragt sich Ulla: Wartet vielleicht doch irgendwo eine dicke Torte auf sie? Bricht sie noch auf dieser Laufrunde zusammen, neben ihrer agilen Freundin, die nicht ahnt, welche Szenarien ihre Vorstellungskraft just entwirft? Am Ende des langen Laufs brach keine von ihnen zusammen. Die Haut war gut durchblutet, auch am Oberarm. Und älter werden ist nicht zwangsläufig schlimm. Sonst würden es ja nicht so viele werden wollen. Ulla will das auch. Und zwar richtig! Sie interessiert die Auseinandersetzung mit dieser zweiten Pubertät: Sie ist die Zielgruppe!

Und Uli? Der ist zwar noch jünger, seine Zwillinge sind gerade in die Schule gekommen, während Ullas Ältester schon achtzehn ist. Und trotzdem passt Uli perfekt. Weil auch er Wendepunkte bewältigen muss. Die gibt es in allen Lebensphasen. Häutungen sind immer wieder angesagt. Denn das Ziel, sich weiterzuentwickeln, begleitet uns vom ersten Atemzug. Der Wunsch, sich entwickeln zu wollen, weiterzukommen, geht über unsere bloße Existenz hinaus. Die bislang nicht gelebten Seiten in der eigenen Biographie zu erkennen und zu entscheiden, welche davon so wichtig sind, dass sie realisiert werden sollten – das ist die Linie, die durch jedes bewusste Leben führt. Die Entscheidung für etwas (Ausbildung, Beruf, Partnerschaft, Kinder, Treue, Trennung etc.) ist auch immer eine Entscheidung gegen etwas.

An dieser Stelle im Buch angekommen, haben Sie möglicherweise alle sechzehn Porträts gelesen und haben das Gefühl, auf Sie treffen mehrere Beschreibungen zu? Oder keine passt so richtig? Gut so! Jede Lebensform ist anders, man kann aber Parallelen erkennen. Nämlich darin, welche Seiten des Lebens gelebt werden müssen und welche nicht. Um am Ende des Weges festzustellen: »Ich habe gelebt, und es war gut.« Um das sagen zu können, brauchen wir ein Bild davon, wie wir uns in der Zukunft sehen. Im Kreise der Lieben am prasselnden Kamin? Dann wird es Zeit, das Feuerholz zu suchen. Zeit ist endlich, zum Glück. So werden wir zum Entscheiden gezwungen – wären wir unsterblich, dümpelten wir im ewigen Anti-Aging-Brunnen dahin und es wäre egal. Egal, was wir leben, wie wir lieben. Das Leben wäre beliebig. Und Persönlichkeit hätte kein Profil.

Das Verfahren

Sechzehn fiktive Porträts stehen stellvertretend für Persönlichkeitsmerkmale, die als Basis einer modernen Psychologie definiert werden können, wenn Persönlichkeitsprofile erstellt und geordnet werden und Parallelen gezogen werden sollen.

Sich richtig einzuschätzen ist das eine, sich richtig entscheiden zu können ist das andere. Der Test gibt konkrete Tipps. Entdecken Sie selbst, wie viele Persönlichkeitsanteile der einzelnen Typen in Ihnen stecken.

Die Personen, mit denen Sie am wenigsten verbindet, sind ebenfalls interessant. Sie zeigen, welche Faktoren in Ihnen nicht oder wenig entwickelt sind. Sie wählen aus, welche davon erstrebenswert sind. Und welche nicht.

Ein Beispiel: Wenn man identifiziert hat, dass Mut nicht gerade zu den eigenen Stärken gehört, mangelnder Mut davon abhält, Entscheidungen zu treffen oder Konflikte anzusprechen und zu lösen – dann wird diese charakterliche Schwäche einen weiterhin hemmen. Konflikte bleiben ungelöst und werden als Bürde weiter durchs Leben getragen. Wie schade! Solche Lasten beugen das Rückgrat, man sieht es dem Körper und ihrer Ausstrahlung an. Gebrochene Helden gibt es genug. Männer wie Frauen. Schuld daran ist das andere, das nicht gelebte Leben. In diesem Fall durch Feigheit.

Testen Sie, wie viele Persönlichkeitsanteile der beschriebenen Personen in Ihnen stecken, auch wenn Ihre persönlichen Lebensumstände vielleicht ganz andere als die der fiktiven Beispiele sind. In diesem Test hat es keine Bedeutung, ob Sie allein, in einer Partnerschaft, mit oder ohne Kinder leben. Bedeutsam sind die sechzehn Figuren als Projektionsflächen. Verabschieden Sie sich von jedem Klischee, wie man im Alter zu sein hat. Es gibt keine allgemeingültige Regel für das Leben. Finden Sie Ihre eigene Weisheit. Vergessen Sie die Silver Ager, Best Ager, Anti Ager. Und all die Namen, die das Resultat schleimiger Marketingstrategien sind. Das sind Kategorien, die Sie als Käufer von »altersgemäßen« Produkten identifizieren und natürlich nur das Beste wollen. In diesem Fall Ihr Geld. Gehen Sie Ihren eigenen Weg.

	ja	nein	unentschieden
1. Ein langer Tag geht zu Ende. Sie haben viel geschafft. Sie kommen hungrig nach Hause. Der Kühlschrank ist leer. Weil Sie vergessen haben, für sich einzukaufen. Kommt so etwas öfter vor?	☐	☐	☐
2. Zählen Sie spontan Ihre besten Freunde. Es sind nicht mehr als drei.	☐	☐	☐
3. Wenn Sie jemanden kennenlernen und ins Gespräch kommen, erzählen Sie ungern von sich selbst und hören lieber zu.	☐	☐	☐
4. Haben Sie sich in der vergangenen Woche künstlerisch oder kunsthandwerklich betätigt (malen, basteln, töpfern, musizieren u.Ä.)?	☐	☐	☐
5. Fällt es Ihnen schwer, sich anzupreisen, für sich selbst zu werben und Ihre Ideen gut zu »verkaufen«?	☐	☐	☐
6. Seit Jahren sind Sie im selben Job, und schon wieder hat ein Kollege ein interessantes Projekt übertragen bekommen. Und Sie nicht. Das kennen Sie nur zu gut.	☐	☐	☐
7. Wenn Sie die Wahl haben zwischen einer großen Party und einem gemütlichen Kreis mit Freunden, dann ziehen Sie Letzteres vor.	☐	☐	☐
8. Sie bewundern die Hawkins, Christos und Gates dieser Welt. Neidisch sind Sie aber nicht auf andere Talente oder Erfolge.	☐	☐	☐

	ja	nein	unent-schieden
9. Zuerst ist immer das Gefühl da, dann kommt der Verstand.	☐	☐	☐
10. Sie reden nur mit wenigen Menschen über Ihre Gefühle.	☐	☐	☐
11. Haben Sie in den letzten beiden Wochen eine Situation erlebt, in der Sie taktlos und ungerecht behandelt wurden, und Sie haben nichts gesagt?	☐	☐	☐
12. Sie müssen zum Zahnarzt und wollen diesen Termin auch einhalten, aber dann bleiben Sie doch in einem Gespräch mit dem netten Kollegen oder dem Nachbarn hängen und kommen am Ende sogar zu spät zu Ihrem Termin?	☐	☐	☐
13. Sie beginnen ein neues Projekt und tun etwas, ohne sich Zeit zu nehmen und herauszufinden, was wirklich gewollt wird.	☐	☐	☐
14. In Ihrer Jugend haben Sie mit ganzem Herzen für einen Popstar, Sportler oder ein anderes Idol geschwärmt. Und noch heute finden Sie es gut, wenn man Vorbilder hat.	☐	☐	☐
15. Sie haben sich mit Ihrem Partner gestritten. Am liebsten wäre es Ihnen, alles wäre ganz schnell wieder gut. Es fällt Ihnen schwer, Konflikte auszuhalten. Aussitzen geht gar nicht. Sie wollen Harmonie.	☐	☐	☐

	ja	nein	unentschieden
16. Im Supermarkt fällt Ihnen auf, dass ein Dosenstapel umgefallen ist. Sie helfen beim Aufheben der Dosen und stellen sie so wieder auf, dass der Turm stabiler steht als vorher.	☐	☐	☐
17. Kinokasse, Supermarkt und Boarding Time – Sie warten ab. Sie kommen schon noch rechtzeitig dran.	☐	☐	☐
18. Es gibt eine Menge Arbeit im Büro. Sie packen selbstverständlich zu und setzen sich ein – auch mal über das Pflichtmaß hinaus.	☐	☐	☐
19. Sie sind in einer fremden Stadt unterwegs und finden sich auch ohne Stadtplan einigermaßen zurecht. Hauptsache, Sie wissen, wo das Zentrum oder in welcher Richtung der Bahnhof liegt, dann wissen Sie auch, wie es zur Autobahn geht.	☐	☐	☐
20. Mit einem Promi befreundet sein? Das bedeutet Ihnen wenig. Mit Glamour können Sie nichts anfangen, das ist doch alles nur Show.	☐	☐	☐
21. Ihre Verabredung zum Essen kommt zu spät. Sie sind sauer, denn dann hätten Sie sich ja auch später auf den Weg machen können.	☐	☐	☐
22. Ein Freund zieht um. Selbstverständlich helfen Sie.	☐	☐	☐

	ja	nein	unentschieden
23. Ein langes Wochenende steht bevor. Sie nutzen es für die Steuererklärung, streichen das Bad oder räumen den Keller auf. Obwohl die Sonne scheint.	☐	☐	☐
24. Sie bekommen ein Haustier und haben die Wahl: Hund, Katze oder Sittich. Sie nehmen den Hund.	☐	☐	☐
25. Sie sitzen seit fünf Minuten in einem Restaurant und werden nicht bedient. Sie machen den Kellner unverzüglich auf sich aufmerksam.	☐	☐	☐
26. Denken Sie zwei Tage zurück: Erinnern Sie sich, was Sie gegessen haben? Mit wem Sie gesprochen haben?	☐	☐	☐
27. Sie sehen einen Spielfilm. Sie stellen sich vor, wo die Kamera steht, aus welcher Perspektive man das gedreht hat, und Sie beurteilen die Qualität der Effekte.	☐	☐	☐
28. Sie finden es ziemlich albern, wenn Menschen im Schaufenster ihre Frisur prüfen oder den Sitz ihrer Kleidung. Sie schauen sich lieber die ausgelegte Ware an.	☐	☐	☐
29. Sie sind ziemlich eingespannt und erwarten abends Besuch. Sie gehen in der Mittagspause einkaufen, damit alles im Haus ist.	☐	☐	☐

	ja	nein	unent-schieden
30. Ein Horoskop ist für Sie großer Quatsch, allein deshalb, weil es nicht klar und eindeutig formuliert ist, sondern auf alles und jeden passen kann.	☐	☐	☐
31. In einem Restaurant setzen Sie sich lieber so, dass sie alle im Blick haben, nicht nur Ihren Gesprächspartner. Schließlich will man wissen, was sonst noch so los ist.	☐	☐	☐
32. Sie sind zu einem Essen eingeladen. Mit Ihrer spontanen, mitreißenden Art unterhalten Sie die Gäste, und damit überspielen Sie, dass Sie das Gastgeschenk vergessen haben.	☐	☐	☐
33. Eine große Einladung. Diesmal sitzt ein Nobelpreisträger der Naturwissenschaften neben Ihnen. Das finden Sie ziemlich öde, denn der lebt in einer ganz anderen Welt. Und viel erzählen könnte man ihm nicht.	☐	☐	☐
34. Wenn Leute sich in Ihrer Gegenwart in den Mittelpunkt spielen wollen, haben diese es nicht leicht. Denn da sind ja schon Sie.	☐	☐	☐
35. Sie sollen ein Regal aufbauen. Sie haben keine Ahnung, wie. Sie fangen trotzdem an. Irgendwie. Die Anleitung interessiert Sie erst, wenn gar nichts mehr geht.	☐	☐	☐

	ja	nein	unent-schieden
36. In Ihrem Garten hat Unkraut keine Chance, Frühstücksgeschirr bleibt niemals bis zum Abend stehen, und auch Ihr Auto ist fast immer sauber.	☐	☐	☐
37. Wenn Sie einen anderen Menschen kennenlernen, fassen Sie schnell Vertrauen und verwickeln ihn in ein Gespräch.	☐	☐	☐
38. Hat es in der vergangenen Woche eine Situation gegeben, in der Sie über ein Problem hinweggegangen sind, statt nach einer Lösung zu suchen?	☐	☐	☐
39. Die besten Gedanken kommen Ihnen im Gespräch mit anderen?	☐	☐	☐
40. Traditionen sind Ihnen wichtig. Auch Familienfeste laufen nach einer bestimmten Struktur ab, um die Sie sich gerne kümmern.	☐	☐	☐
41. Sie haben die Wahl zwischen einem Sachbuch, einem Fantasy-Roman und einem Gedichtband. Sie wählen Nummer eins.	☐	☐	☐
42. Entscheiden Sie lieber mit dem Kopf als mit dem Bauch?	☐	☐	☐
43. Wenn Sie sich in einer fremden Stadt nicht auskennen, schauen Sie dann eher auf einen Plan, als jemanden nach dem Weg zu fragen?	☐	☐	☐

	ja	nein	unent-schieden
44. Wägen Sie ausführlich ab, bevor Sie eine Entscheidung fällen?	☐	☐	☐
45. Eine Kollegin bricht in Tränen aus. Sie kennen den Grund nicht. Sie reichen ihr ein Taschentuch, aber halten sich ansonsten aus der Sache heraus.	☐	☐	☐
46. Haben Sie heute schon eine Idee gehabt, für die Sie sich spontan begeistert haben?	☐	☐	☐
47. Sie interessieren sich für so viele Dinge, dass es Ihnen manchmal schwerfällt, sich zu entscheiden?	☐	☐	☐
48. Das Leben ist eine Reihe schöner Augenblicke, und Sie sammeln ganz viele davon.	☐	☐	☐
49. Haben Sie in der vergangenen Woche ein unangenehmes Gefühl von Routine verspürt?	☐	☐	☐
50. Macht es Ihnen Freude, unkonventionell und anders als die anderen zu sein?	☐	☐	☐
51. Sie wollen aus dem Hotel auschecken, an der Rezeption beachtet Sie niemand. Sie legen Ihre Schlüssel hin und verlassen das Hotel.	☐	☐	☐
52. In der Dämmerung entdecken Sie einen Igel, der über die Straße will. Sie helfen ihm. Irgendetwas findet sich schon (Decke, Tüte, Handtuch), womit Sie das Tier berühren und befördern können.	☐	☐	☐

	ja	nein	unentschieden
53. Sie haben klare Vorstellungen davon, was richtig und falsch ist. Aber Sie behalten diese Ansichten in der Regel für sich.	☐	☐	☐
54. Sie sitzen in einem Restaurant und warten auf Ihre Verabredung. In der Zeit scannen Sie die übrigen Gäste und finden sogleich die Schwachpunkte. Der eine hat fettige Haare, der Nächste flegelt sich quer über den Stuhl, und die Dame dort drüben müsste dringend abnehmen. Sie sind froh, dass Sie nicht so sind.	☐	☐	☐
55. Sie werden selten laut. Geschrei ist Ihnen zuwider. Ärger macht hässlich und bringt nichts. Konflikte machen Sie mit sich selbst aus.	☐	☐	☐
56. Ziele sind dazu da, erreicht zu werden. Sie bringen vollen Einsatz. Was Sie einmal begonnen haben, ziehen Sie durch. Und genießen den Erfolg.	☐	☐	☐
57. Sex geht auch ohne Liebe. Hauptsache der Partner oder die Partnerin hat einen begehrenswerten Körper und gibt Ihnen einen erotischen Kick.	☐	☐	☐
58. Glaube versetzt Berge. Die mentale Vorwegnahme eines Erfolgs führt zum Erfolg. Dem stimmen Sie voll zu.	☐	☐	☐
59. Die Menschen um Sie herum wissen, was sie tun müssen, um mit Ihnen klarzukommen.	☐	☐	☐

	ja	nein	unentschieden
60. Gesunder Geist im gesunden Körper, das ist ein wahrer Spruch. Und danach leben Sie auch.	□	□	□
61. Sie genießen Ihren letzten Urlaubstag in vollen Zügen, anstatt jetzt schon an die Arbeit und Verpflichtungen zu Hause zu denken.	□	□	□
62. Haben Sie in der vergangenen Woche eine kulturelle Veranstaltung besucht (Theater, Ausstellung, Kino, Konzert u. Ä.)?	□	□	□
63. Sie arbeiten gern in einem Großraumbüro, auch wenn die Gefahr, abgelenkt zu werden, sehr hoch ist.	□	□	□
64. Sind Sie in der vergangenen Woche kritisiert worden, so dass Sie das persönlich getroffen und längere Zeit beschäftigt hat?	□	□	□
65. Ein Team kann sich nicht einigen. Der Vorschlag zu einem Kompromiss stammt häufig von Ihnen.	□	□	□
66. Hat in der vergangenen Woche Ihr Partner, Ihre Partnerin oder ein guter Freund Ihnen vorgeworfen, eine Situation falsch einzuschätzen?	□	□	□
67. Haben Sie häufiger den Eindruck, Ihre Mitmenschen (Kollegen, Freunde, Familienangehörige) sind langsam und umständlich im Denken und Handeln?	□	□	□

	ja	nein	unent-schieden
68. Um ein Problem in den Griff zu bekommen, gehen Sie systematisch und rational vor. Bauchentscheidungen sind Ihnen suspekt.	☐	☐	☐
69. Planen, organisieren, kontrollieren – das sind Ihre Stärken.	☐	☐	☐
70. Sind Sie eine Führungskraft oder streben Sie das an?	☐	☐	☐
71. Sie haben sich eine Pizza bringen lassen. Sie essen sie vom Teller mit Besteck und nicht direkt aus dem Karton.	☐	☐	☐
72. Charme und Ausstrahlung – wenn Sie sich gut fühlen, haben Sie es. Und dann gibt es diese Tage, da kriegen Sie schon Flecken, wenn Sie sich bloß im Spiegel sehen. Ihr Selbstwertgefühl sinkt gegen null.	☐	☐	☐
73. Kuscheln ist ja ganz nett, aber richtiger Sex ist besser.	☐	☐	☐
74. Sie haben die Wahl, eine Kunstausstellung oder ein Konzert zu besuchen. Oder einfach mal nur zu entspannen. Sie entscheiden sich für die Kultur.	☐	☐	☐
75. Seitensprünge sind kein Weltuntergang. Sehen Sie das auch so?	☐	☐	☐
76. Ein guter Freund/eine gute Freundin hat Geburtstag. Selbstverständlich melden Sie sich, und oft schenken Sie auch genau das, was passt.	☐	☐	☐

	ja	nein	unent-schieden
77. Sie sollen einen Streit schlichten. Nachdem beide Standpunkte vorgetragen sind, bitten Sie die Parteien, die Argumente so zu überdenken, dass sie einen Kompromiss schließen können.	☐	☐	☐
78. Eine mehrwöchige Urlaubsreise ins Ausland steht bevor. Selbstverständlich schließen Sie eine Krankenversicherung und/oder Reiserücktrittsversicherung ab.	☐	☐	☐
79. Sie arbeiten konzentriert am Computer. Eingehende Mails öffnen Sie nicht sofort, sondern beurteilen Sie nach Dringlichkeit und bearbeiten sie gegebenenfalls später.	☐	☐	☐
80. Eine nette Kollegin hat ein Kleid gekauft, das ihr definitiv nicht steht. Sie würden ihr das nicht so sagen, das wäre taktlos. Ihnen fiele eher etwas ein wie: »Das ist aber ein mutiger Kauf gewesen.«	☐	☐	☐

Auswertung

Für jedes »Ja« geben Sie sich zwei Punkte, für jedes »Nein« null Punkte. Unentschieden bedeutet ein Punkt. Bei einer hundertprozentigen Übereinstimmung mit einer Person hätten Sie in dieser Zeile zehn Punkte.

Markieren Sie in jedem Segment Ihre persönliche Punktzahl. Aus der Auswertung des Tests ergeben sich die Tipps für die persönliche Weiterentwicklung. Je mehr Anteile einer Person in Ihnen stecken, umso lohnenswerter wird es sein, die entsprechende Geschichte noch einmal zu lesen. Messen Sie die Protagonisten daran, inwieweit sie es schaffen, ihre andere Seite zu entwickeln. Entscheiden Sie: Wo lohnt sich der Aufwand zur Veränderung? In Ihrem Leben! Für ein glückliches Fortschreiten im Leben und Lieben. Für alles, was noch zwischen A wie Ausstrahlung und Z wie Zufriedenheit in diesem Leben passiert. Sie sind einzigartig. Ihr zukünftiges Leben ist es auch.

	Anzahl Ja	Anzahl Nein	Anzahl Unentschieden	Gesamtpunktzahl	Figur
Fragen 1 bis 5					Andreas
Fragen 6 bis 10					Wolfgang
Fragen 11 bis 15					Bernd
Fragen 16 bis 20					Lola
Fragen 21 bis 25					Jürgen
Fragen 26 bis 30					Georg
Fragen 31 bis 35					Britta
Fragen 36 bis 40					Heidi
Fragen 41 bis 45					Frank
Fragen 46 bis 50					Klaus-Dieter
Fragen 51 bis 55					Anna
Fragen 56 bis 60					Harald
Fragen 61 bis 65					Markus
Fragen 66 bis 70					Christian
Fragen 71 bis 75					Sonja
Fragen 76 bis 80					Susanne

Menschen wie Andreas

... sind bescheiden, sanft, verständnisvoll und mitfühlend. Sie zeigen Zuneigung und Liebe eher mit Taten als mit Worten. Da ihre Hauptfunktion das Fühlen ist, nehmen zurückhaltende Menschen wie Andreas alles persönlich und fühlen sich außerordentlich starken Werten verpflichtet. Aber nur ihre vertrautesten Freunde sind in ihre privaten Gedanken und Gefühle eingeweiht.

Aufmerksam und wissbegierig, erfassen sie schnell, was andere Menschen (oder Tiere) brauchen. Oft haben Menschen wie Andreas ein besonderes Verhältnis zur Natur und betätigen sich gerne künstlerisch oder handwerklich. Da sie hoch motiviert sind zu helfen, wo und wie sie nur können, werden sie oft übermäßig mit hineingezogen. Infolge ihres geringen Durchsetzungsvermögens verteidigen sie sich oft nicht entschieden genug und werden manchmal von dominierenden Menschen übervorteilt und ausgenützt.

Sie möchten intensiv im Hier und Jetzt leben und können die Schönheiten, Freuden und einfachen Vergnügungen des Augenblicks voll genießen. Weil ihnen viel an innerer Ausgewogenheit liegt, möchten sie so unkompliziert wie möglich leben und messen ihrem Beruf selten höhere Bedeutung zu als ihren Familien und ihrem persönlichen Leben. Weil sie aber ungern planen und nicht leicht voraussehen, was auf sie zukommt, werden sie schnell entmutigt und pessimistisch, wenn es aussieht, als hätten sie im Augenblick keine wünschenswerten Optionen. Mit ihrem entspannten und lockeren Stil haben Menschen wie Andreas oft Schwierigkeiten, ihre Angelegenheiten nachhaltig zu organisieren.

Menschen wie Wolfgang

... sind Gefühlsmenschen. Was nicht heißt, dass sie nicht denken können. Aber sie sind geleitet von dem, was sie empfinden. Gut oder schlecht. Ihre Werte empfinden sie tief, und ihre Handlungen müssen mit ihren Überzeugungen im Einklang stehen. Sie haben ein großes Bedürfnis an Authentizität. Und keinerlei Ambitionen, andere zu beeindrucken, außer durch ihre Arbeit, die ihnen Sinn gibt. Deshalb sind sie auch so verlässliche Zeitgenossen. Sie machen niemandem etwas vor, beziehen andere in Prozesse ein und laufen zur Höchstform auf, wenn sie von einer Aufgabe überzeugt sind. Menschen wie Wolfgang haben sehr gute, sehr enge Freunde. Davon aber ganz wenige, denn es dauert lange, bis jemand in den erlauchten – zertifizierten – Kreis hineingelassen wird. Bis dahin erscheinen einem Menschen wie Wolfgang eher kühl und reserviert. Sind sie auch. Sie nehmen vieles persönlich, und ihre Gefühle werden oft verletzt – auch deshalb, weil sie Idealisten sind. Da sie aber die Auseinandersetzung scheuen, sprechen sie ihre Verletzung nicht an. Eher lassen sie die Verletzenden dann »auf einmal« ohne Erklärung fallen. Sie sind oft kreativ und voller Phantasie, Konventionen mögen sie nicht. Folglich sind ihnen Menschen sympathisch, die sich jenseits des Mainstreams bewegen und für viele als Außenseiter oder anormal gelten.

Menschen wie Bernd

... bevorzugen ein geregeltes und organisiertes Umfeld. Sie planen berufliche und gesellschaftliche Verpflichtungen gern im Voraus und halten Versprechen unbedingt zuverlässig ein. Komplizierte Situationen, die das Abwägen verschiedener Informationen erfordern, liegen ihnen ganz besonders. Dabei organisieren und planen sie perfekt. Immer wieder laufen sie Gefahr, voreilig Schlüsse zu ziehen. Sie interessieren sich für

Bücher, haben etwas für Theorie übrig. Sie sind belesen ohne überheblich zu sein, und sie haben eine große Fähigkeit für sprachlichen Ausdruck. Sie halten lieber Vorträge, als dass sie welche schreiben. Sie verhalten sich loyal und sind selten neidisch, im Gegenteil: Sie bewundern die Qualitäten anderer Menschen, idealisieren sie gelegentlich. Sie umgeben sich gerne mit anderen, verstehen Begegnung und Beziehung als Chance. Deshalb haben sie oft auch ihre sozialen Fähigkeiten perfektioniert. Man ist gerne um sie herum. Sie sind freundlich, taktvoll, verstehen und sorgen sich um andere – sie sind ideale Coaches und Lehrer, denn sie bringen das Beste in den Menschen hervor. Sie sind so sensibel für die Bedürfnisse anderer, dass sie ihnen oft näher sind als diese sich selbst. Daraus ergibt sich auch die Möglichkeit zur Manipulation, die negative Seite der Menschensensibilität. Dann weiß man bei solchen Leuten nicht, was sie wirklich denken, weil sie einem nach dem Mund reden. Wenn Menschen wie Bernd alleine sind, haben sie das Gefühl von Einsamkeit und Verlassensein. Sie brauchen andere Menschen wie die Luft zum Atmen.

Menschen wie Lola

… sind hilfsbereit, zuverlässig und entwickeln aus den Erfolgen oder auch Fehlern von gestern Lösungen für morgen. Sie sind uneitel, treten bescheiden auf. Und sie haben ein gesundes Verhältnis zu Fakten. Sie mögen es, wenn Dinge klar und deutlich formuliert werden, sie selbst bemühen sich um Genauigkeit. Sie packen zu und setzen sich ein, tun oft mehr, als gefordert wird. Sie tragen ihre Gefühle nicht nach außen, obwohl sie intensiv und spontan empfinden. Sie sind gründlich, systematisch, arbeiten hart und haben auch die Details im Blick. Sie spüren den Drang, auch hinter das Offensichtliche zu blicken und die Gründe zu analysieren, warum die Dinge so sind, wie sie sind.

Ihre Werte sind fest in ihnen verankert, es darf nicht dagegen verstoßen werden. Lola fühlt sich gefangen in ihren Vorstellungen, die sie doch eigentlich für richtig hält. Trotzdem hungert sie nach dem anderen Teil: dem sinnlichen Leben, dem Eros. Menschen wie Lola fühlen eine tiefe Scham, sobald sie inneren Bedürfnissen nachgeben, die sie auch in sich tragen – die sie aber nicht für richtig halten.

Verantwortungsvoll, loyal, zuverlässig, zurückhaltend, fast bescheiden einerseits, auf der Suche nach dem Leben in all seiner Fülle, mit allen Sinnen erleben wollen anderseits – das erscheint Menschen wie Lola als Quadratur des Kreises. Sie neigen dazu, kreative Vorstellungen und Bauchentscheidungen als suspekt anzusehen und zu verurteilen, weil diese ihrer kritischen Analyse nicht standhalten.

Menschen wie Jürgen

… planen gern, organisieren und gehen dabei systematisch vor. Effizienz und Termingenauigkeit sind ihnen wichtig. Ihre Aufmerksamkeit konzentriert sich in erster Linie auf die Arbeit und weniger auf die Menschen, die sie tun. Durch ihre Kopfzentrierung können sie manchmal, ohne es zu wollen, unsensibel und rücksichtslos wirken. Sie schenken einfach der emotionalen Seite des Lebens kaum Aufmerksamkeit. Menschen dieses Schlags sind pragmatisch, ihr Weltbild ist geordnet. Veränderung brauchen sie nicht unbedingt, eher bewahren sie den Status quo. Deshalb haben sie auch lange Freundschaften, die vor allem kognitiv ausgerichtet sind.

Menschen wie Jürgen fühlen sich wohl in gutstrukturierten Verhältnissen. Sie setzen gerne klare Regeln, äußern ihre Erwartungen unmissverständlich, was oft kompromisslos und dominant wirkt. Probleme sind zu erledigen, und zwar gleich. Aufschub ist nicht ihre Sache. Sie erledigen die Dinge – das ist ihre starke Seite. Ihre Entscheidungen treffen sie nach ausgiebiger Analyse, dann aber unwiderruflich. Man lehnt sich gern an sie an, sie geben Halt. Sind aber innerlich längst nicht so manifest, wie es scheint. Wenn ureigene Bedürfnisse dauerhaft verdrängt werden, baut sich mit der Zeit ein seelischer Gegendruck auf, der sich in cholerischen Anfällen, wie bei Jürgen, oder auf andere Weise entladen kann. So schafft er Distanz, obwohl ihm Nähe guttun würde. Nähe zu anderen und zu sich selbst.

Menschen wie Georg

… sind uneitel, unauffällig, und sie treten bescheiden auf. Sie mögen es, wenn Dinge klar und deutlich formuliert werden, sie selbst bemühen sich um Genauigkeit. Sie tragen ihre Gefühle nicht nach außen, obwohl sie intensiv und spontan empfinden. Selbst wenn sie mit einer Krisensituation fertig werden müssen, sieht man ihnen das nicht an. Sie sind gründlich, systematisch, arbeiten hart und haben auch die Details im Blick. Menschen wie Georg suchen sich oft Berufe, in denen präzises Arbeiten besonders wichtig ist, »einfach mal eben so« geht gar nicht. Sie sind oft herausragende Juristen und Ingenieure. Wählen sie medizinische Berufe, sind sie oft Labortechniker, geschätzte Chirurgen. Verpflanzt man sie in ein frustrierendes Umfeld, träumen sie vom großen Ausstieg, den sie am Ende nicht wagen. Der Chirurg, der davon träumt, eine Expedition zum Südpol medizinisch zu begleiten, der Steuerberater, der so gern Abenteuer im Fernsehen guckt, und sei es nur eine Verfolgungsjagd im Vorabendprogramm. Menschen wie Georg haben ein gutes Urteilsvermögen und Sinn für bestimmte Abläufe. Entscheidungen können sie mit den Fakten belegen, sie haben sie griffbereit im Kopf. Sie würden auch gern mal wilder, verwegener sein, einfach alles leichter nehmen. Auf der anderen Seite sind ihnen Verlässlichkeit und Präzision sehr wichtig. Ihre

Werte sind fest in ihnen verankert, es darf nicht dagegen verstoßen werden. Hier geht es Georg wie Lola. Alles unter einen Hut zu bringen, Abenteuerlust und Verantwortungsgefühl, das erscheint ihnen als unmögliches Ansinnen. Sie neigen dazu, kreative Vorstellungen und Bauchentscheidungen als suspekt anzusehen, weil diese ihrer kritischen Analyse nicht standhalten. Georg ist mutig, weil er in kleinen Schritten etwas Neues ausprobiert, was für Menschen wie ihn ein großer Schritt ist. Er ist im Herzen kein Rocker, aber er träumt von dieser anderen Seite. Und er verwirklicht sie, ohne anderen zu schaden. Und sein neuer Name? Ist sein Etikett, um sich einzuordnen. Weil er sich seiner neu entdeckten Seiten noch nicht ganz sicher ist.

Menschen wie Britta

… lieben Möglichkeiten. Weil sie zumeist sehr intuitiv sind, spüren sie den Drang, hinter das Offensichtliche zu blicken und die Gründe zu verstehen, warum die Dinge so sind, wie sie sind. Aber besonders fasziniert und mit Energie erfüllt sind sie, wenn sie mit anderen Menschen zu tun haben. Sie haben eine unersättliche Neugier und interessieren sich für vieles intensiv. Menschen wie Britta sind lebenslustige und kontaktfreudige Leute, die am liebsten nur das tun, was einen Sinn hat.

An Vorschriften halten sich Menschen dieses Typs nicht gerne. Sie sind unkonventionell und gerne auch mal respektlos. Ihnen autoritär etwas vorschreiben zu wollen führt bei ihnen sofort zu Widerstand. Sie ist der Gegenentwurf zum Moralapostel.

Einzelheiten widmen Menschen wie Britta oft keine Aufmerksamkeit. Deshalb verlieren sie auch oft Dinge und suchen sie. Am schlimmsten ist es für so jemanden, wenn er oder sie sich lange und stark auf eine Sache konzentrieren muss, und dabei noch alleine ist. Britta braucht ihre Freundinnen wie die

Luft zum Atmen. Die pflegen sie dann auch lange und intensiv. Selten mangelt es ihnen an guten Freunden.

Obwohl sie eigentlich Berufsoptimisten sind, können sie auch übel gelaunt und mürrisch werden, wenn sie müde oder unter Druck sind. Dann neigen sie zum Pessimismus, verlieren ihre übliche Aufgeschlossenheit, fassen die Absichten und Motivationen anderer falsch auf und fühlen sich einsam. Was sie dann brauchen, ist nicht viel: Es genügt oft eine Veränderung der Szenerie oder eine aufmunternde und bestärkende Bemerkung eines Freundes oder Partners.

Menschen wie Heidi

... sind freundlich, kontaktfreudig, verständnisvoll und sehr einfühlsam. Sie sind traditionsbewusste Menschen, die das Glück und die Sicherheit ihrer Familien und Freunde über alles stellen. Gewissenhaft und hart arbeitend, haben Menschen wie Heidi für gewöhnlich einen wohldefinierten Verhaltenskodex auf der Basis ihres starken Wertesystems, für das sie oft auch andere gewinnen wollen.

Sie neigen dazu, alles persönlich zu nehmen, und können eine so dünne Haut haben, dass ihre Gefühle leicht und oft verletzt werden. Menschen wie Heidi, die das Gefühl haben, dass ihnen Unrecht geschehen ist, können drastische Maßnahmen ergreifen, etwa eine Beziehung mit jemandem, der sie beleidigt hat, beenden – selbst wenn sie schon lange bestanden hat. Noch öfter kommen sie in Schwierigkeiten, weil sie zu viel Verantwortung übernehmen für die Gefühle anderer.

Sie schätzen selten die Logik eines Arguments und können Objektivität als etwas Unerfreuliches betrachten. Sie legen selbst strenge Maßstäbe an, so dass etwas entweder gut oder schlecht ist, richtig oder falsch. Problemen und Kritik gehen sie eher aus dem Weg oder ignorieren sie, statt nach Lösungen zu suchen.

Sie sind bodenständig, und für viele von ihnen ist das Leben eine ernste Angelegenheit. Darum widmen sie sich ihren Verantwortlichkeiten, ehe sie entspannen und Spaß haben können. Viele haben besondere Freude an ihrem materiellen Besitz, erhalten ihn gewissenhaft und pflegen alles sauber und ordentlich.

Menschen wie Frank

… sind ausgesprochen logische, analytische und in sich gekehrte Menschen. Denken ist nicht einfach nur ihre Hauptfunktion, sondern sie sind die Denker schlechthin. In ihrer unbeteiligten, intellektuellen und vielseitigen Einstellung halten sie unablässig Ausschau nach immer schwierigeren Herausforderungen. Sie sind leicht von einfachen Dingen gelangweilt und pflegen alltäglichen Tatsachen wenig Aufmerksamkeit zu schenken. Besonders intolerant sind sie gegenüber überflüssigen Gedanken oder Diskussionen und können Dinge, die sie als trivial betrachten, einfach ignorieren. Diese Tendenz kann ihr Verhalten arrogant erscheinen lassen. Die Bedürfnisse und Gefühle anderer nehmen sie im Allgemeinen schlecht wahr und haben auch wenig Interesse daran. Für gewöhnlich sind sie kreativ und ideenreich im Denken, intellektuell risikofreudig und eifrig bestrebt, Neues zu lernen, um noch kompetenter zu werden. Obwohl sie besonders geschickt sind in nahezu allem, was ihnen der Mühe wert erscheint, sind sie häufig nicht annähernd so kompetent auf dem Gebiet der zwischenmenschlichen Beziehungen, wobei sie ihre Gedanken und Gefühle verborgen halten, selbst vor jenen, die sie lieben. Oft wissen sie gar nicht, welche Gefühle sie selbst oder andere in wichtigen Angelegenheiten haben. Da sie ihr eigenes Engagement für selbstverständlich halten, haben sie kein Verständnis für das Bedürfnis anderer, ermutigt und bestärkt zu werden.

Menschen wie Klaus-Dieter

... sind Abenteurer. Sie lieben das Neue und suchen es. Bei allem Eingefahrenen oder Schon-immer-so-Gemachten bekommen sie Pickel. Routinearbeiten hassen sie. In ihrer Freizeit in Vereine oder Clubs zu gehen widerstrebt ihnen zutiefst. Da passiert zu wenig Spektakuläres. Lieber melden Sie sich zum Bungee-Jumping, Eisklettern oder Schleudertraining auf dem Nürburgring. Man hört von solchen Persönlichkeiten nie den Satz, der alles Neue zunichte macht: »So ist das schon immer gewesen.« Viel eher besteht ihre Gabe darin, Veränderungen herbeizuführen und kreative Ideen zu entwickeln. Sie sind die geborenen Innovatoren. Beziehungen haben Sie oft viele und heftige, sie lieben intensiv und ziehen dann gerne wieder weiter. Intensität der Gefühle ist es, was sie suchen. Sie brauchen den Kick, um sich lebendig zu fühlen. Plätschert alles so vor sich hin – ein Zustand, den andere lieben und ersehnen –, haben Menschen wie Klaus-Dieter das Gefühl, dass sie vor gähnender Langeweile praktisch schon tot sind. Deshalb fällt es ihnen schwer, wenn sie lange, konzentriert und in Regelmäßigkeit an einer Sache bleiben sollen. Beruflich gehören sie sicher nicht zu den Leuten, die dreißig Jahre im selben Unternehmen auf derselben Position arbeiten. Für sie gilt buchstäblich: Der Weg ist das Ziel. Sie erscheinen rast- und ruhelos und wirken mitunter oberflächlich oder bindungsunfähig. Sie können es, nur wollen sie nicht immer.

Menschen wie Anna

... sind vor allem charakterisiert durch Integrität und Originalität. Sie besitzen Vision und Kreativität, was ihnen ermöglicht, Aufmerksamkeit und Bewunderung zu erhalten. Das tut uns allen gut. Bleibt die Bewunderung weg, schmerzt sie das besonders, vor allem wenn sie sich in den Dienst einer großen

Sache gestellt haben. Wie Anna. Sie hat geturnt für die Nation. Und jetzt?

Menschen wie Anna setzen sich außerdem gern ein, um harmonische Beziehungen aufrechtzuerhalten. Aber sie können außerordentlich selbständig sein und sind bereit, sich der Skeptik und Kritik auszusetzen, um ihre Vision, getrieben von ihren starken Wertvorstellungen, zu verwirklichen.

Sie lassen sich von ihren Gefühlen leiten und beachten meist die Realitäten des Alltags zu wenig, so dass viele ihrer Ideen nicht zur praktischen Verwirklichung kommen. Weil sie ihren Blick meist auf das Gesamtbild richten, vernachlässigen oder ignorieren sie manchmal wichtige Details des Alltagslebens. Weil sie so fest an die Richtigkeit ihrer Standpunkte glauben, fällen sie oft ein vorschnelles und abwertendes Urteil über andere Ansichten. Ihre Unbeirrbarkeit kann zum Handicap werden, wenn sie im Verlauf einer Aktion nicht flexibel genug sind, ihre Pläne zu ändern.

Weil sich Menschen wie Anna von ihren Wertvorstellungen und tiefsitzenden Überzeugungen motivieren lassen, laufen sie Gefahr, alles persönlich zu nehmen, auch wenn es gar nicht beabsichtigt war, sie zu verletzen. Unglücklicherweise können sie durch ihre Empfindsamkeit veranlasst werden, eine Abwehrhaltung einzunehmen, Menschen zurückzustoßen oder Ideen, die ihren Maßstäben nicht entsprechen, abzulehnen.

Menschen wie Harald

… sehen Widerstände als Herausforderungen. Sie verlassen sich auf ihre intuitiven Einsichten und erkennen auf diesem Weg, wie die Verhältnisse sind und was sie bedeuten sollen. Weil sie von ihrer Deutung vollkommen überzeugt sind, erwarten sie auch von anderen, dass sie die Welt so sehen. Sie sind eigensinnig, aber nicht verstimmt, wenn andere ihnen nicht folgen. Die haben es eben nicht geschnallt. Routinearbeiten sind Menschen wie Harald ein Gräuel, aber sie müssen sein, weil er ein Ziel erreichen will. Lange Trainingsleistungen wie sie im Ausdauersport notwendig sind, treffen ihn besonders hart. Aber genau deshalb macht er es. Umso mehr genießt er den Erfolg. Und verzeiht es sich nur schwer, wenn er ihn nicht bekommt. »Man darf nie zu faul sein, um es sich bequem zu machen«, sagen Menschen wie Harald und gehen erst in die Sauna, wenn alle Trainingseinheiten erfolgt, alle Pläne erfüllt sind. Einfach mal abhängen – das geht gar nicht.

Menschen wie Markus

… sind warmherzig, kontaktfreudig, freundlich, lebhaft, gesprächig und kennen oft eine Unmenge von Leuten. Sie sind lebenslustig und stehen gern im Mittelpunkt des Geschehens. Menschen, die ebenso locker, optimistisch und aufmerksam sind wie sie, haben sie gerne um sich. Bei all dem sozialen Umtrieb kann es ihnen aber auch schwerfallen, zur Ruhe zu kommen und eine Aufgabe zu beenden. Sie lassen sich leicht ablenken. Dabei sind Menschen wie Markus oft sehr praktisch veranlagt und voll auf das konzentriert, was sie gerade tun. Sie sind »Gegenwartsmenschen« und bedenken dementsprechend selten die möglichen Folgen ihres Handelns. Aber sie haben einen Sinn für schöne Momente. Sie lieben Erlebnisse. Neigen aber auch dazu, wenn sie es übertreiben, nur dem eigenen Vergnügen hinterherzurennen. So kommt es oft vor, dass sie vor lauter Betriebsamkeit Verabredungen vergessen, wichtige Ereignisse, Begegnungen und Aufgaben versäumen und sich dann sehr schuldig fühlen, wenn sie unabsichtlich Menschen enttäuscht oder im Stich gelassen haben. Denn grundsätzlich sind solche Menschen großzügig, loyale Freunde und wunderbare Gefährten, die ohne große Vorurteile Menschen begegnen.

Kritik nehmen sie oft sehr persönlich. Weil sie von anderen stets eher das Gute annehmen, werden sie öfter enttäuscht als andere. Auch deswegen, weil sie das Negative in anderen gerne ausblenden.

Menschen wie Christian

… sind von Natur aus Führungspersönlichkeiten, deren Kompetenz und Stärke bei anderen Menschen Respekt wecken. Sie schätzen Ehrlichkeit und Offenheit. Sie sagen, was sie denken, und bringen ihre Meinungen kraftvoll zum Ausdruck. Entschieden und energisch, kommen sie in der Regel sofort auf den Punkt und reden nicht lange herum.

Allerdings merken Menschen wie Christian oft nicht, welche Wirkung ihr Auftreten, ihre Aussagen und Handlungen auf andere haben. Sie agieren ohne Rücksicht auf die Bedürfnisse und Gefühle anderer und werden schnell ungeduldig mit Menschen, die etwas nicht schnell genug begreifen, eine gegensätzliche Haltung einnehmen oder – in ihren Augen – unlogisch denken. Und da sie es oft eilig haben, versäumen sie es schlichtweg, ihre Wertschätzung zum Ausdruck zu bringen, wenn andere ihre Sache gut gemacht haben.

Deshalb werden Menschen wie Christian häufig als schroff und arrogant empfunden.

Andererseits verfügen sie über die Fähigkeit vorauszuschauen. Und sie beweisen oft großen Mut, wenn es gilt, kühne und einschneidende Veränderungen vorzunehmen.

Oft arbeiten sie hart und nehmen Herausforderungen begierig an, je komplexer, umso besser. Aber wenn sie sich einmal auf eine Aktion eingelassen haben, sind sie oft nicht gewillt oder auch nicht fähig, ihre Pläne zu ändern und einen neuen Weg einzuschlagen, sosehr die Umstände es auch fordern mögen. Menschen wie Christian haben manchmal Schwierigkeiten, ihr

Familienleben und ihren Beruf in Einklang zu bringen. Und können von der Verfolgung ihrer Karriere so in Anspruch genommen werden, dass sie ihr persönliches und familiäres Leben vernachlässigen.

Menschen wie Sonja

… sehen das Leben oft wie ein Kind den Süßigkeitenladen: als Büfett der Lust. Sie wirken verspielt und nehmen gern mit, was geht. Sie flirten gerne und ausgiebig. Einfach aus Spaß. Ihre Anpassungsfähigkeit ist extrem hoch, sie handeln oft sofort und denken selten über die möglichen Konsequenzen nach. Auch nicht über die Effekte, die ihre Handlungen haben könnten. Sie scannen ständig und aufmerksam alles um sie herum nach Möglichkeiten ab und ergreifen impulsiv jede aufregende Gelegenheit, die sich bietet. »Learning by Doing« ist ihr bevorzugter Lernstil. Dabei besprechen sie am liebsten ständig, was sie tun, und kommentieren alles, was sie sehen, fühlen und hören. Überraschungen jeder Art lieben sie. Bereitwillig tun sie bei allem mit, was man ihnen anträgt – solange es nicht zu kompliziert ist.

Solche Menschen sind am glücklichsten, wenn sie in ihrer momentanen Aktivität voll aufgehen können, sie sind oft völlig pragmatisch und hellwach darauf eingestellt, blitzschnell die Richtung zu ändern, wenn sie einen besseren und wirksameren Weg zum Erfolg sehen. Reflexion und Innenschau vermeiden sie, denn die machen ja eher langsam. Anderen Menschen vermitteln sie oft den Eindruck, sie seien interessierter und gefühlsmäßig viel mehr engagiert, als sie es tatsächlich sind. Sie haben das Bedürfnis, auf eine neue Weide zu wechseln, wenn die alte abgefressen ist. Sie brauchen immer neue Ziele und Perspektiven. Abenteurer und Eroberer sind von ihrem Schlag. Dementsprechend sind sie oft so begierig auf das nächste Erlebnis, dass sie bereits begonnene Projekte vernachlässigen und nicht weiterverfolgen. Das kann natürlich für Leute, die sich auf sie verlassen haben, eine herbe Enttäuschung sein.

Menschen wie Susanne

... haben ein starkes Bedürfnis nach Zugehörigkeit. Und oft sind die Menschen, die ihnen nahe sind, ganz begeistert von diesem loyalen, einfühlsamen und hingebungsvollen Menschen. Sie achten oft peinlich genau auf Details. Deshalb können sie sich auch Geburtstage und sonstige Daten ohne Probleme merken. Manchmal freilich übertreiben sie die Einfühlsamkeit, denn Konflikte mögen sie nicht besonders und neigen dazu, sie zu vermeiden. Außerdem wird ihre Freundlichkeit oft selbstverständlich genommen und nicht gedankt. Darunter leiden sie dann wieder. Auch sind Menschen wie Susanne »Menschen der Gegenwart«. Die unbekannte Zukunft macht ihnen eher Angst. So warmherzig und hilfsbereit Menschen wie Susanne auch sind, können sie doch recht reserviert auftreten. Denn nur, wenn sie sich voll angenommen fühlen, öffnen sie sich. Dann aber auch ganz. Sie brauchen viel Sicherheit und vor einer Antwort immer Zeit genug, um ihre Gedanken zu ordnen. Sie sind besonders empfindlich für Kritik und ziehen sich eher zurück, als dass sie kämpfen.

Ulla Atzert
Homo pubertensis
Tipps zum störungsfreien Umgang
mit Heranwachsenden
Band 17477

Sie lieben die Herausforderungen des Alltags – vor allem mit Kind(ern)? Sie wollen wissen, wie man mit ihnen umgeht? Ulla Atzert erzählt von Kindern, die man liebt (meistens jedenfalls), von Überraschungen mit ihnen, die man nicht liebt, und wie man sich davor retten kann. Für Eltern, die in die Pubertät gekommen sind und für alle, die mit ihnen mitfühlen: Hier ist das komplette Überlebenswissen von A–Z im Umgang mit Heranwachsenden.

»So überlebt man die Pubertät.«
Bild am Sonntag

Fischer Taschenbuch Verlag

fi 17477 / 1